MW00454683

Introducción a
la historia de la Iglesia

Introducción a la historia de la Iglesia

Justo L. González

ABINGDON PRESS / Nashville

INTRODUCCIÓN A LA HISTORIA DE LA IGLESIA

Derechos reservados © 2011 por Abingdon Press

Todos los derechos reservados.
Se prohíbe la reproducción de cualquier parte de este libro, sea de manera electrónica, mecánica, fotostática, por grabación o en sistema para el almacenaje y recuperación de información. Solamente se permitirá de acuerdo a las especificaciones de la ley de derechos de autor de 1976 o con permiso escrito del publicador. Solicitudes de permisos se deben pedir por escrito a Abingdon Press, 201 Eighth Avenue South, Nashville, TN 37203.

Este libro fue impreso en papel sin ácido.

A menos que se indique de otra manera, los textos bíblicos en este libro son tomados de la Santa Biblia, Edición de Estudio: Versión Reina-Valera 1995, Edición de Estudio, derechos reservados de autor © 1995 Sociedades Bíblicas Unidas. Usados con permiso. Todos los derechos reservados.

ISBN-13: 978-1-4267-4066-4

Con gratitud a la Asociación de Pastores de Rhode Island
y particularmente al
Reverendo Eliseo Nogueras
Pastor de la Iglesia Getsemaní en la ciudad de Pawtucket,
Rhode Island

Contenido

Introducción

Por qué estudiar la historia de la iglesia

Vivimos en tiempos en que tal parece que lo único que nos interesa es el futuro. Cada día trae nuevos inventos, nuevos productos electrónicos, nuevas maravillas en los medios de comunicación. Por esa razón andamos siempre en busca de lo nuevo; y lo que fue nuevo hace veinticuatro horas ya hoy es viejo, y debe descartarse en beneficio de lo más nuevo. Dada tal situación, no ha de sorprendernos el que muchas personas piensen que la historia no tiene valor alguno, y que si la estudiamos es solamente por cuestión de curiosidad.

Pero tal actitud nos oculta el hecho de que el único modo que tenemos para saber algo acerca del futuro es el pasado. Si esperamos que el sol saldrá mañana, es porque eso es lo que ha sucedido por siglos y siglos. Si nunca hubiéramos visto salir el sol, no tendríamos indicación alguna de que saldrá mañana. Si confiamos en alguien, lo hacemos porque le conocemos, es decir, porque compartimos un pasado, porque le hemos visto actuar, o porque otras personas le han visto actuar y nos han contado acerca de esa actuación. Y esto es igualmente cierto de todos los adelantos tecnológicos de nuestros días. Todos ellos se basan en experiencias y experimentos pasados; en un cúmulo de conocimientos que la humanidad ha ido creando con el correr de los siglos. De igual manera, si quiero entender cualquier situación presente, tengo que

9

acudir al pasado que nos trajo hasta ella. Si, por ejemplo, dos naciones o dos individuos se odian mutuamente, no podré entender tal odio sin saber algo del camino que les llevó a la condición presente. Luego, la primera razón para estudiar la historia es que sin ella el presente nos resulta incomprensible; y el futuro, impredecible.

Esto nos lleva a otra razón para estudiar la historia. Esa razón es que es en la historia que encontramos las experiencias y la sabiduría necesarias para enfrentarnos a cualquier decisión presente. Si debo decidir, por ejemplo, si debo tomar este camino o aquel otro, lo que tengo que hacer es preguntarle a quien antes ha andado por esos caminos —o consultar un mapa, que no es sino el resumen de los conocimientos de quienes han andado por los mismos caminos. Si una iglesia tiene que decidir qué clase de templo va a construir, lo hace sobre la base de otros templos que sus miembros han visto, y de lo que han aprendido al ver cómo funcionaban.

• Esto es particularmente importante en sus aspectos negativos. Un famoso filósofo ha dicho que "quien no conoce la historia está condenado a repetirla". Quien no sabe que hay un hoyo en el camino corre el peligro de caer en él. Quien no conoce los errores pasados no solamente no sabe cómo evadirlos, sino que ni siquiera sabe que ha de evadirlos.

Si llevamos todo esto al campo de la fe y de la historia de la iglesia, hay otros elementos que nos llevan a su estudio. La fe cristiana se centra en ciertos acontecimientos que tuvieron lugar en siglos pasados —la fe de Abraham, el llamado y el mensaje de los profetas, y sobre todo la encarnación, muerte y resurrección de Jesucristo. Todos estos son acontecimientos históricos —es decir, son acontecimientos situados en tiempos y lugares específicos. Por tanto, el único modo de saber de ellos es mediante la historia, mediante la narración. Que Colón llegó a América en el 1492 es un acontecimiento histórico. Y esto quiere decir que no puedo saber de él sin que alguien me lo cuente —ya sea personalmente o en algún libro. Y ese alguien no pudo saber de él sin que alguien se lo contara. Y así sucesivamente hasta llegar a quienes estuvieron presentes aquel día 12 de octubre. Lo mismo sucede con los grandes acontecimientos que se hallan al centro mismo de nuestra fe. No puedo saber de la encarnación de Dios en Jesucristo sin que alguien me lo cuente —sea personalmente, o sea por escrito, como en los Evangelios. Y quien me lo cuenta no pudo saberlo sin que alguien se lo contara. Y así sucesivamente, hasta llegar a los testigos iniciales que lo presenciaron. Luego, la primera razón para estudiar la historia de la iglesia es que es la historia de cómo el mensaje mismo del evangelio nos ha llegado.

✱ Por otra parte, la historia de la iglesia no es siempre agradable e inspiradora. Hay quien piensa que si se va a contar la historia de la iglesia se ha de hablar solamente de los grandes santos, de los valientes misioneros y misioneras, de los momentos gloriosos. Todo ello es bueno, pues nos inspira e invita a seguir los pasos de tales creyentes. Pero la historia de la iglesia (como la historia bíblica) incluye también episodios tristes y hasta bochornosos, como las cruzadas, las prácticas corruptas, la inquisición, la conquista de América y muchos otros. Y esto también es importante, pues nos advierte de los peligros que constantemente nos acechan. Si no sabemos, por ejemplo, de las cruzadas, corremos el peligro de que nuestra fe tome cauces violentos, como lo hizo entonces. Si no sabemos de la inquisición corremos el peligro de volvernos inquisidores, y hasta de caer en la crueldad bajo pretexto de hacerlo en defensa de la fe.

Por último, entre muchas otras razones es necesario señalar que, aunque la Biblia nos presenta los testimonios más antiguos de los acontecimientos centrales de nuestra fe, la Biblia misma no nos ha llegado sin historia. A través de los años ha habido una multitud de personas que la copiaron y recopiaron, que la amaron y la conservaron, que la tradujeron, que la interpretaron. Sepámoslo o no, toda esa historia afecta el modo en que entendemos la Biblia. Nadie se llega a la Biblia sin que alguien, de un modo u otro, le haya dicho lo que ha de encontrar en ella. En otras palabras, es prácticamente imposible acercarse a la Biblia sin una historia de interpretación. Si no conocemos esa historia, corremos el peligro de confundirla con la Biblia misma, y de no ver otras cosas que la Biblia misma bien podría decirnos.

Luego, en fin de cuentas, estudiamos la historia de la iglesia, no por curiosidad o porque algún currículo nos obligue a ello, sino que la estudiamos como parte de nuestra vida cristiana, como guía y preparación para la obediencia presente.

Pero aquí hay que hacer otra advertencia: cuando reflexionamos acerca de la historia, nos percatamos de que ésta no se interpreta y escribe solamente desde el pasado, sino también desde el presente en que estamos. Ya que antes hablamos de Cristóbal Colón, volvamos al mismo ejemplo. El "descubrimiento" no se consideró tan importante hasta que, con Américo Vespucio, se empezó a hablar de un "Nuevo Mundo". Aún entonces se hablaba poco de Colón, y mucho más de Cortés y de Pizarro. Fue particularmente en el 1892, cuando España había perdido casi todas sus colonias americanas, y se esforzaba por recobrar su prestigio y su ingerencia en las nuevas repúblicas, que se construyó un gran monumento a Colón en La Rábida, y se hicieron grandes celebraciones en torno al "Descubridor". En el entretanto, en los Estados Unidos, gracias a una fuerte inmigración italiana, lo que se subrayaba era el origen genovés del marino, y el "Día de Colón" se volvía una fiesta italiana. Más tarde, al acercarse los quinientos años del "descubrimiento", al tiempo que en España y en Santo Domingo se preparaban grandes ceremonias y celebraciones, en México se declaraba que lo que debía conmemorarse el 12 de octubre era el inicio de una enorme tragedia y abuso de poder. En todos estos casos, Colón se veía, no solamente desde el pasado, sino también desde el presente de cada cual. Una vez más, la historia no se escribe solamente desde el pasado, sino también desde el presente en que vivimos y desde el futuro que anhelamos o que tememos.

Los períodos en la historia de la iglesia

Para entender la historia, es necesario dividiría en períodos. Pero al mismo tiempo es necesario recordar que cualquier periodización que se emplee es sólo aproximada, pues rara ver los cambios históricos son tales que se pueda decir con exactitud cuándo se pasó de un período a otro. Pare entender esto, tomemos el ejemplo de la vida humana. ¿Cuándo termina la niñez? Ciertamente, en algún momento dejamos de referirnos a alguien como "niño", y empezamos a decir que es adolescente. Pero si se nos pide la fecha exacta, todo lo que podemos decir es que hemos visto ciertos cambios paulatinos, pero tan marcados que ya no hablamos de un niño sino de un adolescente. Lo mismo sucede con la vejez. Yo bien puedo saber que he llegado a viejo. Y puedo señalar algunos hitos en los últimos años que son índice de ello. Pero si se me pide que diga exactamente cuándo fue que llegué a viejo, no puedo hacerlo. De igual modo, los períodos históricos sin ciertamente diferentes. Pero lo que los separa es toda una serie de acontecimientos con diversas fechas, de modo que el cambio, al tiempo que es indubitable, no puede fijarse con exactitud.

Tomemos un ejemplo: ¿Cuándo empezó la Edad Media? Quizá en la escuela se nos dijo que empezó en el año 410, con la toma de Roma por los godos. Pero lo cierto es que por algún tiempo antes el centro del Imperio Romano se había ido moviendo hacia el oriente, a la ciudad de Constantinopla. Y, aunque Roma fue saqueada en el 410, siguió habiendo emperadores romanos hasta el 476. Lo que es más, hay historiadores que afirman que el cambio más radical tuvo lugar siglos más tarde, cuando el avance del islam y las conquistas de Carlomagno cambiaron el mapa del Mediterráneo y de Europa.

Luego, cuando en el resto de este libro, al resumir la historia de la iglesia, la dividamos en períodos, será necesario recordar que tales períodos son cuestión de utilidad y de interpretación, que la misma historia bien podría dividirse de otro modo y que las líneas divisorias bien podrían colocarse en otras fechas.

La estructura de este libro

El propósito de este libro no es contar toda la historia de la iglesia —lo cual sería imposible, aun en miles de volúmenes— sino más bien proveerle a quien se inicia en ella con un bosquejo o mapa que le pueda guiar en su estudio. Frecuentemente se cuenta la historia poco a poco, dando toda clase de detalles sobre cada época o movimiento que se estudia. Esto es útil, pues fue así que nuestros antepasados la vivieron. Cuando Colón llegó a las Bahamas, no sospechaba siquiera que estaba estableciendo contactos entre dos hemisferios, y que un día en este Hemisferio Occidental habría ciudades con millones de habitantes. Pero cuando hoy leemos acerca de Colón, lo hacemos sabiendo todo eso y mucho más. Y es eso que sabemos lo que le da interés a la empresa colombina. Luego, el conocer lo que sucedería después de Colón nos ayuda a entender lo que hizo y qué importancia tendría. De igual modo, el tener una vista como a vuelo de pájaro de todo el curso de la historia de la iglesia nos ayuda a entender la importancia de cada acontecimiento, personaje o movimiento que se menciona. Sin tal entendimiento, como he dicho en otro lugar, quien empieza a estudiar la historia es como quien sale de viaje sin guía ni mapa: sabe más o menos hacia dónde va, pero a cada momento lo que ve le sorprenderá, y difícilmente podrá interpretar su importancia, pues no sabe lo que viene después.

Por eso, en la próxima sección de esta introducción a todo el libro se presenta un resumen bien escueto de toda la historia de la iglesia hasta nuestros días, para que de ese modo quien lea los capítulos que siguen pueda tener una rápida visión de la totalidad de esa historia, antes de pasar a los capítulos un poco más detallados. Lo que es más, esta próxima sección nos servirá de bosquejo para cada uno de los capítulos del libro mismo. Para que esto se vea claramente, en cada capítulo se irán citando porciones de la sección introductora, distinguiéndolos mediante el uso de letra bastardilla, y luego se añadirán más detalles. Y para facilitar el paso a otros libros, las divisiones en esta sección que sigue serán las mismas que he empleado en la Historia del cristianismo —con la excepción de la última, que combina las dos últimas de ese otro libro.

Resumen general de la historia de la iglesia

1. *La iglesia antigua o "era de los mártires" (desde los inicios hasta el Edicto de Milán, con el cual terminaron las persecuciones).*

Como sucede con todo fenómeno histórico, para entender los orígenes del cristianismo hay que colocarlo en su contexto histórico. Ese contexto incluye no solamente el mundo judío que resulta obvio en el Nuevo Testamento, sino también las realidades políticas y culturales del mundo grecorromano por el cual el cristianismo se expandió.

En cuanto al judaísmo, hay que señalar que este había evolucionado bastante entre los tiempos del Antiguo Testamento y los de Jesús. En Palestina ya no se hablaba el hebreo, sino el arameo. En la misma Palestina, los judíos no concordaban entre sí respecto a una variedad de cuestiones, y así surgieron "sectas" o grupos tales como los celotas, los saduceos, los fariseos y los esenios.

Fuera de Palestina, los judíos se habían dispersado por todo el imperio persa, así como por toda la parte oriental del romano, y hasta la misma ciudad de Roma, donde había abundante población judía. Este fenómeno recibe el nombre de "Diáspora" o "Dispersión". Los judíos de la Diáspora, al entrar en contacto con otros pueblos y culturas, tenían que buscar modos de acomodarse a ellos, y al mismo tiempo de hacerles entender algo de la fe judía. Resultado de eso fueron, entre muchas otras cosas, la versión de la Biblia hebrea al griego conocida como Septuaginta, y la labor filosófica de Filón de Alejandría. Este judaísmo de la Diáspora fue uno de los principales recursos que el cristianismo tuvo al expandirse por los territorios romanos y persas.

El mundo grecorromano fue el resultado de las conquistas, primero de Alejandro, y luego de Roma. Al nacer el cristianismo, había dos grandes imperios en la región: el persa y el romano. En ambos se sentía todavía el impacto de las conquistas de Alejandro, sobre todo en el uso del griego como lengua para las letras y para el comercio —aunque en los territorios persas el arameo estaba más extendido que el griego.

Debido a las nuevas circunstancias políticas, económicas y culturales, surgió una tendencia cosmopolita, y ésta a su vez llevaba tanto al individualismo como al sincretismo religioso y al desarrollo de nuevas religiones que se fundamentaban en la decisión personal por parte de cada creyente, más bien que —como antes— en su identidad étnica o cultural.

En ese mundo, la filosofía griega era altamente respetada —particularmente la de Platón y de los estoicos. Puesto que se acusaba a los cristianos, entre otras cosas, de ignorantes, pronto fue necesario que algunas mentes preclaras dentro de la iglesia se dedicaran a refutar las acusaciones y rumores que circulaban en cuanto a los cristianos —y que en parte parecían justificar las persecuciones. Estos son los llamados "apologistas griegos".

La expansión del cristianismo en esos primeros años fue notable. Aunque Pablo es el más famoso de los misioneros cristianos, hubo muchos otros —y hubo sobre todo quienes, sin ser misioneros, iban propagando la fe de un lugar a otro.

Pero no todo era fácil. La iglesia tuvo que enfrentar dos grandes retos: el de la persecución por parte del estado romano y el de definir su propia fe.

En los primerísimos años, los judíos que no aceptaban la fe cristiana fueron sus principales enemigos. Pero pronto el enemigo fue el estado mismo, que veía en el cristianismo elementos que no resultaban de su agrado. Al principio, en tiempos de Nerón y durante todo el siglo primero, la persecución fue local y su duración limitada. Pero en el siglo segundo se fueron estableciendo políticas más generalizadas, de modo que, aunque con largos períodos de alivio, la persecución fue arreciando cada vez más. Este proceso continuó en el siglo tercero y principios del cuarto, cuando tuvo lugar la peor persecución —a veces llamada la "gran persecución".

Uno de los problemas a que tuvo que enfrentarse la iglesia dentro de ese contexto fue el de la restauración de los caídos —es decir, qué hacer con quienes habían cedido ante la amenaza de persecución, pero después querían retornar al seno de la iglesia.

La definición de la fe se hizo necesaria porque pronto hubo quien propuso modos de entender el cristianismo, y modos de mezclarlo con elementos de otras religiones, que contradecían elementos esenciales de la fe cristiana. A esas doctrinas se les dio el nombre de "herejías", y entre ellas las que más auge alcanzaron, y por tanto presentaban el reto más urgente, fueron el gnosticismo y el marcionismo.

En respuesta al reto de las herejías, los cristianos desarrollaron instrumentos que les permitieran distinguir entre la verdadera doctrina y la falsa. Los principales entre estos instrumentos fueron el canon de la Biblia (además de la Biblia hebrea, el Nuevo Testamento), el Credo (o credos) y la colegialidad de los obispos.

También en respuesta al reto de las herejías, así como a las necesidades pastorales, hubo cristianos tales como Ireneo, Clemente de Alejandría, Tertuliano y Orígenes —y más tarde Cipriano e Hipólito— que se dedicaron a refutar las herejías y a aclarar el contenido de la fe. Junto a los apologistas, estos se cuentan entre los primeros teólogos de la iglesia cristiana.

Por último, no hay que olvidar que aun en medio de todo esto los creyentes continuaban con su vida diaria y con su culto, y por tanto a estos elementos también hay que prestarles atención.

2. La iglesia imperial o "era de los gigantes" (desde el Edicto de Milán hasta las invasiones germánicas).

Cuando peor parecía la persecución, las cosas cambiaron. En el año 313 el Edicto de Milán puso fin a las persecuciones. Pronto Constantino, uno de los dos emperadores que habían promulgado ese edicto, quedó como único dueño de todo el Imperio, y comenzó a dar señales de favorecer a los cristianos. Así comenzó un proceso que culminaría en el reinado de Teodosio I (379-393), cuando el cristianismo vino a ser la religión oficial del Imperio, donde pronto no se toleraría otra religión que no fuera la cristiana o la judía.

Esto tuvo enormes consecuencias para el cristianismo. La más obvia fue el cese de las persecuciones. Pero además se empezaron a construir grandes templos a imitación de los edificios públicos romanos llamados basílicas. En ellos el culto se hizo cada vez más suntuoso. Los obispos llegaron a ser poderosos personajes públicos, y a consecuencia de ello hubo un número creciente de individuos indignos que procuraban alcanzar el episcopado, no como un modo de servir a la iglesia y al pueblo, sino como un modo de enriquecerse y aumentar su poder.

Además, puesto que el estado comenzó a inmiscuirse en los asuntos eclesiásticos, surgió la posibilidad de dirimir debates teológicos mediante maniobras políticas en lugar del argumento sólido y convincente.

Pero la consecuencia más importante de las nuevas condiciones fue la enorme ola de personas que venían a la iglesia en busca del bautismo. Eran tantas, que no había suficientes maestros para adiestrarles en la fe, y fue necesario acortar el período del catecumenado, durante el cual los candidatos se preparaban para el bautismo. Luego, al tiempo que el número de cristianos se multiplicó, su compromiso con la fe disminuyó.

Las respuestas de los creyentes a tales nuevas circunstancias fueron varias. Como era de esperarse, la mayoría veía en todo esto un don de la providencia divina, que les había puesto fin a las persecuciones y le había regalado a la iglesia el apoyo del estado. Un caso típico es el de Eusebio de Cesarea, cristiano fiel convencido de que lo que acontecía era obra de Dios. Otros añoraban los días en que la vida cristiana requería sacrificio y compromiso total, y como un modo de restaurar esa forma de vida se apartaron de la sociedad, yendo al desierto y creando comunidades monásticas. Una tercera opción que también veía las nuevas circunstancias con disgusto era sencillamente apartarse de la iglesia apoyada por el estado, y formar otras. El grupo más importante que siguió esta opción fue el de los donatistas, en el norte de África.

Pero hubo también otros que tomaron una postura intermedia, aunque firme. Estos son los grandes "padres de la iglesia" del siglo cuarto y principios del quinto. Puesto que se cuentan entre los más grandes de esos padres, en su honor hemos llamado a este período "la era de los gigantes". Fueron personas —la mayoría varones, pero no todos— que optaron por una vida disciplinada al estilo de los monásticos, pero que en lugar de huir al desierto se involucraron en la vida de la iglesia. Dispuestos a colaborar con las autoridades, también se mostraron prontos a resistirlas valientemente en defensa de la fe y de la justicia. Además, ahora que las circunstancias lo permitían, varios de ellos fueron autores prolíficos cuyas obras se han vuelto clásicas. Entre estos gigantes se cuentan Atanasio, el obispo de Alejandría que fue campeón de la lucha contra el arrianismo, que negaba la plena divinidad de Jesucristo; los "cuatro grandes capadocios" (los hermanos Macrina, Basilio y Gregorio de Nisa, y el amigo de ellos Gregorio de Nacianzo), quienes continuaron la lucha de Atanasio en defensa de la doctrina de la Trinidad; Ambrosio de Milán, quien se atrevió a confrontar al Emperador con su injusticia; Juan Crisóstomo, uno de los más grandes predicadores de todos los tiempos; Jerónimo, traductor de la Biblia al latín; y el más importante de todos, Agustín de Hipona.

3. La baja Edad Media o "era de las tinieblas" (desde la caída de Roma en el 410 hasta mediados del siglo XI)

Durante su edad de oro, el Imperio Romano incluía todas las tierras al sur del Danubio y al oeste del Rin, y en Gran Bretaña llegaba aproximadamente hasta la frontera entre Inglaterra y Escocia. Pero a mediados del siglo cuarto comenzó una serie de invasiones en las que los pueblos germánicos que hasta entonces habían estado al este del Rin penetraron en territorio romano, saquearon ciudades, y por fin establecieron sus propios reinos dentro de él. El índice más dramático de lo que estaba sucediendo fue la toma de Roma por los visigodos en el 410.

Los principales reinos germánicos fueron el de los vándalos en el norte de África, el de los visigodos en España, el de los francos en Francia, los de los ostrogodos y de los lombardos en Italia, y los de los anglos y de los sajones en Inglaterra.

Algunos de estos pueblos eran paganos, y otros se habían hecho arrianos antes de invadir el Imperio, de modo que por primera vez en el mundo latino el arrianismo se presentó con fuerza. Pero poco a poco los conquistadores fueron aceptando la religión de los conquistados, de modo que tanto los paganos como los arrianos se hicieron católicos —es decir, ortodoxos.

Las invasiones trajeron el caos. En el año 476 el último emperador romano en Occidente —es decir, de la región de habla latina— fue depuesto oficialmente, y a partir de entonces cada reino se gobernó independientemente. Las letras y los estudios prácticamente desaparecieron. El orden civil peligraba constantemente. En esa situación, la iglesia fue la institución que conservó los conocimientos de la antigüedad, y que proveyó cierta medida de orden social y político.

Para ello la iglesia contaba con dos instrumentos que se fueron acrecentando precisamente porque la situación existente los hacía necesarios: el monaquismo y el papado.

Aunque hubo monásticos en la iglesia occidental desde mucho antes, el organizador del monaquismo occidental fue San Benito, cuya Regla se extendió por toda Europa occidental y le dio al monaquismo occidental la forma que todavía hoy tiene.

El papado tuvo sus altas y sus bajas. Los dos papas más importantes durante este período fueron León I (440-461) y Gregorio I (590-604), ambos conocidos como "el Grande". Bajo ellos, y bajo otros papas distinguidos, la iglesia pudo proveer cierta medida de orden a una sociedad en caos.

Mientras todo esto sucedía en el occidente de habla latina, en el oriente de habla griega, donde las invasiones no lograron penetrar de manera permanente, el Imperio Romano continuó existiendo. Puesto que la capital de este imperio oriental era Constantinopla, antes llamada Bizancio, se le dio a este Imperio Romano de Oriente el nombre de Imperio Bizantino. En él, los emperadores eran más poderosos que la iglesia, a la cual trataban de manejar con fines políticos. Al mismo tiempo, aquella iglesia se vio sumida en una serie de controversias, particularmente respecto a la persona de Jesús. Estos temas controvertidos llevaron a una serie de concilios ecuménicos: Nicea (325); Constantinopla (381); Éfeso (431);

Calcedonia (451); II Calcedonia (553); III Constantinopla (680-681); y II Nicea (787). Aunque la iglesia occidental no participó activamente en estas controversias, estuvo de acuerdo con sus resultados. Pero otras iglesias orientales no los aceptaron, y de ello surgieron iglesias disidentes comúnmente llamadas "nestorianas" y "monofisitas".

A mediados de este período tuvieron lugar dos grandes acontecimientos: el avance armado del islam y el surgimiento del imperio carolingio. Entre el 630 y el 732, el islam conquistó todo el territorio de los persas hacia el oriente, las tierras bíblicas hacia el norte, y toda la cosa norte de África hacia el oeste. En el 711 los musulmanes cruzaron el estrecho de Gibraltar, conquistaron España, y continuaron avanzando hasta que por fin se les detuvo en la batalla de Tours (732).

Bajo los carolingios, el poderío de los francos se fue extendiendo, hasta que Carlomagno fue coronado emperador en el año 800. Por un breve período hubo bajo los carolingios un renacimiento de las letras.

Pero pronto el poderío carolingio decayó, y el feudalismo se esparció por toda Europa occidental.

En cuanto al papado, tras su punto culminante con Gregorio el Grande comenzó a decaer, aunque no tan rápidamente como el imperio de los carolingios. A mediados del siglo XI su prestigio había disminuido a tal punto que existía un clamor general por una reforma en el papado mismo.

4. La alta Edad Media o "era de los altos ideales" (desde mediados del siglo XI hasta que comienza la decadencia del papado, en el 1303)

A mediados del siglo XI comenzó un esfuerzo reformador que se había ido gestando y anunciando por algún tiempo en algunos círculos monásticos, particularmente en torno a la abadía de Cluny. Con el correr del tiempo el propio monaquismo cluniacense iría decayendo, y por tanto fueron necesarias otras reformas dentro del monaquismo, de las cuales la más notable es la cisterciense, cuyo más famoso monje fue Bernardo de Claraval.

Pero, aun cuando después comenzara a decaer en su celo, el monaquismo cluniacense fue el principal ímpetu que llevó a la reforma del papado, y a los esfuerzos de varios papas por reformar la iglesia toda, particularmente su jerarquía. Punto principal de esa reforma fue combatir la simonía —la compra y venta de cargos eclesiásticos. Pero además aquellos papas reformadores tomaban la vida monástica por modelo, y por ello su ideal era el celibato de todo el clero.

Entre aquellos papas los más notables fueron León IX, con quien la reforma cobró nuevo ímpetu, y Gregorio VII, el más poderoso papa de ese siglo, quien fue campeón del celibato eclesiástico.

Aunque al principio aquella reforma contó con el apoyo de las autoridades imperiales, pronto surgieron conflictos, sobre todo en lo referente a la elección e investidura de los obispos. Los emperadores insistían en su derecho de investidura, argumentando que los obispos eran también poderosos señores feudales, y que el emperador tenía que asegurarse de su lealtad. Por su parte, los papas reformadores veían en la investidura laica —es decir, en la investidura recibida de manos del emperador, de los reyes, o de sus representantes— una forma sutil de simonía, pues en fin de cuentas los obispos compraban sus cargos sobre la base de su lealtad al emperador, y no a Jesucristo ni a la iglesia.

Hubo muchos conflictos de esta índole, pero los más notables tuvieron lugar entre Gregorio VII y Enrique IV, entre Urbano II y el mismo Enrique, y entre Pascual II y Enrique IV y V. Por fin se llegó a un acuerdo conocido como el Concordato de Worms.

Fue por el mismo tiempo que las cruzadas comenzaron. La primera fue convocada por Urbano II y —aunque bastante mal organizada— fue la única que tuvo notables logros militares y políticos. La cuarta fue desastrosa, pues en lugar de atacar a los musulmanes en Tierra Santa tomó y saqueó la ciudad de Constantinopla, cristiana y capital del Imperio Bizantino. Pero, a pesar de su fracaso, el ideal de las cruzadas continuó vivo por largo tiempo, y puede verse tanto en la Reconquista española como en la conquista de América por los españoles.

En parte como resultado de las cruzadas y del comercio que abrieron, la economía monetaria comenzó a florecer. En cierta medida, fue en protesta contra esa economía que surgieron las órdenes mendicantes —es decir, órdenes de frailes que se negaban a vivir de los negocios de la economía monetaria, y se sustentaban de los alimentos y limosnas que recibían de los fieles. Las dos grandes órdenes mendicantes fueron los franciscanos y los dominicos

Los franciscanos, fundados por San Francisco de Asís, se dedicaron a la predicación, y su fundador requería una pobreza absoluta. Pero la orden fue cambiando de carácter y pronto, además de tener propiedades, algunos franciscanos fueron famosos profesores universitarios.

Los dominicos, fundados por Santo Domingo de Guzmán, tenían el propósito de combatir las herejías, sobre todo la de los albigenses, que eran numerosos en el sur de Francia, y por tanto para ellos el estudio era importante. Pronto ellos también se establecieron en las universidades.

La universidades fueron surgiendo de las escuelas catedralicias, y en el siglo XIII llegaron a ser el centro de la actividad teológica. Fue allí que floreció el escolasticismo, o teología de las escuelas, aunque ese escolasticismo tuvo sus precursores en monjes tales como Anselmo de Canterbury, Abelardo y Pedro Lombardo.

Precisamente en esa época, procedentes de los territorios musulmanes de España y de Sicilia, los escritos de Aristóteles despertaron el interés de los intelectuales cristianos, sobre todo porque, al tiempo que parecían racionales, retaban algunas de las ideas fundamentales del cristianismo de inspiración platónica que por largo tiempo había dominado. La mayoría de los teólogos rechazó todas o casi todas las doctrinas de Aristóteles. Algunos las aceptaron a tal extremo que parecían abandonar algunos elementos fundamentales de la fe cristiana. Unos pocos se propusieron construir una nueva teología que aceptara e hiciera uso de los elementos valiosos en el aristotelismo. El principal entre estos últimos fue Santo Tomás de Aquino.

También en esos años floreció una nueva arquitectura menos dependiente de la antigua arquitectura romana. Esa nueva arquitectura se conoce hoy como "gótica".

La reforma papal comenzada en tiempos de León IX y Gregorio VII quedó interrumpida por otro período de caos en que los papas y los antipapas se sucedieron rápidamente, pero culminó en el pontificado del papa más poderoso de todos los tiempos, Inocencio III. Ninguno de los sucesores de Inocencio alcanzó el mismo poder, aunque seguían reclamándolo. El punto culminante de tales reclamos fue la bula Unam sanctam, de Bonifacio VIII. Pero el propio Bonifacio fue humillado por los franceses, y esto marcó el inicio de largos años de decadencia en el papado.

5. La baja Edad Media o "era de los sueños frustrados" (desde el 1303 hasta las vísperas de la Reforma)

A principios del siglo XIV, las condiciones políticas, económicas y demográficas de Europa estaban cambiando drásticamente. A esto se sumó la peste bubónica que a partir del 1347 barrió el continente, produciendo serios descalabros en la economía y en el orden social.

La burguesía, que había empezado a surgir con el crecimiento de las ciudades, aumentó su poder, y frecuentemente se alió con los reyes para limitar el poder de la nobleza y así facilitar el comercio y la industria.

El nacionalismo comenzó a quebrar el antiguo sueño de "un solo rebaño y un solo pastor".

A esto se sumó la Guerra de los Cien años entre Francia e Inglaterra, que involucró a buena parte de Europa.

Las monarquías que más rápidamente aumentaron su poder fueron Inglaterra y sobre todo Francia, cuyos representantes humillaron a Bonifacio VIII en el 1303.

En el 1309, los papas mudaron su residencia a Aviñón, en la frontera con Francia y por tanto bajo la protección y el control de la corona francesa. Esta llamada "cautividad babilónica" de la iglesia duró hasta el 1377, cuando por fin el papado regresó a Roma.

Pero al año siguiente los descontentos con ese regreso eligieron un papa rival. Esto marcó el inicio del Gran Cisma de Occidente, cuando hubo dos papas, cada cual con su propia línea de sucesión.

Como un medio de remediar la situación, surgió el movimiento conciliar, que sostenía que un concilio de toda la iglesia tenía más autoridad que el papa, y procuraba restaurar la unidad, así como reformar la iglesia.

Los esfuerzos del Concilio de Pisa, en lugar de sanar el cisma, resultaron en tres papas rivales.

Por fin el Concilio de Constanza pudo sanar el cisma y restaurar la unidad del papado. Pero entones el movimiento conciliar mismo se dividió, y al fin de todo el proceso el papado salió fortalecido. La corrupción llevó a muchos a buscar una reforma de la iglesia. Algunos de ellos, como Juan Wyclif y Juan Huss, buscaban reformar tanto las prácticas como las doctrinas de la iglesia. Otros se adhirieron a movimientos populares de reforma. Y otros —entre ellos Jerónimo Savonarola— procuraron reformar la iglesia mediante una purificación radical de las costumbres.

La corrupción de la iglesia, la aparente imposibilidad de reformarla y las ansias de una vida más profunda llevaron al auge del misticismo. Aunque la mayoría de los místicos eran perfectamente ortodoxos, su actitud misma tendía a debilitar la autoridad de la iglesia.

También la teología académica fue decayendo, dedicándose a cuestiones cada vez más sutiles y menos pertinentes a la vida de los fieles.

En el 1453, Constantinopla, el último vestigio del antes floreciente Imperio Bizantino, fue tomada por los turcos. Esto hizo que muchos eruditos de lengua griega se trasladaran al occidente latino, donde contribuyeron a un despertar en las letras clásicas, y a la postre al Renacimiento y al humanismo.

Hacia el fin del período, imbuidos de los ideales renacentistas, los papas se ocupaban cada vez menos del bienestar espiritual de los fieles. El escenario estaba listo para la gran Reforma del siglo XVI.

6. La Reforma o "era de los reformadores". (Desde el 1500 hasta el 1600)

Este período coincide con el de las primeras grandes conquistas y colonizaciones europeas. Se ha separado en esta Introducción porque es mejor discutir estos dos temas por separado, aunque sin olvidar que son paralelos.

Como hemos visto, en varias partes de Europa habían comenzado movimientos reformadores como los de Wyclif, Huss, Savonarola y otros. En algunos países, como en España, los gobiernos habían tomado medidas reformadoras inspiradas por Erasmo y los humanistas —medidas tales como la restauración de la vida monástica y el fomento del estudio mediante la fundación de escuelas y universidades.

Pero la Reforma misma no estallaría sino a principios del siglo XVI, con la obra de Martín Lutero. Lutero fue un monje agustino y profesor universitario quien, tras larga peregrinación espiritual, halló sosiego en la justificación por la gracia de Dios.

Cuando Lutero protestó en el 1517 contra la venta de indulgencias, esto causó gran revuelo en Alemania, donde muchos vieron en Lutero y sus acciones una protesta en nombre del creciente nacionalismo alemán. Por una serie de circunstancias políticas, las autoridades eclesiásticas tomaron algún tiempo en responder al reto de Lutero; y cuando por fin lo hicieron era demasiado tarde para detener la difusión de las doctrinas de Lutero. Pronto el luteranismo encontró apoyo entre los príncipes alemanes, varios de los cuales se mostraron dispuestos a enfrentarse hasta al emperador Carlos V, como sucedió en el 1530, cuando, en la Confesión de Augsburgo, esos príncipes afirmaron su fe luterana. Rápidamente el luteranismo se extendió por buena parte de Alemania, así como en toda Escandinavia.

Aunque la protesta de Lutero comenzó por motivo de las indulgencias, sus preocupaciones iban mucho más allá, e incluían buena parte de las doctrinas y las prácticas medievales. Frente a ellas, Lutero sostenía que las Escrituras tienen una autoridad superior a cualquier teólogo, papa o concilio, y por ello produjo una traducción de la Biblia al alemán que vino a ser una de las obras clásicas que le dieron forma y uniformidad a esa lengua.

Al mismo tiempo en que Lutero reformaba la iglesia en Alemania, surgió en Suiza otro movimiento reformador relativamente independiente del de Lutero, aunque concordaba con él en muchos puntos. Este movimiento fue dirigido por Ulrico Zwinglio. También en Suiza floreció el francés Juan Calvino, quien adoptó posturas intermedias entre Lutero y Zwinglio, y cuya *Institución de la religión cristiana* vino a ser el fundamento de toda una tradición teológica lo que se conoce como la tradición "reformada" —representada hoy en las iglesias que llevan los nombres de "reformada" y "presbiteriana".

Otros adoptaron posturas más extremas, insistiendo en la necesidad de regresar al Nuevo Testamento en todos los aspectos de la vida y la doctrina. Muchos de quienes siguieron ese camino de reforma radical fueron llamados "anabaptistas". Los anabaptistas fueron perseguidos tanto por católicos como por protestantes, quienes veían inclinaciones subversivas en sus enseñanzas. Llevados por su celo restaurador, y frecuentemente por visiones apocalípticas, algunos de entre los anabaptistas siguieron el camino de la violencia, pretendiendo traer el Reino de Dios mediante la fuerza armada. Pero a la postre esos movimientos extremos desaparecieron, y quienes prevalecieron fueron los anabaptistas pacifistas, cuya figura principal fue Menno Simons.

El protestantismo también alcanzó gran éxito en la Gran Bretaña, en parte gracias a los conflictos entre el rey Enrique VIII y el papado, pero sobre todo después de la muerte de Enrique, y en tiempos de su hija Isabel I. Como resultado de todo esto surgió la Iglesia de Inglaterra, comúnmente llamada "anglicana".

Escocia, por largo tiempo enemiga de Inglaterra, se oponía tanto al catolicismo romano como al anglicanismo, y siguió el camino del presbiterianismo y de la teología reformada de Calvino. Pero a la postre la corona de ambos países cayó sobre Jaime VI de Escocia (Jaime I de Inglaterra), lo que le dio origen al Reino Unido, en el que Inglaterra siguió siendo mayormente anglicana, y Escocia presbiteriana.

La teología reformada también se adueñó de los Países Bajos, que se rebelaron contra su gobernante Felipe II, rey de España, uniendo su patriotismo naciente con el protestantismo calvinista.

También en otros países, tales como Francia, España y Polonia, el protestantismo logró algún arraigo, aunque a la postre fue vencido.

En el entretanto, hubo también un movimiento reformador dentro del catolicismo. Ese movimiento, al tiempo que rechazaba, refutaba e intentaba suprimir las doctrinas de los protestantes, buscaba también reformar las costumbres dentro de la Iglesia Católica. Como parte de esa reforma católica, surgió la orden de los jesuitas, el papado quedó en manos de hombres que buscaban reformar la iglesia al tiempo que afirmaban sus doctrinas y la autoridad del papado, y se convocó el Concilio de Trento, en el que la Iglesia Católica respondió al reto del protestantismo.

7. La gran expansión ibérica o la "era de los conquistadores" (Desde el 1492 hasta fines del siglo XVIII)

Como se indicó en el capítulo anterior, los acontecimientos que allí se narran son paralelos a los que nos ocupan en este capítulo 7, y se han separado solo por razones de claridad y de conveniencia. El período que ahora nos ocupa comienza en el 1492, y continúa hasta fines del siglo XVIII y principios del XIX. Fue un período de grandes descubrimientos geográficos y de conquistas por parte de Europa, y particularmente de España y Portugal.

Portugal había comenzado sus exploraciones marítimas mucho antes que España. Su interés estaba en circunnavegar el continente africano para así llegar al Oriente, con sus fabulosas riquezas en especias y sedas. Ya a mediados del siglo XV Enrique el Navegante les dio gran ímpetu a las exploraciones marítimas. Pero sería principalmente en el siglo XVI, poco después del comienzo de las conquistas españolas en América, que Portugal haría sentir su poder en las costas africanas y asiáticas.

La exploración y conquista de América por parte de los españoles comenzó en el 1492, con el primer viaje de Colón. Poco después del "descubrimiento" de América, los papas les dieron a las coronas de España y de Portugal una serie de derechos y responsabilidades respecto a la iglesia en sus nuevas colonias. Esto se conoce como el "patronato real" —en portugués, *padroado real*. El patronato marcó la historia de la iglesia en las colonias españolas y portuguesas, haciendo de la iglesia instrumento de la corona, y rigió hasta el fin de los tiempos coloniales.

La empresa conquistadora misma se justificaba mediante argumentos semejantes a los que antes se habían empleado en las cruzadas y en la Reconquista española. Pero tales argumentos no eran del todo convincentes, y en la Universidad de Salamanca se llegó a dudar de buena parte de ellos —tarea en la que se destacó el dominico Francisco de Vitoria.

En América misma, los métodos misioneros se combinaron con la violencia y la explotación. El más común en los primeros años fue el de las encomiendas, y luego comenzaron las "reducciones" o "misiones". Mientras buena parte de la iglesia justificaba todo esto, hubo también fuertes voces de protesta, sobre todo entre los dominicos.

Fue en Paraguay, bajo la supervisión de los jesuitas, que se establecieron las más extensas misiones o reducciones —hasta que la expulsión de los jesuitas llevó al abandono de muchas de ellas.

La conquista y colonización de América tuvieron lugar con vertiginosa rapidez. Primero se conquistaron y colonizaron las Antillas Mayores. Pero de allí se pasó a México y (bastante más tarde) a la Florida. Desde México, los conquistadores invadieron lo que hoy es Centroamérica. Rápidamente pasaron a "Nueva Granada" —Colombia y Venezuela— y sobre todo al Perú. Mientras tanto, los españoles también se establecían en el

Virreinato de la Plata —Argentina, Uruguay y Paraguay. En todo ese proceso se fueron estableciendo diócesis, monasterios, universidades y otras instituciones religiosas, todo bajo el control de la corona.

Debido en parte a la rapidez de la conquista misma, pero sobre todo a la forma violenta que tomó y a los abusos que la acompañaron, buena parte de la población indígena hizo uso de la religión como modo de resistencia. Un ejemplo típico de esto es la devoción a la Virgen de Guadalupe.

Debido al patronato real, la iglesia en América española tuvo siempre, por así decir, dos caras: una que reflejaba los intereses de la corona y de los colonizadores, y otra que procuraba defender a los "indios" y sus derechos. Por largo tiempo, esa dualidad marcaría la historia de la iglesia en el continente, y puede verse hasta el día de hoy.

La colonización portuguesa, y las misiones que resultaron de ella, fueron muy diferentes de las españolas. Aunque Portugal se lanzó a las exploraciones marinas bastante antes que España, sus esfuerzos no tuvieron los mismos resultados. A la postre, se establecieron colonias y misiones portuguesas en África, Asia y Brasil.

8. Ortodoxia, racionalismo y pietismo o "era de los dogmas y las dudas" (siglos XVII y XVIII)

Los grandes conflictos religiosos no terminaron con el siglo XVI, sino que se recrudecieron en el XVII. Esto se manifestó tanto en la violencia armada como en nuevos movimientos teológicos que pretendían defender y solidificar las convicciones surgidas de los conflictos del XVI.

La violencia armada por cuestiones de religión se manifestó sobre todo en la Guerra de los Treinta años. Mientras en Alemania cada bando se fortalecía en preparación para el conflicto armado, este estalló en Bohemia, a raíz de la famosa "defenestración de Praga". Pero la guerra pronto involucró a Alemania, Dinamarca, Suecia, Francia y buena parte del resto de Europa. Cuando por fin el conflicto terminó con la Paz de Westfalia (1648) se decidió que cada cual podía decidir —dentro de ciertos límites— qué opción religiosa tomar. En lo político, el saldo fue el aumento del poderío de Francia y de Suecia, a costa de innumerables muertes tanto entre los militares como entre la población civil. En lo religioso, la guerra contribuyó a una actitud escéptica que contribuiría al auge del racionalismo.

También en Francia la violencia se desató tras la muerte de Enrique IV en el 1610. Poco después, bajo la dirección del cardenal Richelieu, se desató una campaña para destruir el poderío de los protestantes. Tras quebrantar el poder político de los protestantes —también llamados "hugonotes" por alguna razón desconocida, Richelieu les concedió la tolerancia. Pero ésta les fue negada más tarde por Luis XIV, quien obligó a los protestantes a convertirse al catolicismo o abandonar el país. El protestantismo francés se volvió entonces un movimiento clandestino y perseguido.

En Inglaterra, la violencia tomó la forma de la revolución puritana, que llevó a la ejecución del rey Carlos I, a la guerra civil, al "protectorado" de Cromwell, y por fin a la restauración de la monarquía bajo Carlos II. Pero las políticas religiosas de este rey y de su sucesor, Jaime II, llevaron al derrocamiento de la casa de Estuardo y a la declaración de la libertad religiosa en el 1689.

Al tiempo que todo esto sucedía en el campo de la política, en el campo de la teología cada uno de los principales partidos surgidos en el siglo XVI se dedicó a consolidar su posición, lo cual le dio origen a un fuerte énfasis en la ortodoxia, y a conflictos internos dentro de cada una de los principales tradiciones teológicas.

Dentro del catolicismo, esos conflictos se manifestaron sobre todo en el galicanismo, el jansenismo y el quietismo.

En las iglesias luteranas, surgieron conflictos entre los llamados "filipistas" —es decir, seguidores de Felipe Melanchthon— y los luteranos estrictos. Todo esto culminó en la ortodoxia luterana, que al tiempo que reafirmaba la doctrina de Lutero se apartaba bastante del espíritu del Reformador. En medio de todo eso, las propuestas de Jorge Calixto para buscar la unidad de la iglesia cayeron en oídos sordos, y llevaron a la acusación de "sincretismo".

Entre los reformados, surgieron conflictos en torno a la cuestión de la predestinación y el libre albedrío, sobre todo en los Países Bajos. Allí, en el Sínodo de Dordrecht, los calvinistas estrictos rechazaron el arminianismo, declarando cinco puntos de doctrina que a partir de entonces serían sello del calvinismo ortodoxo. Más adelante algo semejante sucedería en Inglaterra, con la Confesión de Westminster.

Como reacción a todo esto, el racionalismo se fue abriendo paso. El idealista francés Renato Descartes propuso un modo puramente racional de probar la existencia de Dios y del mundo físico. En Inglaterra se siguió un camino opuesto, el del empirismo, que sostenía que la base del conocimiento es la experiencia, y que pronto se alió al deísmo. Pero con la crítica primero de David Hume, y luego de Emanuel Kant, tanto el empirismo como el idealismo perdieron fuerzas.

Paralelamente, la ilustración francesa criticaba la ortodoxia y proponía nuevas opciones, tanto religiosas como políticas.

En reacción a todo esto, algunos optaron por una religión puramente "espiritual". Entre ellos se distinguieron Jacobo Boehme, Jorge Fox y Emanuel Swedenborg.

También en reacción tanto al racionalismo como al énfasis excesivo en la ortodoxia surgieron otros movimientos que se pueden llamar "pietistas". En el sentido estricto, el "pietismo" es el movimiento que se originó entre los luteranos alemanes bajo la dirección de Felipe Jacobo Spener y de su seguidor Augusto Germán Francke. Pero el mismo espíritu se ve también entre los moravos y su líder, el conde Zinzendorf. En Inglaterra, el espíritu pietista se manifestó sobre todo en el metodismo, surgido bajo el liderato de Juan Wesley.

La violencia e intolerancia religiosas, junto al deseo de asentarse en nuevas tierras, llevaron a muchos europeos —principalmente británicos, pero también alemanes y otros— a establecerse en Norteamérica, donde se fundaron varias colonias que a su vez siguieron diversas políticas religiosas. Hacia el fin de este período, en lo que se llamó el "Gran Avivamiento", esas colonias comenzaban a estrechar vínculos entre sí.

9. Hacia un cristianismo sin cristiandad
(Desde fines del siglo XVIII hasta el presente)

Los últimos años del siglo XVIII, y los primeros del XIX, fueron un tiempo de enormes cambios políticos tanto en Europa como en las Américas y, en menor grado, en otras regiones del mundo. Estos cambios, unidos al gran movimiento misionero del siglo XIX, afectaron el mapa del cristianismo de tal modo que ya no es posible hablar de territorios llamados "la cristiandad".

Primero fue la independencia de las trece colonias británicas en Norteamérica, de la cual surgieron los Estados Unidos. Esa nueva nación, cuyo territorio originalmente se limitaba a una franja en la costa del Atlántico, pronto creció tanto en población como en extensión. El crecimiento poblacional se debió principalmente a la inmigración, tanto europea como africana. La primera era mayormente voluntaria, por parte de quienes veían en la nueva nación oportunidades que no tenían en Europa. La segunda se debió al tráfico de esclavos.

En cuanto a la expansión territorial, ésta se debió tanto a la presión de los inmigrantes europeos, que buscaban nuevas tierras, como a la idea de que la nueva nación tenía el "destino manifiesto" de llevar la civilización y la democracia al menos hasta las costas del Pacífico. El episodio más notable en esa expansión fue la invasión de México y la ocupación de buena parte de su territorio.

La expansión territorial del país y la constante inmigración produjeron cambio fértil para una religiosidad que encontró su más típica expresión en el "Segundo Gran Avivamiento", pero también en luchas sociales, sobre todo respecto a la esclavitud.

Poco más de medio siglo después de su independencia, los Estados Unidos se vieron divididos por una cruenta guerra civil en torno a la cuestión de la esclavitud. Esto también tuvo consecuencias para la vida religiosa, pues en las principales iglesias se produjeron cismas que continuaron por largo tiempo después de la guerra misma.

Al mismo tiempo, surgieron también en el país nuevas religiones tales como el mormonismo, los Testigos de Jehová y la Ciencia Cristiana.

La Revolución Francesa tuvo lugar poco después de la independencia norteamericana, y le causó enormes dificultades a la Iglesia Católica, no solamente en Francia, sino en todo el resto de Europa. A esto se unió la revolución industrial, que primero se hizo sentir en Gran Bretaña, y que produjo dislocaciones sociales y económicas que a su vez llevaron a la emigración hacia el Hemisferio Occidental, así como hacia Australia, Nueva Zelandia y el sur de África.

En parte como resultado de la Revolución Francesa y de las guerras napoleónicas, casi todas las colonias ibéricas en el Hemisferio Occidental se declararon independientes a principios del siglo XIX.

Esto a su vez trajo nuevas condiciones para el catolicismo en la región, y abrió las puertas para la entrada del protestantismo.

Todos esos movimientos políticos iban unidos al auge de la modernidad, en la que el racionalismo de los siglos anteriores llegó a su apogeo. Aunque hubo quien siguió caminos opuestos, la mayoría de los teólogos protestantes —sobre todo en Europa— se esforzó en mostrar la compatibilidad y hasta coincidencia entre la modernidad y el protestantismo. Por ello puede decirse que buena parte de la teología protestante de la época fue apologética, como bien puede verse en la obra de Schleiermacher y de varios otros teólogos. Por un tiempo, el hegelianismo pareció dominar la escena teológica. La principal voz de protesta contra todo esto fue la del danés Søren Kierkegaard.

Por su parte, la Iglesia Católica tomó el camino opuesto, resistiendo y condenando todo lo que fuera modernidad. Esto se debió en parte al trauma producido por la Revolución Francesa, y en parte a la amenaza que el creciente liberalismo tanto político como religioso parecía ser, y llegó a su punto culminante bajo el pontificado de Pío IX, durante el cual el Primer Concilio del Vaticano promulgó la infalibilidad del papa. En mayor o menor grado, todos los papas del siglo XIX y de la primera mitad del XX siguieron la misma línea de pensamiento. Fue bajo el pontificado de Juan XXIII, e impulsado por el Segundo Concilio del Vaticano, que la actitud de la Iglesia Católica hacia la modernidad comenzó a suavizarse —aunque siempre con fuerte resistencia por parte de ciertos elementos dentro del catolicismo mismo.

Al tiempo que todo esto sucedía, el siglo XIX y los primeros años del XX también vieron una sorprendente expansión misionera por parte del cristianismo —sobre todo por parte del protestantismo. Frecuentemente impulsados por el creciente colonialismo europeo, los misioneros y misioneras —pues buena parte del liderato misionero era femenino— establecieron iglesias en todo el resto del mundo. Las necesidades de esa obra misionera fueron una de las principales raíces del movimiento ecuménico —entonces mayormente entre protestantes, pues la Iglesia Católica se negaba a toda colaboración con el protestantismo.

Pero la contraparte de esa sorprendente expansión fue también una serie de crisis en los antiguos centros de la cristiandad. En Europa occidental las dos guerras mundiales y otras circunstancias produjeron una seria crisis, de modo que hacia principios del siglo XXI la mayoría de los europeos no participaba activamente de la vida de la iglesia.

En los Estados Unidos hubo crisis semejantes dentro del contexto, primero, de la Primera Guerra Mundial, luego, de la Gran Depresión y después de la Segunda Guerra Mundial, la guerra fría, el conflicto con el islamismo radical y el sentimiento de que el país iba perdiendo la hegemonía de que antes había gozado.

Empero aquellos tiempos de crisis también trajeron nueva vitalidad. Esto se manifestó en el movimiento pentecostal que comenzó a principios del siglo XX, y que un siglo más tarde se había hecho fuerte en buena parte del mundo.

La misma vitalidad se vio en el crecimiento de las llamadas "iglesias jóvenes" en lugares tales como Asia, África y América Latina.

De esas iglesias, así como de las minorías étnicas en los antiguos centros de la cristiandad, y de las mujeres en todo el mundo, surgieron nuevas expresiones teológicas comúnmente llamadas "teologías contextuales".

Por todo ello, en el curso de este período el mapa del cristianismo cambió radicalmente. Al principio del período, el centro del cristianismo estaba indudablemente en Europa. Después estuvo en todo el Atlántico del Norte. Y por fin surgió una nueva situación en la que no había ya un centro, sino muchos, no sólo en territorios de la vieja cristiandad, sino también en el resto del mundo. Lo que es más, al tiempo que el cristianismo parecía perder fuerzas en lo que antes fue la cristiandad y el centro del movimiento misionero, gozaba de un ímpetu inusitado en el resto del mundo. Y es por esto que bien se puede decir que el producto final del período que va desde fines del siglo XVIII hasta principios del XX es un cristianismo sin cristiandad.

CAPÍTULO 1
La iglesia antigua o "era de los mártires"
(Desde los inicios hasta el Edicto de Milán, con el cual terminan las persecuciones)

Como sucede con todo fenómeno histórico, para entender los orígenes del cristianismo hay que colocarlo en su contexto histórico. Ese contexto incluye no solamente el mundo judío que resulta obvio en el Nuevo Testamento, sino también las realidades políticas y culturales del mundo grecorromano por el cual el cristianismo se expandió.

En cuanto al judaísmo, hay que señalar que este había evolucionado bastante entre los tiempos del Antiguo Testamento y los de Jesús. En Palestina ya no se hablaba el hebreo, sino el arameo. En la misma Palestina, los judíos no concordaban entre sí respecto a una variedad de cuestiones, y así surgieron "sectas" o grupos tales como los celotas, los saduceos, los fariseos y los esenios.

A través de casi todo el Antiguo Testamento, vemos al pueblo de Israel subsistir y definirse en medio de dos grandes imperios: el Egipto hacia el sudoeste, y los diversos imperios mesopotámicos —Babilonia, Asiria, y luego Persia— hacia el este. En tiempos de Jesús la situación había cambiado: aunque los persas continuaban siendo poderosos, Egipto no era ahora sino parte del gran Imperio Romano, al cual Palestina también pertenecía.

Para los buenos judíos, el estar sujetos al Imperio Romano no era solamente un problema político, sino también religioso. ¿Qué había sucedido con la promesa hecha a David, de que su trono sería inconmovible? ¿Cómo permitir que en la Tierra Prometida se presentaran los romanos con sus ídolos? ¿Cómo evitar contaminarse en tal situación? En respuesta a esto, el partido de los celotas optaba por la rebelión armada —rebelión que por fin estalló poco después del advenimiento del cristianismo, y que resultó en la destrucción de Jerusalén en el año 70. Otros —particularmente los esenios— optaban por apartarse de las zonas pobladas y crear sus propias comunidades de santidad en regiones remotas. Los saduceos eran el partido de los aristócratas, dispuestos a colaborar con el Imperio siempre que este les permitiera retener sus privilegios. Eran también conservadores en materia de religión, centrando su culto en el Templo, y rechazando lo que decían ser innovaciones, tales como la esperanza de la resurrección. En medio de todo esto estaban los fariseos, probablemente el grupo más respetado por el pueblo, y ciertamente el más religioso. Estos sí esperaban en la resurrección de los muertos. En el entretanto, se mostraban dispuestos a obedecer los dictámenes del Imperio siempre que estos no les llevasen a abandonar su fe y su fidelidad. Si los saduceos, en su mayoría ricos y residentes en Jerusalén, centraban su fe en el Templo, los fariseos, muchos de los cuales vivían en las afueras y no podían asistir regularmente al Templo, centraban su fe en la Ley y en su cumplimiento. Eran ellos quienes se dedicaban a estudiar las Escrituras con mayor ahínco, buscando en ellas dirección para la vida diaria. Fueron también ellos quienes centraron su vida religiosa en las sinagogas, donde estudiaban y enseñaban las Escrituras. Puesto que en los Evangelios Jesús los critica frecuentemente, a veces pensamos que todos ellos eran hipócritas. Pero el hecho es que Jesús les critica, no tanto por ser hipócritas, como por pensar que con su religiosidad y su cumplimiento estricto de la Ley pueden justificarse a sí mismos.

Fuera de Palestina, los judíos se habían dispersado por todo el imperio persa, así como por toda la parte oriental del romano. Este fenómeno recibe el nombre de "Diáspora" o "Dispersión".

Desde tiempos del exilio en Babilonia, un número siempre creciente de judíos vivía fuera de Palestina. Además de la región misma de Babilonia, las principales concentraciones de la Diáspora estaban en Egipto y en Asia Menor. Pero había también buen número de judíos en Roma y en otras ciudades importantes. Entre estos judíos había muchos extremadamente fieles, que asistían a la sinagoga regularmente y soñaban siempre con regresar a Jerusalén.

Los judíos de la Diáspora, al entrar en contacto con otros pueblos y culturas, tenían que buscar modos de acomodarse a ellos, y al mismo tiempo de hacerles entender algo de la fe judía. Resultado de eso fueron, entre muchas otras cosas, la versión de la Biblia hebrea al griego conocida como Septuaginta, y la labor filosófica de Filón de Alejandría.

En medio de sociedades politeístas, frecuentemente los judíos que insistían en ser fieles a sus tradiciones se veían excluidos de muchas actividades económicas y sociales. Por otra parte, algunos judíos habían ido perdiendo el uso del hebreo con el paso de las generaciones. Puesto que ya no podían leer el hebreo de sus antepasados —aunque esa lengua seguía empleándose en la lectura ritual de los libros sagrados— fue necesario ir traduciendo las Escrituras a idiomas que sí entendieran. Uno de ellos era el siríaco, y la traducción resultante recibe el nombre de Pechita. El otro era el griego, y la traducción a esa lengua se conoce como la Septuaginta —traducción frecuentemente designada con el número romano LXX.

La LXX fue la Biblia que emplearon todos los autores del Nuevo Testamento, excepto el del Apocalipsis. Y resultó ser también un valioso instrumento en la expansión del cristianismo, pues las personas cultas en toda la cuenca oriental del Mediterráneo la podían leer.

Filón fue un filósofo que vivió en Alejandría aproximadamente en tiempos de Jesús. Estaba convencido de que lo que la Biblia hebrea decía era lo mismo que habían enseñado los grandes filósofos griegos —particularmente Platón— y que esto podía probarse mediante la interpretación alegórica de las Escrituras. De este modo logró que el judaísmo fuera más aceptable entre la intelectualidad alejandrina, e indirectamente les sirvió a muchos cristianos para reclamar que su fe no era cosa de ignorantes, sino que encontraba apoyo en las más respetadas tradiciones filosóficas.

Este judaísmo de la Diáspora fue una de los principales recursos que el cristianismo tuvo al expandirse por los territorios romanos y persas.

Quien lee el libro de Hechos nota de inmediato que, aunque Pablo es el apóstol a los gentiles, al llegar a cada ciudad comienza su labor dirigiéndose a la sinagoga. Allí habría judíos dispuestos a escuchar el mensaje de que las promesas de Dios a Israel se habían cumplido en Jesús, y que el Mesías había venido. Pero habría también algunos de los llamados "temerosos de Dios". Estos eran personas que creían en el Dios de Israel y en sus reglas morales, pero no estaban dispuestas a hacerse judías. En esa época el judaísmo era una religión proselitista, y quienes se convertían a él eran llamados "prosélitos". Pero los "temerosos de Dios", unas veces por no circuncidarse, otras por no sujetarse a las leyes dietéticas y ceremoniales, y otras por razones sociales o políticas, no estaban dispuestos a hacerse judíos.

Posiblemente algunas de tales personas verían en el cristianismo una manera de aceptar la fe de Israel, y de hacerse judío, sin sujetarse a la circuncisión ni a las leyes dietéticas y ceremoniales. Por ello, buena parte de la primera expansión del cristianismo entre gentiles consistió en la conversión de "temerosos de Dios" —personas como el eunuco etíope o Cornelio.

El mundo grecorromano fue el resultado de las conquistas, primero de Alejandro, y luego de Roma. Al nacer el cristianismo, había dos grandes imperios en la región: el persa y el romano. En ambos se sentía todavía el impacto de las conquistas de Alejandro, sobre todo en el uso del griego como lengua para las letras y para el comercio —aunque en los territorios persas el arameo estaba más extendido que el griego.

Debido a las nuevas circunstancias políticas, económicas y culturales, surgió una tendencia cosmopolita.

Las conquistas, primero de Alejandro y después de Roma, le dieron a la cuenca del Mediterráneo una unidad política que nunca antes había tenido. Aunque en cada región se conservaba todavía algo de las viejas lenguas y culturas, todo esto quedó supeditado bajo el gran denominador común del poderío romano y de las lenguas griega y latina. En términos generales, el latín vino a ser la lengua común en la porción occidental del Imperio Romano —que nunca había sido parte del imperio de Alejandro— y el griego en su porción oriental (véase el mapa en la p. 00); pero en todo el Imperio las personas cultas empleaban el griego, que hasta los romanos consideraban ser la lengua de la cultura y la civilización —al tiempo que usaban el latín para las leyes y el gobierno.

Esa unidad política facilitaba también los viajes y el comercio. Los romanos construían caminos y carreteras cuyo principal propósito era facilitar el movimiento de las tropas, pero que también contribuían al comercio y a la comunicación. Pocos años antes del advenimiento del cristianismo, el general romano Pompeyo había limpiado todo el Mediterráneo de los piratas que antes lo infestaron, de modo que ahora el principal obstáculo a los viajes marítimos era el mal tiempo, y no ya el peligro de los piratas.

Todo esto facilitó el intercambio de ideas y tradiciones y amplió el horizonte intelectual de la mayoría de los súbditos del Imperio. Unos siglos antes, un ateniense podía pasar toda la vida en su ciudad natal, sin toparse con quien no fuera ateniense, o al menos griego. Pero ahora los descendientes de aquel ateniense no vivían todos en Atenas, sino unos en Alejandría y otros en Roma o en alguna otra ciudad. Los que todavía vivían en Atenas tenían vecinos judíos, romanos, egipcios, etc. En consecuencia, mientras que para aquel antiguo ateniense el horizonte intelectual abarcaba poco más que la ciudad o polis de Atenas, para sus descendientes en los primeros siglos del cristianismo ese horizonte abarcaba todo el mundo o cosmos. Por ello se dice que se vivía en un contexto "cosmopolita", es decir, en un contexto en el que el cosmos había venido a ocupar el lugar de la antigua polis.

Ese cosmopolitanismo a su vez llevaba tanto al individualismo como al sincretismo religioso y al desarrollo de nuevas religiones que se fundamentaban en la decisión personal por parte de cada creyente, más bien que —como antes— en su identidad étnica o cultural.

Aunque el contexto cosmopolita amplía los horizontes, también deja al individuo perdido en la inmensidad del mundo. Aquel antiguo ateniense de tiempos clásicos sabía quién era, cuáles eran sus dioses, cuáles sus responsabilidades sociales, y cuál su lugar en el mundo. Pero sus descendientes en el siglo primero tenían que decidir todo esto por sí mismos. El que vivía ahora en Egipto tenía que decidir cuánto conservaría de sus viejas tradiciones griegas, hasta qué punto se adaptaría a las costumbres egipcias, y si aceptaría o no lo que le decía su vecino judío acerca de la existencia de un solo Dios. Lo mismo sucedía con los judíos que vivían en la Diáspora; y hasta con los que todavía vivían en Judea —aunque en este caso en menor grado.

Por otra parte, en tiempos del advenimiento del cristianismo las viejas culturas que habían quedado supeditadas por las conquistas de Alejandro y de Roma comenzaban a resurgir. Pero no ya en su vieja forma, sino en nuevas modalidades que en sí mismas llevaban el sello cosmopolita. Por ejemplo, el antiguo culto egipcio a Isis y Osiris gozaba de un nuevo despertar; pero no era ya la religión de la realeza egipcia —que ya no existía— sino de aquellos individuos de cualquier nacionalidad o clase social que cifraran en ese culto su esperanza de inmortalidad.

Surgió así toda una serie de religiones que deferían de las antiguas por cuanto ya no se pertenecía a ellas por nacimiento, sino por decisión personal y frecuentemente a través de un rito de iniciación. Tales era las religiones de misterio, así como el cristianismo mismo —que podría verse como una nueva versión del judaísmo, pero de un judaísmo al cual se pertenecía, no por nacimiento, sino mediante la conversión y el bautismo.

Al igual que las culturas y las tradiciones, esas religiones frecuentemente se mezclaban unas con otras. Puesto que casi todas eran politeístas, no tenían reparo en que quien perteneciera a una de ellas perteneciera también a otras, o tomara algunos dioses u otros elementos de ellas y los incorporara a su propia religión. Lo que es más, en algunos casos tal sincretismo era fomentado por los intereses del Imperio Romano, que buscaba consolidar su unidad mediante la unidad del sincretismo religioso. Así, el Neptuno romano vino a confundirse con el Poseidón de los griegos, y en Éfeso la antigua diosa adorada por los habitantes de la región primero se identificó con la diosa griega Artemisa y luego con la romana Diana. Por las mismas razones, el Imperio Romano fomentaba el culto a la diosa Roma, en cuyo honor se erigieron templos en todo el Imperio, y también el culto al emperador como señal de lealtad cívica. Como veremos, todo esto le causó graves dificultades a la iglesia, pues se encontraba a la raíz misma tanto de las persecuciones como de las herejías.

En ese mundo, la filosofía griega era altamente respetada —particularmente las de Platón y de los estoicos. Platón vivió en Atenas en el siglo IV a.C. Su interés era el conocimiento de las verdades eternas —es decir, de las que no cambian. Puesto que todo cuanto los sentidos perciben cambia, tales verdades no pueden conocerse mediante los sentidos. Y sin embargo, sí es posible conocerlas. En un diálogo que Platón puso en boca de su maestro Sócrates, este último va haciéndole preguntas a un esclavo inculto, y poco a poco va sacando de él todos los principios matemáticos. ¿Cómo puede tal esclavo saber tales cosas, si nadie se las ha enseñado, ni tampoco las ha aprendido mediante los sentidos? La respuesta de Platón es que tales conocimientos son recuerdos de una existencia anterior. Antes de nacer en el cuerpo, el alma estaba en un mundo superior, el "mundo de las ideas", y allí pudo contemplar directamente esas ideas o realidades eternas. Pero por alguna razón ha descendido ahora a este mundo físico donde todo pasa, pero donde todavía tiene algún recuerdo de aquello que antes conoció. En otro diálogo, Platón propone el "mito de la cueva", diciendo que la condición humana es como la de quien está en una cueva donde ve las sombras de lo que sucede fuera. Lo que se ve en la cueva no es sino un reflejo de la realidad, y tomarlo como si fuera la realidad misma es un error. De igual modo, cuanto los sentidos perciben acá no es sino reflejo de las ideas o realidades eternas, y no ha de tomarse como verdad. Tras la muerte, el alma regresa al mundo de las ideas —y es por esto que, en otro diálogo, Sócrates se enfrenta a la muerte con una calma ejemplar. Pronto algunos cristianos verían en lo que Platón había dicho sobre el mundo de las ideas una afirmación de la existencia del Reino de Dios; y en su afirmación de la inmortalidad del alma una fuente de apoyo para la doctrina cristiana de la existencia tras la muerte.

Además, había en Platón —y en otros filósofos antes que él— una fuerte tendencia hacia el monoteísmo, o al menos una crítica del politeísmo tradicional y de sus dioses. Según Platón, en el mundo de las ideas había una jerarquía que iba a culminar en la idea suprema del bien y de lo bello. Su discípulo Aristóteles hablaba de un "primer motor inmóvil" —es decir, de una fuente de todo lo que se mueve, pero que sin embargo es inmóvil e inmutable. Más adelante algunos cristianos reclamarían que su Dios no era sino la suprema idea del bien de Platón, y el primer motor inmóvil de Aristóteles.

Con el correr del tiempo, el platonismo fue evolucionando, de modo que subrayaba, ya no tanto la búsqueda de la verdad, sino la vida de acuerdo a esa verdad, y por tanto fue tomando tonalidades religiosas. En el siglo segundo, esa evolución llevó al "neoplatonismo", que a su vez influyó notablemente en personalidades cristianas tales como San Agustín, y por tanto en toda la teología cristiana a partir de entonces.

El estoicismo recibió ese nombre porque sus primeros maestros enseñaban en los pórticos de Atenas —la *stoa*. No se interesaba tanto en cuestiones especulativas como el platonismo, sino más bien en cómo vivir una vida "sabia". Sabia es la persona que sabe que hay cosas que no puede cambiar —cosas tales como el dolor y la muerte— y por tanto, en lugar de resentirlas o combatirlas, sencillamente las acepta. Sabia es la persona que sabe que hay una "ley natural" que todas las cosas han de seguir, y vive entonces de acuerdo a esa ley natural. Por todo esto, la culminación de la sabiduría está en la vida estrictamente racional, libre de toda pasión —la *apatheia*, de donde viene la palabra castellana "apatía". Tales doctrinas resultaron útiles para los cristianos, quienes podían decir entonces que la verdadera sabiduría está en ajustarse a la ley de Dios, y en vivir moderadamente dentro de esa ley.

Ya que se acusaba a los cristianos, entre otras cosas, de ignorantes pronto fue necesario que algunas mentes preclaras dentro de la iglesia se dedicaran a refutar las acusaciones y rumores que circulaban en cuanto a los cristianos —y que en parte parecían justificar las persecuciones. Estos son los llamados "apologistas griegos".

La imaginación popular pronto inventó toda una serie de rumores acerca de las prácticas cristianas, frecuentemente sobre la base de algo que se interpretaba mal. Así, por ejemplo, puesto que los cristianos decían reunirse para una "fiesta de amor", empezó a circular la idea de que sus cultos eran orgías sexuales. Puesto que hablaban de un niño, y de alimentarse de su carne, se decía que en sus ritos de iniciación el neófito mataba un niño, y que los presentes lo devoraban. Todo esto era relativamente fácil de refutar por el solo hecho de que sus vecinos veían que los cristianos llevaban vidas sobrias y seguían altos principios morales. Pero a pesar de ello frecuentemente sirvió para enardecer a las multitudes, llevándoles a pedir la muerte de los cristianos. Más seria —y más difícil de refutar— era la acusación de que los cristianos eran unos fanáticos ignorantes, quizá engañados por maestros que explotaban su credulidad.

En respuesta a todo esto, en el siglo segundo surgieron varios escritores cristianos que se dedicaron a refutar lo que se decía sobre su religión, y a mostrar que no era incompatible con lo mejor de la cultura grecorromana. Puesto que estos autores escribieron en griego, reciben el nombre conjunto de "apologistas griegos".

Algunos de estos apologistas —por ejemplo, Taciano— trataban de defender el cristianismo criticando la cultura y religión paganas. Así, uno de ellos dice que quienes sirvieron de modelo para las imágenes de algunas de las diosas eran prostitutas, y que por tanto al adorar a tales imágenes los paganos en realidad estaban adorando a esas prostitutas. Otros decían que Moisés vivió antes que los grandes filósofos griegos, y que por tanto la sabiduría de los últimos había sido tomada de los escritos del primero. O argumentaban que a los ídolos de oro y de plata había que guardarlos para que no fueran robados, y que resultaba necio pensar que pudieran proteger a sus devotos, cuando ellos mismos necesitaban protección.

Pero los más influyentes de los apologistas griegos fueron los que, refiriéndose respetuosamente a la cultura y la filosofía paganas, intentaban mostrar que no eran totalmente incompatibles con el cristianismo, sino al contrario —que lo mejor de la vieja sabiduría griega encontraba su culminación en el cristianismo.

De entre estos apologistas, el más destacado e influyente fue Justino —comúnmente conocido como "Justino mártir", porque murió como tal. Justino tomó el tema del logos —razón, verbo, palabra— que aparecía en la filosofía grecorromana, lo unió a lo que el Evangelio de Juan dice sobre el logos de Dios, y sobre esa base arguyó que el cristianismo era la culminación de la filosofía grecorromana. En esa filosofía, se explicaba la racionalidad del mundo —por ejemplo, el hecho de que dos y dos son cuatro tanto en la mente como en la realidad— diciendo que hay un principio que subyace a todo cuanto existe; y a ese principio se le daba el nombre de logos. Justino entonces, tomando el prólogo del Cuarto Evangelio, donde se dice que el logos de Dios estaba en el principio con Dios, utiliza lo que allí se dice como base para su argumento. Juan dice que ese logos es la luz que alumbra a toda persona que viene a este mundo; y los filósofos también decían que lo que hace cualquier conocimiento posible es el logos. Puesto que Juan añade que ese logos se hizo carne en Jesucristo, y que en él le vimos, Justino puede decir que el cristianismo es la suprema revelación del orden mismo del universo, y que Jesucristo es tanto la fuente como la culminación de todo conocimiento humano. En consecuencia, cuanto los filósofos dijeron de bueno y razonable lo dijeron en virtud del que los cristianos ahora conocemos en Jesucristo. Y Justino llega hasta a decir que los grandes maestros de la antigüedad —incluso Abraham y Platón— fueron "cristianos" en el sentido de haber recibido su sabiduría de Cristo. De este modo se iba preparando el camino para que el cristianismo se apoderara de lo mejor de la cultura grecorromana y lo hiciese suyo.

La expansión del cristianismo en esos primeros años fue notable. Aunque Pablo es el más famoso de los misioneros cristianos, hubo muchos otros —y hubo sobre todo quienes, sin ser misioneros, iban propagando la fe de un lugar a otro.

Es poco lo que sabemos acerca de la expansión del cristianismo más allá de Palestina y las regiones inmediatas, o de los lugares donde Pablo visitó. Pero ya en el Nuevo Testamento vemos que hubo otros misioneros y predicadores cuya labor fue independiente de la de Pablo. Y sabemos, por ejemplo, que cuando Pablo proyectaba ir a Roma, ya había allí una comunidad de creyentes. Luego, Pablo es un ejemplo —el más notable, ciertamente, pero no el único— del impulso misionero del cristianismo desde sus mismos inicios. Pero los misioneros, por muchos que fueran, no eran los únicos que contribuían a la expansión del cristianismo. Los mercaderes, soldados, esclavos y otros que viajaban por diversas razones iban dando testimonio de su fe, y de ese testimonio iban surgiendo iglesias por todo el Imperio Romano así como hacia el oriente, en territorios bajo el dominio persa. Como resultado, ya a principios del siglo segundo el gobernador de Bitinia —al norte de Asia Menor— se quejaba de que, debido al crecimiento del cristianismo, los templos paganos estaban casi abandonados. Por la misma época iba surgiendo una iglesia floreciente en el norte de África —lo que hoy son Argelia y Tunisia— así como en España. A mediados del siglo tercero el abandono de los dioses paganos era tal, que los paganos se convencieron de que las calamidades que padecía el Imperio Romano se debían a ese abandono. Poco después había ya iglesias, no solamente por toda la cuenca del

Mediterráneo, sino hasta en Inglaterra. En cuanto a la expansión hacia el oriente, más allá de las fronteras del Imperio Romano, los datos son más escasos. Pero resulta claro que pronto hubo iglesias esparcidas por todo el territorio bajo el dominio persa, y que desde fecha bien temprana el cristianismo llegó hasta la India. En esa expansión hacia el este, la lengua aramea, y los mercaderes que la utilizaban y que viajaban por asuntos de sus negocios, parecen haber tenido un papel importante.

Pero no todo era fácil. La iglesia tuvo que enfrentar dos grandes retos: el de la persecución por parte del estado romano y el de definir su propia fe. En los primerísimos años, los judíos que no aceptaban la fe cristiana fueron sus principales enemigos.

Al leer el Nuevo Testamento, vemos la fuerte oposición del liderato judío a Jesús y su mensaje, como se ve en los pasajes que nos hablan de los complots primero contra Jesús, luego contra Esteban y por último contra Pablo. Pero lo que frecuentemente olvidamos es que en ese tiempo no era cuestión de un conflicto entre judíos y cristianos, sino entre los judíos que no aceptaban a Jesús como Mesías, y los judíos que sí le aceptaban. En aquellos primerísimos años, los cristianos eran una minoría dentro del judaísmo, cuyos líderes hacían cuanto podían por extirpar lo que les parecía ser una herejía. Esa situación cambió pronto, cuando los principales enemigos del cristianismo no eran ya los líderes judíos, sino las autoridades romanas. Tristemente, algunos cristianos en distintas épocas —y frecuentemente la mayoría de los cristianos— han usado lo que el Nuevo Testamento cuenta acerca de aquellos primerísimos años para tomar cruel revancha contra los judíos.

Pero pronto el enemigo fue el estado mismo, que veía en el cristianismo elementos que no resultaban de su agrado. Al principio, en tiempos de Nerón y durante todo el siglo primero, la persecución fue local y su duración limitada.

Ya en tiempos de Claudio (años 41-58), el debate entre los judíos de Roma acerca de quién era Cristo causó tal desorden que el Emperador sencillamente expulsó de la ciudad a todos los judíos —tanto cristianos como no. Pero fue bajo Nerón, sucesor de Claudio, que tuvo lugar la primera persecución en que murieron buen número de cristianos. Esa persecución, aunque crudelísima, se limitó a la ciudad de Roma, y fue de breve duración. Después de la muerte de Nerón hubo persecuciones esporádicas y locales, hasta que a fines del siglo primero, bajo el emperador Domiciano, la situación cambió. Aunque los detalles no están claros, aparentemente Domiciano decidió que, puesto que el Templo de Jerusalén había sido destruido en el año 70, los judíos debían ahora mandar su contribución anual, no a Jerusalén, sino a las arcas imperiales. Algunos judíos se negaron, declarando que tal cosa sería un sacrilegio. Puesto que todavía la mayoría de los cristianos eran judíos, y el estado no veía clara la diferencia entre ambos grupos, el Emperador ordenó una persecución que alcanzó tanto a cristianos como a judíos, y que fue particularmente fuerte en Asia Menor — lo cual proveyó el contexto en el que Juan escribió el Apocalipsis.

Pero en el siglo segundo se fueron estableciendo políticas más generalizadas, de modo que, aunque con largos períodos de alivio, la persecución fue arreciando cada vez más.

Las próximas noticias de fuerte persecución nos vienen de principios del siglo segundo, de la provincia de Bitinia, al norte de Asia Menor. Allí también los cristianos eran numerosísimos, y el gobernador de Bitinia, Plinio, le pidió instrucciones a su pariente, el emperador Trajano (98-117) sobre qué hacer con los cristianos, pues no encontraba en ellos ningún crimen, sino solamente el de llamarse cristianos. Trajano le ordenó que no utilizara los recursos de su policía para buscar a los cristianos, pero que si alguien acusaba a alguno de ser cristiano el acusado debía ser llevado a juicio. Allí se le darían tres oportunidades para retractarse y quemar incienso ante la efigie del Emperador, en señal de lealtad y de adoración. Si el acusado se negaba a ello, debía ser muerto. Puesto que las instrucciones de Trajano fueron enviadas a otros gobernadores de provincia, vinieron a ser la ley que gobernó durante buena parte del siglo segundo. Luego, durante todo ese período la situación de los cristianos fue precaria. Si alguien les acusaba, se les castigaba. Pero si nadie se ocupaba de ellos, tampoco el estado se ocupaba. Cuando el Emperador y las autoridades locales se olvidaban de ellos, los cristianos podían vivir en paz. Por tanto, aunque la persecución —o la amenaza de ella— fue relativamente continua, cuando el Emperador la fomentaba era particularmente fuerte. Tal fue el caso, por ejemplo, de Marco Aurelio, el filósofo estoico que llegó a emperador y que persiguió a los cristianos, no tanto por su fe como por su terquedad. Es por esto que a veces se habla, por ejemplo, de "la persecución de Trajano" o de "la persecución de Marco Aurelio".

En todo caso, lo que es más importante recordar es que durante todo el siglo segundo continuó la política ambigua establecida por Trajano: no buscarles como si fueran criminales; pero, si se les acusaba y se negaban a retractarse, condenarles.

Fue al principio de ese tiempo que sufrió el martirio Ignacio de Antioquía, cuyas siete cartas escritas camino al martirio son una de las más preciosas joyas literarias de la antigüedad cristiana. Años después, Policarpo, el obispo de Esmirna, a quien Ignacio había escrito una de sus siete cartas, murió también como mártir —y se conserva un registro bastante detallado y fidedigno de su juicio y muerte. También es preciso mencionar la carta que los cristianos de dos ciudades en Galia mandaron a Roma contando acerca de sus sufrimientos an el año 177.

La política ambigua de Trajano, resultante en la constante posibilidad de persecución, fue una de las razones por las cuales la obra de los apologistas griegos era tan importante, pues si lograban ganar la buena voluntad de los vecinos el peligro de persecución disminuiría —y si los vecinos creían los rumores que circulaban sobre la nefanda conducta de los cristianos, estos serían llevados ante los tribunales y forzados a abandonar su fe o su vida.

Este proceso continuó en el siglo tercero y principios del cuarto, cuando tuvo lugar la peor persecución —a veces llamada la "gran persecución".

En el siglo tercero la persecución arreció al tiempo que se volvió más refinada en cuanto a sus propósitos. Al empezar ese siglo, reinaba en Roma Séptimo Severo. Tanto este emperador como otros de su familia se destacaron por su política de fomentar el sincretismo religioso como un instrumento para unificar el Imperio. Con ese propósito, Séptimo Severo ordenó que el culto al Sol Invicto viniera a ser el denominador común de todas las religiones existentes en sus dominios, y que bajo ese culto, y como parte de él, cada cual pudiera adorar a los dioses de su elección. Como era de esperarse, tanto los judíos como los cristianos más fieles se negaron a ello. Sabiendo que perseguir a todos los cristianos y judíos era tarea imposible, el Emperador prohibió la conversión a esas dos religiones. Aunque todavía seguía vigente la vieja política de Trajano, y por tanto todo cristiano estaba siempre en peligro de ser acusado y muerto, bajo Séptimo Severo el mayor peso de la persecución cayó sobre los neófitos, cuya conversión era un desacato directo a los edictos imperiales. Fue en esa época que sufrió el martirio Ireneo de Lión, uno de los más ilustres teólogos de la iglesia antigua. Aunque la historia de su martirio no se conserva, sí tenemos el Martirio de Santas Perpetua y Felicidad, que narra hechos acaecidos en el 202.

A la muerte de Séptimo Severo la persecución amainó, pues sus sucesores, al tiempo que continuaron su política, no insistieron en aplicarla en toda su fuerza. Fue a mediados de aquel siglo tercero que la persecución recrudeció súbitamente, ahora con nuevas dimensiones. Quien reinaba a la sazón era Decio, un romano probo, enemigo de la corrupción y dedicado a la restauración de las viejas glorias romanas, que comenzaban a decaer. Decio estaba convencido de que las crisis económicas, políticas y militares que el Imperio estaba sufriendo se debían a que sus súbditos habían descuidado el culto a los dioses que le dieron a Roma su grandeza. Esto quería decir que los cristianos, por negarse a adorar a esos dioses, estaban acarreando calamidades sobre todo el Imperio. Por ello Decio ordenó que todos acudieran a rendirles sacrificios a los dioses, y que se les diera constancia escrita de haberlo hecho. Quien no tuviera tal documento sería tratado como delincuente y enemigo del estado. Además, Decio comprendía que los martirios, al tiempo que destruían a algunos cristianos, inspiraban a otros, y por tanto no eran un modo eficaz de combatir esa fe que le parecía tan perniciosa. Por ello, en lugar de crear mártires, la persecución de Decio procuraba crear apóstatas —es decir, cristianos que abandonaran su fe. Luego, en lugar de condenar a muerte a los acusados, se les torturaba hasta que negaran su fe, y entonces se les empleaba como ejemplo para que otros hicieran lo mismo.

Decio reinó solamente dos años, y por tanto la persecución fue breve, pues sus sucesores no participaban del celo religioso de Decio. Cuando tras esos dos años la persecución amainó, esto le dio origen a una nueva categoría de creyentes, los "confesores", es decir, quienes habían confesado su fe, negándose a abandonarla aun en medio de las amenazas y las torturas. Como veremos más adelante, estos confesores tenían un papel importante en los debates acerca de la restauración de los caídos.

Tras la muerte de Decio, la iglesia gozó de medio siglo de relativa paz, hasta que en el año 303 estalló la peor de todas las persecuciones. Domiciano, quien reinaba entonces, era un hábil administrador, deseoso de restaurar las glorias de Roma. Poco a poco fue tomando medidas contra los cristianos, hasta que decretó que todos los edificios cristianos, y todos los libros sagrados de los cristianos, fueran destruidos. Al ver que algunos líderes de la iglesia se negaban a entregar los libros, Diocleciano ordenó que se les torturara y, si no cedían, se les diera muerte. Muchos huyeron o se escondieron. Otros corrieron a entregar los libros, declarando que las vidas de los creyentes eran más valiosas que los libros mismos. Y otros muchos sufrieron crueldades cada vez más refinadas.

Cuando Diocleciano abdicó en el 304 creyó haber consolidado la estabilidad política del Imperio, al que había dividido en cuatro porciones, cada una con su propio emperador —dos de ellos con el título de "augusto", y otros dos bajo los augustos con el título de "césar". Pronto esto llevaría a la guerra civil, pues cada uno de los emperadores buscaba hacerse dueño absoluto del poder. En medio de esa guerra, unos emperadores perseguían a los cristianos y otros no, hasta que por fin, primero en el 311 y luego en el 313, se promulgaron edictos poniéndole fin a la persecución de los cristianos. Pero esto pertenece al próximo capítulo de esta Introducción.

Uno de los problemas a que tuvo que enfrentarse la iglesia dentro de ese contexto fue el de la restauración de los caídos —es decir, qué hacer con quienes habían cedido ante la amenaza de persecución, pero después querían retornar al seno de la iglesia.

Por una parte, había quienes decían que quien había caído en apostasía no tenía perdón, y solo podría borrar su pecado sufriendo como mártir o como confesor en otra persecución. Pero tal postura parecía contradecir el mensaje de amor del evangelio, y por tanto la mayoría pensaba que debía proveerse algún camino para la restauración de los caídos. Tal camino normalmente requería un largo período —varios años— durante el cual el apóstata debía dar muestras de su arrepentimiento. (Ese período de penitencia por un pecado grave iría evolucionando a través de los siglos, hasta llegar a ser el sistema penitencial de la Iglesia Católica Romana.) Pero todavía quedaba la cuestión, ¿quién debía imponer la penitencia, determinar su duración, y a la postre restaurar a los caídos al seno de la iglesia? Era de esperarse que todo esto fuera responsabilidad de los líderes de las iglesias, es decir, de los obispos. Pero había quienes pensaban que quienes de veras tenían autoridad para restaurar a los caídos eran los confesores, pues ellos mismos habían sufrido por su fe. En Cartago, la gran ciudad en la costa norte de África, el obispo Cipriano se había escondido durante la persecución —según decía él, para poder continuar sirviendo al rebaño, pero, según decían otros, por miedo y falta de fe. Por tanto, el norte de África fue uno de los lugares donde hubo más resistencia contra la autoridad de los obispos para restaurar a los caídos. (Cuando se reanudó la persecución, Cipriano sufrió una muerte ejemplar como mártir.) Pero algo semejante sucedió en Roma, donde el partido rigorista se separó del resto de la iglesia en lo que se conoce como el cisma de Novaciano.

Aunque en definitiva se determinó que eran las autoridades debidamente constituidas, y no los confesores, quienes tenían potestad para determinar penitencias y restaurar a los caídos, siempre hubo quienes insistían en que la pureza de la iglesia requería que se tratara con mayor rigor a los caídos. Al siglo siguiente, esto se manifestaría en el donatismo, movimiento cismático que discutiremos en el próximo capítulo.

La definición de la fe se hizo necesaria porque pronto hubo quien propuso modos de entender el cristianismo, y modos de mezclarlo con elementos de otras religiones, que contradecían elementos esenciales de la fe cristiana. A esas doctrinas se les dio el nombre de "herejías", y entre ellas las que más auge alcanzaron, y por tanto presentaban el reto más urgente, fueron el gnosticismo y el marcionismo.

Cuando los primeros discípulos salieron por el mundo proclamando la resurrección de Jesús, el mensaje parecía sencillo y tajante, sin necesidad de mayores explicaciones. Esto se entiende al recordar que la primera proclamación tuvo lugar entre judíos, quienes conocían el trasfondo bíblico de lo que los cristianos decían, y pertenecían a la misma cultura y tradiciones de Jesús y de los apóstoles. Pero según la fe se fue esparciendo entre personas de otras culturas y tradiciones, se hizo cada vez más necesario responder y refutar a quienes le daban interpretaciones que hacían peligrar el centro mismo de la proclamación. Puesto que ahora las gentes venían a la fe procedentes de muy diversos trasfondos teológicos, sin conocer nada de la religión de Israel —y algunos hasta detestándola— surgió la doble necesidad, primero, de proveer modos sencillos en que los creyentes pudieran distinguir entre la verdadera fe y las herejías; y, segundo, de desarrollar argumentos teológicos que explicaran la fe y refutaran a los herejes con mayor precisión. Veamos primero cuáles fueron las principales herejías, para luego pasar a los instrumentos que surgieron para contrarrestarlas, y por último a los principales teólogos que se dedicaron a refutar las herejías y aclarar el contenido de la fe.

La herejía más difundida era el gnosticismo. Su nombre viene de la palabra *gnosis*, que significa conocimiento, y se le da porque según los gnósticos la salvación se alcanza mediante ciertos conocimientos secretos. El gnosticismo no era una doctrina fija y determinada, sino que había entre los gnósticos una enorme variedad de maestros, cada uno de los cuales reclamaba tener el verdadero conocimiento secreto. Luego, aunque hubo gnósticos que trataron de incluir el cristianismo en sus sistemas, también hubo otros gnósticos completamente independientes del cristianismo.

La visión gnóstica es la de un mundo físico producto del error o de la maldad entre los seres celestiales. Cada maestro gnóstico tenía su propia genealogía de tales seres o "eones"; pero a la postre todos concordaban en que fue uno de los eones inferiores quien creó este mundo físico, donde se encuentran atrapadas las almas humanas. Lo que ahora nos aparta de la "plenitud" en que viven los eones —el *pleroma*— es nuestro propio olvido de nuestra naturaleza espiritual, así como las esferas celestiales. En esa cosmovisión antigua se pensaba que la Tierra estaba en el centro del universo, y que la rodeaba una serie de esferas celestiales que había que atravesar para llegar al pleroma. Luego, lo que necesitamos es, primero, un mensajero que nos recuerde de nuestro origen y naturaleza espiritual; y, segundo, el conocimiento secreto que nos permita cruzar cada una de las esferas —algo así como una palabra de pase para cada una de ellas.

Entre los gnósticos cristianos, se decía que Jesús era el mensajero celestial, y que las enseñanzas que los maestros gnósticos les daban a sus discípulos —los conocimientos necesarios para atravesar cada esfera— les habían llegado del mismo Jesús mediante una tradición secreta. Puesto que Jesús era un mensajero celestial, no tenía cuerpo físico, sino solo una apariencia de tal. Tal opinión recibe el nombre de "docetismo" —de una palabra griega que significa aparentar. Y, puesto que la tradición que el maestro gnóstico comunicaba era secreta, la iglesia y sus líderes desconocían el verdadero mensaje de Jesús.

El marcionismo era parecido al gnosticismo, pero constituía un reto mucho más serio para la iglesia. Marción era hijo de un obispo cristiano. Pero se convenció de que el verdadero cristianismo no era la culminación del judaísmo, sino su antítesis. Al igual que los gnósticos, Marción sostenía que el mundo fue creado por error. Pero el error no fue de un eón, sino del dios del Antiguo Testamento, de Yahvé. Hay en realidad dos dioses: uno bueno, amante y perdonador, y otro posiblemente malo —o al menos necio— justiciero y vengativo. El primero es el Padre de Jesucristo. El segundo es el Yahvé del Antiguo Testamento. El Antiguo Testamento, aunque es palabra de un dios, viene de Yahvé, y no del Padre amoroso, y por tanto los verdaderos cristianos han de rechazarlo. Cuando Yahvé hizo este mundo físico, las almas humanas quedaron atrapadas en él; pero Dios quiere librarlas, y por eso envió a Jesús —puro espíritu, sin cuerpo humano, quien en lugar de nacer sencillamente apareció en tiempos de Tiberio César.

A diferencia de los maestros gnósticos, que tenían solamente escuelas o grupos de seguidores, Marción fundó una iglesia marcionita cuya organización era semejante a la de la iglesia cristiana, y que por tanto constituía un reto más serio que el de los gnósticos. Además, puesto que se deshizo de los libros sagrados de los hebreos, que se leían y se enseñaban en el culto de la iglesia, le fue necesario compilar una nueva lista de libros sagrados. Por ello, fue Marción quien primero hizo una lista o canon de libros cristianos —es decir, del Nuevo Testamento. Esa lista incluía las cartas de Pablo, quien según Marción fue el único entre los apóstoles que entendió el mensaje de gracia de Jesús, así como el Evangelio de Lucas —por haber sido este quien acompañó a Pablo en sus viajes, y por tanto conocía sus enseñanzas. Naturalmente, eliminó todas las citas del Antiguo Testamento que aparecían en esos libros, diciendo que eran interpolaciones hechas por cristianos judaizantes o carnales.

En respuesta al reto de las herejías, los cristianos desarrollaron instrumentos que les permitieran distinguir entre la verdadera doctrina y la falsa. Los principales entre estos instrumentos fueron el canon del Nuevo Testamento, el Credo (o credos) y la colegialidad de los obispos.

Aunque fue Marción quien primero compiló una lista de libros cristianos semejante a nuestro Nuevo Testamento, desde mucho antes tales libros se habían estado leyendo en las iglesias, y se les daba una autoridad paralela a la de los libros de la Biblia hebrea. Luego, lo que Marción forzó a la iglesia a hacer fue prestarle mayor atención a qué libros deberían formar las Escrituras cristianas. Respecto a esto, la iglesia siempre afirmó que los libros de la Biblia hebrea son palabra de Dios, y por tanto dignos de ser leídos en el culto y estudiados por los creyentes. Pero había otros, de origen cristiano, que tenían la misma autoridad. Entre esos libros estaban las "memorias de los apóstoles" –es decir, los Evangelios— y las principales epístolas apostólicas. En respuesta a Marción, la iglesia insistió en el uso de cuatro Evangelios diferentes, que por el hecho mismo de ser diferentes mostraban el consenso de los primeros discípulos respecto a las enseñanzas fundamentales de la iglesia. De igual modo, las epístolas de Pablo, leídas junto a los Evangelios, mostraban que el Apóstol a los Gentiles concordaba con los demás discípulos en todos los puntos que la iglesia debatía con los marcionitas.

El canon del Nuevo Testamento no fue determinado por acción oficial de la iglesia, sino que se fue formando sobre la base del consenso. Aunque pronto todas las iglesias usaban los cuatro Evangelios y las epístolas de Pablo, la lista exacta de libros del Nuevo Testamento tardó siglos en formarse. Pero lo importante para aquella iglesia antigua no era la lista exacta, sino la variedad del testimonio apostólico, y la concordancia dentro de esa variedad.

Otro recurso que las iglesias adoptaron para ayudar a sus miembros a resistir la herejía fueron los credos —o la "regla de fe". Había una variedad de credos, pues cada iglesia o región usaba el suyo. Pero en lo esencial todos esos credos decían lo mismo. Todos tenían una estructura trinitaria, pues se utilizaban en el bautismo, cuando se exigía que los neófitos confesaran su fe. Y tenían forma interrogativa, pues consistían en preguntas que se le hacían al neófito: "¿Crees en Dios Padre Todopoderoso...? ¿Y en Jesucristo, su único Hijo...? ¿Y en el Espíritu Santo...?"

El credo que hoy recibe el nombre de "Credo de los Apóstoles" tiene sus raíces el que se usaba en Roma en el siglo segundo, y en él se ve el propósito de rechazar tanto el gnosticismo como el marcionismo: Dios el Padre es creador de todas las cosas; Jesucristo es su Hijo, y no enviado de otro Dios; este Salvador verdaderamente "nació", fue "crucificado", "muerto y sepultado", al tercer día resucitó; y vendrá a "juzgar" a los vivos y los muertos. Todas estas eran afirmaciones que ni los gnósticos ni los marcionistas podrían aceptar.

Por último, la iglesia respondió al reto de las herejías reafirmando la autoridad de sus líderes. Para mediados del siglo segundo, el pastor de la iglesia en cada ciudad recibía el título de "obispo". Puesto que la iglesia era una, en cada ciudad no podía haber más que una iglesia, y por tanto un solo obispo. Con el crecimiento de la iglesia, y la imposibilidad de que todos los creyentes en las grandes ciudades se reunieran regularmente, pronto surgieron ayudantes de los obispos cuya función era representar al obispo en el culto fuera de la iglesia principal, y que recibían el nombre de "presbíteros". Una de las funciones principales de los líderes de la iglesia era presidir en el culto. Como veremos más adelante, buena parte de ese culto consistía en lecturas y comentario sobre lo leído. Luego, los obispos tenían que ser personas que tuvieran cierto nivel de educación, o al menos que supieran leer, interpretar lo leído y aplicárselo a la situación de la iglesia. Además, los obispos eran el principal vínculo de unidad visible entre los cristianos, pues mantenían amplia correspondencia entre sí, consultándose e inspirándose unos a otros. Esto es lo que se ha llamado la "colegialidad de los obispos". Como expresión de esa colegialidad, cuando un nuevo obispo era electo, los obispos vecinos acudían a su ordenación, con lo cual indicaban que eran miembros de un mismo cuerpo, y que se reconocían entre sí. Lo mismo sucedía en las oraciones en la comunión, donde era costumbre que el obispo orara siempre por otros obispos e iglesias.

Ante el reto de las herejías, la colegialidad de los obispos servía para presentar un frente común. Si algún gnóstico, por ejemplo, declaraba que un obispo no estaba enseñando la verdadera doctrina de Jesús, el obispo podía mostrar que había esparcida por todo el mundo una multitud de obispos que concordaban con él, y que formaban parte del mismo cuerpo. Y, para asegurarse de que así fuera, cuando alguien era elegido como obispo de una ciudad escribía un extenso documento en el que expresaba su fe, y lo compartía con sus futuros colegas en las iglesias vecinas. Si estos concordaban con lo que decía el futuro obispo, confirmaban su elección y acudían a su ordenación; si no, le pedían a la congregación que eligiera a una persona que tuviera mejor entendimiento de la fe cristiana.

Para que esa colegialidad de los obispos fuera verdaderamente efectiva frente a los reclamos de los gnósticos de tener una tradición secreta que se remontaba hasta el mismo Jesús, era necesario demonstrar que no había tal tradición secreta. Esto se hacía señalando a las iglesias que habían sido fundadas por los apóstoles, o donde los apóstoles había laborado —Antioquía, Éfeso, Roma, etc. En todas estas iglesias hay obispos que pueden mostrar su descendencia directa de los apóstoles, y ninguno de ellos afirma que haya tal tradición secreta. Lo que es más, todos ellos concuerdan en lo esencial, y rechazan las doctrinas de los gnósticos. Luego, si alguien quiere asegurarse de que algún obispo o grupo de obispos está enseñando doctrina correcta, todo lo que tiene que hacer es comparar sus enseñanzas con las de los obispos de esas iglesias que se remontan hasta los apóstoles mismos. Esto fue el origen de la "sucesión apostólica", que al principio se limitaba a afirmar que para ser obispo legítimo hay que concordar con las iglesias directamente apostólicas, pero con el correr de los siglos llevó al reclamo de que, para que una ordenación sea válida, quienes la celebran han de poder mostrar una línea de descendencia ininterrumpida que les vincule con los apóstoles.

También en respuesta al reto de las herejías, así como a las necesidades pastorales, hubo cristianos tales como Ireneo, Clemente de Alejandría, Tertuliano y Orígenes —y más tarde Cipriano e Hipólito— que se dedicaron a refutar las herejías y a aclarar el contenido de la fe. Junto a los apologistas, estos se cuentan entre los primeros teólogos de la iglesia cristiana.

Desde sus mismos inicios, el cristianismo contó con escritores que se dedicaron a relacionar su fe con los retos y debates del momento. Tales fueron los autores del Nuevo Testamento. Hacia fines del siglo primero y principios del segundo, hubo otros escritos que se conocen con el nombre general de "padres apostólicos", y que hoy nos son de gran utilidad para conocer algo de la vida y pensamiento de la iglesia en aquellos primeros tiempos. Entre ellos está la carta del obispo de Roma, Clemente, A los corintios, escrita alrededor del año 96 porque aparentemente las divisiones en Corinto que tanto preocuparon a Pablo todavía persistían. También es importante la Didajé o Doctrina de los doce apóstoles, que bien puede proceder de fines del siglo primero, y en la que se dan instrucciones para la vida y el culto de la iglesia —incluso para el bautismo y para la comunión. Ignacio, obispo de Antioquía, escribió siete cartas cuando iba camino al martirio en Roma. Algún tiempo después, Policarpo, obispo de Esmirna, escribió dos cartas. Hermas, hermano del obispo de Roma, escribió una larga serie de visiones conocida como el *Pastor*.

Tras los padres apostólicos vinieron los apologistas griegos del siglo segundo, a quienes ya nos hemos referido, y entre los cuales el más notable fue Justino.

Ahora, en la segunda mitad del siglo segundo, surgieron varios maestros importantes que escribieron obras extensas, algunas de ellas en defensa de la fe contra los paganos, otras para refutar las herejías, y otras para ayudar a los fieles en su entendimiento de la fe y en su vida cristiana. Entre ellos, los más importantes son Ireneo de Lión, Clemente de Alejandría, Tertuliano y Orígenes.

Ireneo era natural de Esmirna, donde fue discípulo de Policarpo. Por razones desconocidas, tanto él como otros creyentes se fueron a vivir en Lión, en lo que hoy es Francia. Allí, cuando el obispo sufrió el martirio, Ireneo fue electo para sucederle. Además de servir entre su congregación, trabajó como misionero entre los celtas de la región. Como pastor que era, le preocupaban tanto la herejía como la necesidad de que su grey entendiera mejor su fe. En respuesta a la primera de estas dos preocupaciones, escribió una extensa obra en cinco libros, *Contra las herejías*. Y, para servir de apoyo a su grey, escribió otro libro más breve, la *Demostración de la fe apostólica*.

La teología de Ireneo ve a Dios ante todo como pastor y como padre. Pero esto no quiere decir solamente que Dios nos ama, sino también que tiene propósitos para toda la historia de la humanidad, de igual modo que un pastor sabe hacia dónde quiere llevar el rebaño, y un padre se ocupa de que su hijo crezca como debe. Luego, para Ireneo el curso de la historia, llevada por Dios desde la creación hasta la redención final, es de suma importancia. El ser humano fue creado a imagen del que habría de venir, es decir, a imagen de Jesucristo, cuya encarnación no es resultado del pecado, sino que fue siempre parte de los planes de un Dios que desea comunión íntima con su criatura humana. Pero el pecado intervino, de tal modo que ahora el humano es esclavo del pecado y de Satanás, y por ello Jesús tuvo que enfrentarse al Enemigo. Así, mediante su crucifixión llegó hasta los más profundos abismos de Satanás, y mediante su resurrección destruyó el poder del pecado y del Diablo. Luego, al tratar acerca de Jesucristo, Ireneo subraya sobre todo su encarnación, su vida, su muerte y su resurrección.

Esa victoria de Jesús sobre los poderes del mal se hace efectiva en los creyentes que se unen a él mediante el bautismo, que es como un injerto de un nuevo miembro al cuerpo de Cristo, y mediante el culto y la comunión, que son como el alimento que cada miembro recibe del cuerpo.

Clemente de Alejandría fue contemporáneo de Ireneo, pero sus intereses eran muy diferentes. Alejandría era un centro en el que se mezclaban y confundían muchas doctrinas. Y era también el centro del pensamiento filosófico de la época —como antes lo fue Atenas. Clemente había recorrido el mundo en busca de la "verdadera filosofía", y finalmente la encontró en el cristianismo de un maestro alejandrino. Este era un cristianismo con fuerte sello platónico, y por ello Clemente siempre buscó puentes entre la filosofía y la fe. Según él pensaba, Dios les dio a los hebreos el Antiguo Testamento para conducirles al evangelio, y a los gentiles la filosofía para conducirles al mismo evangelio. Su pasión era exponer una filosofía entendida a la luz del evangelio y un evangelio entendido a la luz de la filosofía. Según él, los creyentes que no pueden llegar a tales profundidades no alcanzan el nivel de los "verdaderos gnósticos" —es decir, de quienes (sin apartarse de las doctrinas esenciales como los gnósticos) verdaderamente saben y entienden, a diferencia del resto de los cristianos.

Para Clemente, Dios es ante todo el Uno de los platónicos. El problema humano no es tanto la sujeción al pecado —como para Ireneo— sino la falta de conocimiento, el hecho de que nos olvidamos de las realidades espirituales. Jesucristo vino entonces para conducirnos hacia las realidades espirituales, y por ello lo más importante que nos ha legado son sus enseñanzas y su ejemplo. El bautismo y la comunión son señales físicas de realidades espirituales, y lo mismo puede decirse de toda la Biblia, que ha de interpretarse como una serie de alegorías que confirman la concordancia entre la fe cristiana y la filosofía —recuérdese que algún tiempo antes, también en Alejandría, Filón intentó hacer lo mismo respecto al judaísmo.

Tertuliano vivió en Cartago, en la costa norte de África, y tiene la distinción de haber sido el primer teólogo cristiano que escribió en latín —pues, por extraño que nos parezca, por espacio de más de dos siglos el centro teológico de la iglesia de habla latina no estaba en Europa, sino en África. Era abogado, y sus obras, tanto en defensa de la fe contra los paganos como en sus refutaciones a diversas herejías, utilizan métodos semejantes a los de los abogados de entonces. Su más extensa obra es *Contra Marción*. Pero las más influyentes fueron *Prescripción contra los herejes* y *Contra Práxeas*. En la *Prescripción*, Tertuliano utiliza argumentos legales para probar que las Escrituras le pertenecen a la iglesia, que ha tenido posesión indisputada de ellas por largo tiempo, y que por tanto los herejes no tienen derecho a usarlas. Además, da muestras de su fuerte sospecha contra el uso de la filosofía en la teología, y hasta llega a declarar que todas las herejías vienen de la filosofía —en lo cual contrasta con Clemente de Alejandría. En *Contra Práxeas* se enfrenta a este personaje desconocido, quien pretendía que Dios fue primero Padre, que se hizo Hijo en la encarnación, y que ahora es Espíritu Santo. Frente a él, Tertuliano propone la fórmula que después se hizo señal de ortodoxia: "una substancia en tres personas". En la misma obra, al hablar acerca de la encarnación y de la presencia tanto de la divinidad como de la humanidad en Jesús, se refiere a "una persona" y "dos substancias o naturalezas" —lo cual se acerca bastante a la fórmula ortodoxa, "dos naturalezas en una persona".

Pero Tertuliano era también harto rigorista, y no concordaba con lo que le parecía ser la pérdida del celo original de la iglesia. A la postre se apartó de la iglesia y se unió al montanismo. Este era un movimiento rigorista que decía ser una nueva revelación del Espíritu Santo a Montano, y para el cual el evangelio era una ley más rigurosa que la del Antiguo Testamento, y la nueva "ley del Espíritu" lo era aun más. Todavía después de hacerse montanista, Tertuliano continuó escribiendo contra las herejías, aunque ahora sin utilizar el argumento de la autoridad de la iglesia. Según algunos escritores antiguos, poco antes de morir declaró que aun el montanismo no era suficientemente estricto, y fundó la secta de los tertulianistas.

Orígenes era natural de Alejandría, y siguió las huellas de su maestro Clemente. Como Clemente, Orígenes estaba convencido de que la filosofía y la fe cristiana eran perfectamente compatibles y hasta complementarias. Además, Orígenes era un cuidadoso estudiante de las Escrituras, que según algunos cuentan aprendió de memoria desde una tierna edad. El principal resultado de esos estudios fue la *Hexapla*, una Biblia en la que se colocaban en seis columnas paralelas el texto hebreo del Antiguo Testamento, una transliteración del hebreo al griego, y cuatro versiones griegas. Y, para facilitar la comparación, Orígenes diseñó todo un sistema de signos para indicar variantes en los textos —por lo cual se puede decir que fue precursor de la "crítica textual" de hoy.

Pero fue sobre todo por razón de su uso de la filosofía y por sus especulaciones que Orígenes hizo sentir su impacto sobre generaciones posteriores. Al igual que Clemente, veía en la filosofía un gran aliado del evangelio. Pero, a diferencia de Clemente, estaba dispuesto a llevar sus especulaciones filosóficas bastante más allá de los límites normales tanto de la filosofía como de la teología. Esto se ve en su obra *De los primeros principios*, donde especula acerca del origen de los demonios y de las almas —que según él son todos espíritus caídos, aunque los demonios han caído más bajo que las almas. De allí pasa a proponer que, ya que toda la realidad es una jerarquía, la tarea de las almas es ascender en ella hasta llegar a su salvación. Aquellas que no sirvan a Dios vuelven como demonios; y los demonios que sí le obedecen bien pueden volver como almas camino a su salvación final —pues según Orígenes hasta el Diablo se salva.

A pesar de tales especulaciones —que la mayoría de los cristianos rechazó y la iglesia condenó como herejías tres siglos más tarde— el impacto de Orígenes fue enorme. Pronto en la iglesia de habla griega casi todos los teólogos eran origenistas, aunque ninguno de ellos concordaba con todo lo que Orígenes había dicho.

En el siglo tercero hubo algunos escritores cristianos de importancia. A principios del siglo tercero, Hipólito escribió contra los herejes, pero también nos dejo su *Tradición apostólica*, que es una de las principales fuentes que tenemos para el estudio del culto cristiano en ese tiempo. Unas décadas más tarde Cipriano, el obispo de

Cartago que ya se ha mencionado, escribió tratados sobre la unidad de la iglesia, sobre los caídos y sobre varios otros temas. Pero los teólogos que le dieron forma al pensamiento cristiano en la antigüedad fueron sobre todo Ireneo, Clemente, Tertuliano y Orígenes. Al estudiar el pensamiento de estos cuatro, vemos tres tipos de teología bastante diferentes. En otro escrito (*Retorno a la historia del pensamiento cristiano*) los he comparado, dándole el nombre de "tipo A" a la teología de Tertuliano, el de "tipo B" a la de Clemente y Orígenes, y el de "tipo C" a la de Ireneo. De estas tres teologías, la que más contribuyó a darle forma a la teología occidental fue el tipo A. Algunas veces se usó el tipo B para corregir ciertos elementos del tipo A, de modo que buena parte de la teología occidental vino girar sobre los tipos A y B —unas veces combinándolos y otras contrastándolos. En medio de todo esto, la teología de tipo C quedó olvidada, hasta que comenzó a resurgir en el siglo veinte.

Por último, no hay que olvidar que aun en medio de todo esto los creyentes continuaban con su vida diaria y con su culto, y por tanto a estos elementos también hay que prestarles atención.

Tristemente, al estudiar hoy la historia de la iglesia nos vemos obligados a recurrir casi exclusivamente a los escritos de la época, y por tanto corremos el riesgo de olvidar que la inmensa mayoría de los cristianos no dejó constancia escrita de su vida y acciones. Por eso es importante detenernos, tras haber recurrido repetidamente a los antiguos escritores cristianos, a reconocer que sus testimonios no reflejan la totalidad —ni siquiera la mayoría— de los cristianos. Hasta donde sabemos, en la iglesia antigua había un número relativamente pequeño de varones educados y socialmente respetados. La mayoría de los varones eran esclavos, artesanos y comerciantes. Entre las mujeres, también la mayoría eran esclavas o esposas de artesanos o de mercaderes. Pero sí había un número de mujeres de clase social relativamente alta quienes pertenecían a la iglesia con conocimiento de sus padres, esposos, e hijos. Estos varones no estaban dispuestos a abrazar el cristianismo, pero sí a permitírselo a las mujeres a quienes la estructura de aquella sociedad ponía bajo su tutela. Todas estas personas han dejado pocos indicios de cómo su fe afectaba su vida, cómo daban testimonio de ella, o a qué dificultades se enfrentaban. Sí sabemos, sin embargo, que fueron estas personas los verdaderos evangelistas cuyo testimonio llevó al crecimiento explosivo de la iglesia en aquellos primeros siglos.

En cuanto al culto sí sabemos más. Los cristianos se reunían con tanta frecuencia como podían, tenían ciertas horas fijas de oración —como las tenían también los judíos— y sobre todo centraban su adoración en el servicio del domingo antes del amanecer. Lo hacían en domingo, porque ese era el día de la resurrección del Señor. Y antes del amanecer, porque la mayoría de los creyentes tenía obligaciones diarias que no podía desatender. El culto se dividía entonces en dos partes: el servicio de la palabra y el servicio de la mesa. En el primero se leían las Escrituras y se exponían sus enseñanzas. Antes del segundo se despedía a quienes no iban a participar de la comunión. Entonces el servicio de la mesa incluía, además de oraciones en las que la iglesia, como pueblo sacerdotal de Dios, oraba por toda la humanidad, la comunión, que era el centro del culto cristiano.

CAPÍTULO 2

La iglesia imperial o "era de los gigantes"

(Desde el edicto de Milán hasta las invasiones germánicas)

Cuando peor parecía la persecución, las cosas cambiaron. En el año 313 el Edicto de Milán les puso fin a las persecuciones. Pronto Constantino, uno de los dos emperadores que habían promulgado ese edicto, quedó como único dueño de todo el Imperio, y comenzó a dar señales de favorecer a los cristianos. Así comenzó un proceso que culminaría en el 381, cuando el cristianismo vino a ser la religión oficial del Imperio, donde pronto no se toleraría otra religión que no fuera la cristiana o la judía.

El sistema de gobierno creado por Diocleciano, en el que cuatro emperadores debían compartir el poder y nombrar a sus sucesores, dejó de funcionar tan pronto como desapareció la mano fuerte de Diocleciano. Cuando uno de los césares murió en Gran Bretaña, su hijo Constantino se declaró su sucesor, aun sabiendo que los otros tres emperadores no estarían de acuerdo. Pero sus tres colegas y rivales no estaban en condiciones de impedírselo, y Constantino fue consolidando su poder sobre Gran Bretaña y Galia. Por fin se consideró lo suficientemente fuerte para hacerle la guerra al emperador que reinaba en Roma, Majencio (o Maxencio). En vísperas de la batalla, Constantino ordenó que sus soldados pelearan bajo un extraño símbolo que parecía un monograma de las dos primeras letras del nombre de Cristo en griego, X y P. Años más tarde les diría a algunos cristianos que había tenido una visión en la que se le ordenaba usar ese símbolo. En todo caso, en la batalla del Puente Milvio Constantino derrotó a Majencio y quedó como dueño de todo el imperio occidental. Hizo casar entonces a su hermana con Licinio, uno de los emperadores restantes. Fueron Constantino y Licinio quienes, reunidos en Milán en el año 313, promulgaron el edicto de tolerancia que para siempre cambió la historia del cristianismo. Pero a la postre Constantino le hizo guerra a Licinio, y quedó como dueño absoluto de todo el Imperio. Hizo construir entonces, como su nueva capital, la ciudad de Constantinopla —es decir, "ciudad de Constantino".

Las políticas religiosas de Constantino siempre fueron ambiguas. Siguió siendo sumo pontífice de la religión tradicional, y promovió el culto al Sol Invicto al mismo tiempo que apoyaba a los cristianos y hasta se involucraba en sus debates teológicos. Bajo su dirección y la de su madre, Helena, se construyeron templos importantes. Por fin, cuando estaba ya en el lecho de muerte, se hizo bautizar.

Los tres hijos de Constantino pelearon entre sí, hasta que uno de ellos eliminó a los otros dos —además de casi todos sus parientes. Le sucedió un pariente suyo, Juliano, quien por tres años dirigió una reacción pagana. Pero tras la muerte de Juliano casi todos los emperadores se declararon cristianos, y por fin Teodosio, el gobernante más hábil y fuerte después de Constantino, hizo del cristianismo la religión oficial del Imperio.

Esto tuvo enormes consecuencias para el cristianismo. La más obvia fue el cese de las persecuciones. Pero además se empezaron a construir grandes templos a imitación de los edificios públicos romanos llamados basílicas.

La basílica cristiana era una amplia sala o nave dividida longitudinalmente por filas de columnas. Se entraba a esa nave por un atrio, y al otro extremo había otra nave transversal más corta, de modo que el edificio todo tenía forma de cruz. Al fondo había una concavidad, el ábside. En la nave principal había una sección reservada para el coro, así como uno o dos púlpitos para la lectura y proclamación de las Escrituras. Entre el coro y el ábside, y por tanto al centro mismo de la cruz, estaba el altar en el cual se celebraba la comunión.

En ellos el culto se hizo cada vez más suntuoso. La razón por la que se necesitaba un lugar especial para el coro era que el culto se iba haciendo cada vez más complejo y lleno de pompa. Esa misma complejidad dificultaba cada vez más la participación activa de la congregación, y pronto vino a ser el coro el que, junto al clero, dirigía el culto, mientras el resto de los presentes se volvían espectadores. Puesto que Jesucristo era el Emperador del cielo, se le debían al menos tantos honores como al emperador terreno. Por ello los dignatarios que iban a dirigir el culto entraban a la basílica en procesión solemne y con lujosas vestimentas, acompañados del coro.

Los obispos llegaron a ser poderosos personajes públicos, y a consecuencia de ello hubo un número creciente de individuos indignos que procuraban alcanzar el episcopado, no como un modo de servir a la iglesia y al pueblo, sino como un modo de enriquecerse y aumentar su poder.

Los emperadores le dieron al clero cristiano prerrogativas cada vez más notables. Se les permitía usar gratis los correos imperiales, se les eximía de impuestos y del servicio militar. En algunos casos, los obispos vinieron a ser jueces que dirimían desacuerdos y pleitos entre sus feligreses. Había obispos en la corte imperial, entre los consejeros del Emperador. Esto contrastaba con la situación anterior, cuando era sobre los obispos que caía la mayor amenaza de persecución. Por esas razones, al tiempo que este período produjo los "gigantes" a quienes nos referiremos más adelante, también produjo obispos indignos que se hacían elegir halagando al pueblo, y que luego usaban de toda suerte de artimañas contra sus rivales y enemigos —a veces hasta incitando a la violencia contra ellos.

Además, puesto que el estado comenzó a inmiscuirse en los asuntos eclesiásticos, surgió la posibilidad de dirimir debates teológicos mediante maniobras políticas en lugar del argumento sólido y convincente.

A partir de entonces, repetidamente veremos la ingerencia de la política en la teología. Así, por ejemplo, los enemigos de Atanasio convencieron al Emperador de que Atanasio conspiraba contra él, y así lograron exiliarle. A principios del siglo quinto, el obispo de

Alejandría, Teófilo, utilizó de estratagemas políticas y hasta del soborno para alcanzar la destrucción de su rival en Constantinopla, Juan Crisóstomo. Y algo parecido hizo poco después uno de los sucesores de Teófilo, Dióscoro, contra su rival en Constantinopla, Flaviano.

Pero la consecuencia más importante de las nuevas condiciones fue la enorme ola de personas que venían a la iglesia en busca del bautismo. Eran tantas, que no había suficientes maestros para adiestrarles en la fe, y fue necesario acortar el período del catecumenado, durante el cual los candidatos se preparaban para el bautismo. Luego, al tiempo que el número de cristianos se multiplicó, su compromiso con la fe disminuyó.

El fin de las persecuciones hizo que buen número de quienes antes se habían inclinado hacia el cristianismo, pero no lo habían abrazado por temor a las consecuencias, acudieran ahora a pedir el bautismo. Además, al ver a los emperadores apoyar a la iglesia, hubo personajes importantes que siguieron el ejemplo imperial; y hubo entonces muchísimos más que siguieron el ejemplo de esos personajes importantes. Por algún tiempo hubo resistencia entre la vieja aristocracia pagana, que insistía en el culto a los dioses de sus antepasados. Pero esa resistencia fue desapareciendo con el tiempo, al punto que a la postre la vieja religión quedó relegada a los lugares más remotos. Todo esto le imposibilitó a la iglesia preparar a los candidatos al bautismo con el cuidado con que lo había hecho antes. En consecuencia, ya hacia el fin de este período el nivel de compromiso y de comprensión de su fe por parte de los cristianos había decaído notablemente.

Las respuestas de los creyentes a tales nuevas circunstancias fueron varias. Como era de esperarse, la mayoría veía en todo esto un don de la providencia divina, que les había puesto fin a las persecuciones y le había regalado a la iglesia el apoyo del estado. Un caso típico es el de Eusebio de Cesarea, cristiano fiel convencido de que lo que acontecía era obra de Dios.

Eusebio escribió una Vida de Constantino en la que le elogiaba sobremanera, al tiempo que se desentendía de sus muchos crímenes y violencias. Por esa razón frecuentemente se le ha tildado de servil. Pero hay que recordar que Eusebio había vivido en tiempos de persecución, y había visto a varios de sus correligionarios y mentores en la fe sufrir cárcel y torturas. Luego, para él el cambio no podía ser menos que milagroso. Y bien podemos suponer que tal sería la reacción de la mayoría de los fieles que hasta poco antes habían vivido bajo la amenaza constante de persecución.

Por otra parte, Eusebio ha de contarse entre los "gigantes" de la iglesia porque es gracias a él que nos han llegado muchos de nuestros conocimientos de la historia de la iglesia hasta tiempos de Constantino. Eusebio vivió en Cesarea, donde tuvo acceso a la biblioteca que Orígenes dejó allí al morir. Esa biblioteca incluía numerosos escritos de los cristianos de los primeros siglos. Haciendo uso de ella, así como de otros recursos que él mismo compiló, Eusebio escribió su magna *Historia eclesiástica*, que es el principal recurso que tenemos para el estudio de los primeros siglos de vida de la iglesia.

Pero, como sucede con todo historiador, la situación misma en la que Eusebio escribió dejó su huella en el contenido de su obra. Esto se ve particularmente en lo que se refiere a las persecuciones y sus causas. Eusebio se empeña en mostrar que las persecuciones se debieron al desconocimiento del cristianismo por parte de las autoridades, y que quienes persiguieron a los cristianos habían sido malos emperadores. Pero la verdad es que, mientras más sabían las autoridades acerca del cristianismo, más lo perseguían, y que algunos de los emperadores más sabios y mejores administradores fueron quienes más persiguieron a los cristianos —por ejemplo, Marco Aurelio, Decio y Diocleciano. Las persecuciones se debieron en buena medida a la amenaza que era para un régimen abarcador y absolutista como el romano la existencia en su seno de un número creciente de personas que adoraban a un carpintero galileo que había sido muerto por el mismo régimen que se jactaba de sus leyes. Y la amenaza era mucho más seria por cuanto tales personas decían que ese carpintero crucificado era más poderoso que el emperador, y era necesario obedecerle por encima del emperador. Desde el punto de vista de las autoridades, los cristianos eran subversivos, y fue como tales —y no meramente por sus creencias— que se les persiguió.

Otros añoraban los días en que la vida cristiana requería sacrificio y compromiso total, y como un modo de restaurar esa forma de vida se apartaron de la sociedad, yendo al desierto y creando comunidades monásticas.

Antes de Constantino, aun en tiempos de relativa paz, los cristianos habían vivido bajo la amenaza constante de la persecución. En tales circunstancias, los más fieles vivían en una preparación casi constante para la persecución, como atletas que se preparan para el conflicto. Pero ahora la vida cristiana se volvía fácil, y era necesario buscar otros medios para darles cauce a las energías que antes se habían invertido en la preparación para el martirio. Para muchos, ese cauce fue la vida monástica.

La palabra "monje" originalmente quería decir "solitario", pues los primeros monjes eran individuos que se refugiaban en el desierto y se apartaban de todo otro contacto humano. Aunque antes de Constantino hubo algunos cristianos que optaron por esa vida, cuando el Imperio se hizo cristiano la huida hacia el desierto, sobre todo en Egipto, pero también en Siria, vino a ser opción preferida por muchos "atletas de Cristo". Al principio estos monjes o "anacoretas" —palabra que originalmente quería decir "fugitivo"— vivían solos. Buscaban algún lugar deshabitado donde cultivar un pequeño huerto, y allí dedicaban todo su tiempo a la oración y a alguna ocupación que les permitiera orar mientras trabajaban —de las cuales una de las más comunes era tejer canastas. En algunos casos, estos monjes veían su vida como una gran batalla contra los demonios que les tentaban. Tal fue el caso, por ejemplo, de uno de los más influyentes monjes del desierto, San Antonio, a quien hasta el día de hoy el arte representa rodeado de demonios que le acechan. Otros llevaban sus prácticas "atléticas" a extremos hasta ridículos —por ejemplo, quien caminaba en cuatro patas y solo comía hierbas, quien pasaba el día tejiendo cestas parado sobre un solo pie, quien rehusaba toda higiene a tal punto que hasta los animales se apartaban, etc.

La vida misma de aquellos anacoretas atraía discípulos que venían en busca de su ejemplo y enseñanza. Algunos anacoretas respondieron apartándose cada vez más de las regiones habitadas. Pero otros aceptaron el que hubiera en torno a ellos un número de discípulos que vivían apartados entre sí, pero que se reunían ocasionalmente para el culto y la oración.

Esto le dio origen al monaquismo "cenobítico" —palabra que se deriva de dos términos griegos que significan "vida en común", pues, a diferencia de los primeros monjes, quienes llevaban la vida cenobítica vivían en comunidades. Aunque esas comunidades surgieron en varios lugares, su principal organizador fue Pacomio, quien estableció reglas para los monasterios, vinculándolos además entre sí.

El movimiento monástico tenía un atractivo que hoy resulta sorprendente. Llegó el momento en el que, en una sola región de Egipto, la Tebaida, había diez mil monjes y veinte mil monjas. Lo que es más, el atractivo de la vida monástica era tal, que no era inusitado el que a la puerta de un monasterio pacomiano se presentara alguien que ni siquiera era bautizado, y a quien había que instruir en la fe cristiana antes de admitirle al monasterio. Esto se debía en parte a que las condiciones de vida entre el campesinado egipcio empeoraban rápidamente, sobre todo debido al aumento en los impuestos, de modo que muchos huían al desierto —se volvían "anacoretas"— porque no podían cumplir con las fuertes obligaciones que el estado les imponía.

Los monjes del desierto eran en su mayoría personas de origen humilde y escasa educación. Para ellos, poseer un libro era señal de avaricia y tentación al orgullo, y todo estudio llevaba camino a la apostasía. Pero muchos de entre ellos eran personas sabias cuyos dichos sus discípulos recogieron. Esa sabiduría de los "padres del desierto" fue utilizada por siglos como fuente de inspiración para la vida espiritual tanto de los monásticos como de otros fieles devotos.

Con el correr de los años y de los siglos, aquel monaquismo original iría evolucionando y tomaría muchísimas formas diversas. En el siglo quinto, algunos obispos faltos de escrúpulos alentaron el fanatismo entre los monjes, y hasta les incitaron a invadir ciudades para atacar —a veces violentamente— a quienes no concordaban con ellos. Por otra parte, pronto los monasterios se volvieron centros de estudio donde se conservaban y copiaban antiguos y valiosos manuscritos —entre ellos, la Biblia misma. Cuando, tras las invasiones germánicas, toda Europa occidental cayó en un período de desorden e ignorancia, fue en los monasterios que se conservó la sabiduría de generaciones anteriores, y en las zonas más despobladas fueron los monasterios los que se ocuparon de limpiar tierras para el cultivo. A través de toda la Edad Media —y en la Iglesia Católica hasta el día de hoy— prácticamente todo el trabajo misionero descansó en hombros monásticos. Cuando el papado cayó en insólita corrupción, los movimientos reformadores surgieron en los monasterios. En tiempos de las cruzadas, surgió un monaquismo militarista, dedicado a defender la fe mediante la espada. En el siglo trece, cuando en las universidades europeas se plantearon nuevos problemas teológicos, fueron miembros de las órdenes mendicantes —franciscanos y dominicos— quienes mejor respondieron a los retos del momento. En tiempos de la Reforma Protestante, la nueva orden de los jesuitas vino a ser el más poderoso brazo del papado en su lucha contra el protestantismo.

En resumen, aquel monaquismo surgido a raíz de la conversión del Imperio tomaría muy diversas formas a través de los años, pero en todas esas formas tuvo un papel fundamental en la historia de la iglesia.

Una tercera opción que también veía las nuevas circunstancias con disgusto, era sencillamente apartarse de la iglesia. El grupo más importante que siguió esta opción fue el de los donatistas, en el norte de África.

Como antes había sucedido tras períodos de fuerte persecución, una vez más se planteaba la cuestión de los caídos y de su restauración. Pero debido al enorme contraste entre la persecución de Diocleciano —la más cruenta de todas— y el nuevo orden que Constantino había traído, eran más los caídos, y más los que buscaban retornar al seno de la iglesia. Lo que Diocleciano había buscado no era tanto matar a los cristianos como desalentarlos, y por ello hubo muchos que sobrevivieron a la persecución, y a quienes ahora correspondía el título de "confesores". Pero otro elemento en la política religiosa de Diocleciano había sido ordenar que todos los cristianos entregasen en manos de las autoridades todas las copias que tuvieran de los libros sagrados. A quienes lo hicieron, a veces argumentando que era mejor preservar las vidas de los creyentes que sus libros, los demás cristianos calificaron con el apelativo de "traditores" —es decir, entregadores y traidores. Otros, en lugar de entregar los libros sagrados, entregaron otros —a veces libros heréticos— contando con que las autoridades no sabrían distinguir entre ellos y los libros verdaderamente sagrados. Muchos huyeron y se escondieron, llevando sus libros consigo. Y otros sufrieron tortura y hasta muerte.

Al terminar la persecución, que había sido particularmente cruenta en África, los confesores de esa región se negaban a aceptar la restauración de los caídos, y acusaban a algunos obispos de ser demasiado liberales al otorgar tal restauración. Todo esto llevó a discusiones y desacuerdos que culminaron en un cisma, primero en Cartago y después en todas las provincias de África, Numidia y Mauritania. Por razón del nombre del obispo disidente en Cartago, Donato, ese movimiento se llamó "donatismo".

Ambos grupos apelaron a las autoridades imperiales y al resto de la iglesia. Cuando tanto esas autoridades como los obispos del resto de la iglesia fallaron contra los donatistas, el otro grupo pudo reclamar ser parte de la iglesia universal, y por tanto se dio el nombre de "católicos", para distinguirse de los cismáticos donatistas.

Los donatistas decían que algunos de entre los obispos que habían ordenado en Cartago al obispo rival de Donato eran traditores, y que por tanto esa ordenación no era válida. Pero no se quedaban en eso, sino que añadían que cualquier obispo que guardara comunión con ese otro grupo quedaba contaminado por él, y por tanto no era un verdadero obispo. Lo que es más, puesto que todos estos supuestos obispos en realidad no lo eran, las ordenaciones que ellos administraran no eran válidas; y tampoco eran válidos los sacramentos por ellos administrados. Como consecuencia de tal postura teológica, cuando un cristiano no donatista se unía a ese movimiento, los donatistas lo rebautizaban.

Frente a ellos, el resto de la iglesia decía, primero, que la acusaciones de los donatistas no eran ciertas, pues los obispos en cuestión no eran traditores; segundo, que si había algunos traditores entre ellos, también los había entre los donatistas —lo cual era verdad—; y, tercero, que si las ordenaciones efectuadas por obispos indignos, y los sacramentos administrados por los presbíteros a quienes esos obispos ordenaban, no eran válidos, los creyentes no podrían estar seguros de su bautismo, ni tampoco de que al participar del pan y del vino estaban tomando la verdadera comunión. Como consecuencia de esa postura teológica, los cristianos donatistas que abandonaban ese movimiento y se unían al resto de la iglesia no debían ser bautizados de nuevo, ya que su bautismo donatista era válido.

Estas fueron las causas teológicas del cisma. Pero lo cierto es que había también causas sociales, culturales y económicas. Antes de Constantino, el cristianismo había penetrado particularmente entre las clases bajas de Cartago, y entre los pueblos púnicos y beréberes a quienes los romanos habían conquistado, pero que eran todavía la mayoría en el interior —particularmente en Numidia y Mauritania. Ahora que el Imperio se había hecho cristiano, muchas de estas personas para quienes su fe había sido fuente de resistencia frente a los romanos veían a la iglesia en manos romanas, y por tanto se rebelaban contra ella. Y, por parte contraria, los elementos romanos y latinizados de Cartago y otras ciudades pensaban que era mucho más importante guardar la comunión con el resto de la iglesia imperial que reconciliarse con los púnicos y beréberes del interior.

Pronto el donatismo cobró tonalidades violentas. El movimiento de los llamados "circunceliones" empezó a atacar a los católicos, saqueando sus casas en el interior del país, y obligando a muchos a huir a las ciudades. El comercio y la agricultura sufrieron. El Emperador envió fuerzas armadas para suprimirlo. Pero la resistencia, unas veces armada y otras no, continuaba todavía —aunque iba ya camino de retirada— al siglo siguiente, cuando los vándalos invadieron la región y destituyeron a las autoridades romanas.

Pero hubo también otros que tomaron una postura intermedia, aunque firme. Estos son los grandes "padres de la iglesia" del siglo cuarto y principios del quinto. Puesto que se cuentan entre los más grandes de esos padres, en su honor hemos llamado a este período "la era de los gigantes". Fueron personas —la mayoría varones, pero no todos— que optaron por una vida disciplinada al estilo de los monásticos, pero que en lugar de huir al desierto se involucraron en la vida de la iglesia. Dispuestos a colaborar con las autoridades, también se mostraron prontos a resistirlas valientemente en defensa de la fe y de la justicia. Además, ahora que las circunstancia lo permitían, varios de ellos fueron autores prolíficos cuyas obras se han vuelto clásicas. Entre estos gigantes se cuentan Atanasio, el obispo de Alejandría que fue campeón de la lucha contra el arrianismo, que negaba la divinidad absoluta de Jesucristo; los "cuatro grandes capadocios" (los hermanos Macrina, Basilio y Gregorio de Nisa, y el amigo de ellos Gregorio de Nacianzo), quienes continuaron la lucha de Atanasio en defensa de la doctrina de la Trinidad; Ambrosio de Milán, quien se atrevió a confrontar al Emperador con su injusticia; Juan Crisóstomo, uno de los más grandes predicadores de todos los tiempos; Jerónimo, traductor de la Biblia al latín; y el más importante de todos, Agustín de Hipona.

Atanasio era natural de Alejandría, y muy probablemente de origen copto —es decir, parte de la antigua población egipcia que había sido conquistada primero por los griegos y luego por los romanos. Era diácono de la iglesia de Alejandría cuando estalló en esa ciudad la controversia arriana, que giraba en torno a la cuestión de la eternidad del Verbo o Logos de Dios. Ambos bandos concordaban en que el Verbo preexistente de Dios se había encarnado en Jesucristo. Pero Arrio decía que el Verbo era la primera de las criaturas, mientras sus contrarios —entre quienes se contaba Alejandro, el obispo de la ciudad— sostenían que el Verbo es Dios, y es por tanto coeterno con el Padre, y no una de sus criaturas. En otras palabras, si se trazara una línea entre el Creador y sus criaturas, los arrianos colocarían al Verbo del lado de las criaturas, mientras sus opositores lo colocarían del lado del Creador. Todo esto venía de lo que se había dicho antes acerca del Verbo o Logos como intermediario entre Dios y las criaturas. Ese intermediario, ¿es Dios, o es creación de Dios? Los arrianos argumentaban que si el Verbo es Dios, y el Padre es Dios, hay dos dioses, y esto es una violación del monoteísmo que es parte esencial de la fe cristiana. Frente a ellos, Alejandro y su bando argüían que por siglos la iglesia había adorado al Verbo encarnado, y que si ese Verbo fuera una criatura, toda la iglesia sería culpable de idolatría.

La disputa se extendió a tal punto que Constantino, quien esperaba que la iglesia fuera el "cemento" de su imperio, y la veía ahora en peligro de división, convocó a un gran concilio de obispos de todo el mundo. Este concilio se reunió en Nicea en el año 325, y recibe hoy el título de Primer Concilio Ecuménico.

El concilio rechazó las doctrinas de Arrio y depuso a todos los que la apoyaban, al tiempo que afirmaba que el Verbo o Hijo de Dios es verdaderamente divino y coeterno con el Padre. El credo que el concilio promulgó afirma esto mediante una serie de frases claves en las que se afirma que el Verbo o Hijo es "Dios de Dios, luz de luz, engendrado, no hecho, de la misma substancia que el Padre". (Aunque con algunas variantes introducidas más tarde, este credo es el que hoy se conoce como el Credo Niceno, afirmado por todas las iglesia orientales, por la católica, y por la mayoría de las iglesias protestantes que tienen credos.)

Pero la contienda no terminó con el Concilio de Nicea. Uno de los líderes arrianos, Eusebio de Nicomedia, era pariente del

Emperador, y logró que este, sin rechazar el concilio mismo, cancelara sus decretos contra Arrio y sus defensores. Cuando, tras la muerte de Constantino y de una serie de vicisitudes, Constancio, uno de los hijos de Constantino, quedó como único emperador, su apoyo al arrianismo fue tal que, como diría Jerónimo, "el mundo despertó de un profundo sueño y descubrió que era arriano".

Fue en medio de todas esas contiendas que Atanasio vivió. Repetidamente se vio en la necesidad de salir de Alejandría —unas veces por orden imperial, y otras huyendo de un posible arresto. En todo esto los monjes del desierto le fueron de gran ayuda, escondiéndole y llevándole de un lugar a otro, de modo que las autoridades no supieran dónde estaba. Posiblemente estos monjes, en su mayoría coptos, veían en las dificultades de Atanasio un reflejo de las dificultades y discriminaciones bajo las que todos los coptos vivían.

A pesar de sus repetidos exilios, Atanasio continuó su lucha en defensa de la causa nicena, escribiendo libros y cartas, y buscando modos de consolidar la oposición al arrianismo. Una de las razones por las que muchos entre quienes se oponían al arrianismo no estaban dispuestos a apoyar las decisiones de Nicea era la afirmación nicena, que el Hijo es *homousios* con el Padre —es decir, de la misma substancia que el Padre. Esto les parecía negar la distinción entre el Padre y el Hijo que era parte esencial de lo que los cristianos habían afirmado por largo tiempo. Por eso preferían la palabra *homoiusios* —de semejante substancia a la del Padre. En vista de tal situación, Atanasio emprendió una serie de negociaciones mediante las cuales se llegó a un acuerdo, que estaba bien decir homousios siempre que con esto no se negara la distinción entre el Padre y el Hijo, y que también estaba bien decir homoiusios siempre que con esto no se negara la divinidad del Hijo. De ese modo, Atanasio abrió el camino para la victoria final de la fe nicena en el Concilio de Constantinopla (381), aunque no vivió para ver su triunfo.

Los cuatro grandes capadocios continuaron la obra de Atanasio. Capadocia es una región árida y montañosa hacia el este de lo que hoy es Turquía. Allí floreció una familia profundamente cristiana que produjo, entre diez hermanos, a Macrina, Basilio y Gregorio. Macrina era la mayor de todos, y desde joven llevaba un estilo de vida monástico en el seno del hogar. Basilio era bastante más joven que ella, pero era el mayor de los varones que vivieron más allá de la infancia. Cuando Basilio regresó a Cesarea hinchado por sus estudios en famosas universidades, y después por su posición como profesor de retórica, fue Macrina quien le increpó. Cuando poco después murió otro de los hermanos a quien Basilio amaba entrañablemente, fue ella quien les consoló tanto a él como a su madre y al resto de la familia. Con su madre, Macrina se retiró a una de las propiedades de la familia, donde junto a otras mujeres fundó una casa monástica. A fin de aprender más sobre ese estilo de vida, convenció a Basilio para que fuera a Egipto y Siria a ver cómo vivían los monjes. Luego, aunque generalmente se dice que Basilio fue el gran fundador del monaquismo cenobítico griego, lo cierto es que la promotora de su tarea en ese sentido fue Macrina. Años más tarde, poco después de la muerte de Basilio, otro de los hermanos, Gregorio de Nisa, fue a visitarla cuando estaba en su lecho de muerte, y ha dejado un bello testimonio de la fe de Macrina en su tratado Acerca del alma y de la resurrección, un escrito en forma de diálogo en el que Gregorio registra sus últimas conversaciones con su hermana.

Basilio era la esperanza de su padre, quien procuraba para él una exitosa carrera en retórica y leyes. Con ese propósito le envió a las mejores escuelas en Cesarea, Antioquía, Constantinopla y Atenas. Basilio regresó a Cesarea ufano de sus logros académicos, y pronto fue profesor de la universidad en su ciudad natal. Pero las amonestaciones de Macrina, y la muerte de su hermano, le llevaron a buscar otro estilo de vida. Cuando el arriano Valente llegó a ser emperador, Basilio decidió salir de su retiro e involucrarse en el pastorado, que siempre había rechazado para poder dedicarse a la vida contemplativa. Basilio y Valente chocaron repetidamente, pues el obispo se negaba a doblegarse a las órdenes imperiales, y el emperador no encontraba el modo de someterle, hasta que por fin se dio por vencido.

Como obispo, Basilio se ocupó tanto del bienestar de los necesitados como de la refutación del arrianismo. Para lo primero, fundó en las afueras de Cesarea una "ciudad" para los pobres, donde se les proveía alimento, vestido, albergue y, en los casos en que era posible, oficios y trabajo. En cuanto a lo segundo, él y sus compañeros capadocios elaboraron la fórmula que a la postre se impondría en el Concilio de Calcedonia (381): "una usía (o substancia) y tres hipóstasis (o personas)". Basilio no vio el triunfo de la causa que había defendido, pues murió dos años antes del Concilio de Constantinopla.

Gregorio de Nisa fue el místico de entre los grandes capadocios. Prefería la soledad a la vida activa, y tras enviudar se dedicó a una vida retirada y de contemplación. Cuando la llegada de Valente al trono imperial hizo peligrar la causa nicena, Basilio le obligó a ser obispo de Nisa. Pero tan pronto como pudo Gregorio huyó otra vez a su soledad, desde donde escribió himnos místicos así como tratados contra los arrianos.

Gregorio de Nacianzo, quien había trabado amistad con Basilio cuando ambos estudiaban en Atenas, adoptó las mismas posturas antiarrianas de Macrina, Basilio y Gregorio de Nisa. Pero prefería la vida contemplativa, a la que se dedicó hasta que se le obligó a aceptar primero el presbiterado y luego el episcopado. En el año 379 se asentó en Constantinopla, donde sirvió como pastor de la comunidad de persuasión nicena. Puesto que en ese tiempo el emperador pertenecía al partido arriano, tuvo que enfrentar amenazas y humillaciones. Cuando por fin el emperador Teodosio se hizo dueño del imperio y entró triunfante en la ciudad, el populacho cambió de actitud, y clamó para que Gregorio fuera su obispo —a lo cual Teodosio accedió. Entonces Teodosio convocó a un gran concilio que debía reunirse en Constantinopla en el año 381, y Gregorio presidió sobre sus primeras sesiones —aunque bastante disgustado por las rencillas que veía entre los obispos. Cuando alguien objetó que Gregorio no podía ser obispo de Constantinopla, porque ya lo era de otra ciudad, Gregorio prontamente renunció a su obispado, para retirarse una vez más a la vida contemplativa.

En el entretanto, el Concilio de Constantinopla, dirigido ahora por el sucesor de Gregorio, reiteró lo dicho en Nicea, al tiempo que se aseguraba de afirmar la divinidad, no solo del Hijo, sino también del Espíritu Santo. Luego, la formulación y afirmación de la doctrina trinitaria fue todo un proceso que ocupó el centro del escenario teológico desde el Concilio de Nicea hasta el de Constantinopla.

Ambrosio de Milán nació en una familia de buena posición social que le preparó para el servicio público. Esa carrera le llevó a la prefectura de Milán, entonces una de los principales ciudades del

Imperio. Cuando el obispado de Milán quedó vacante, Ambrosio acudió a la catedral en su calidad de oficial del gobierno, para asegurarse de que no hubiera desórdenes o motines. Pero alguien sugirió que se le eligiera obispo, y el pueblo le aclamó como tal. Para Ambrosio esto era el fin de su carrera en el servicio civil, y por ello hizo todo lo posible por evitar que se le ordenara. Pero el Emperador le orden+o aceptar. Ambrosio ni siquiera estaba bautizado, pero en una semana se le bautizó y se le fue elevando hasta la posición de obispo.

Puesto que Ambrosio sabía muy poco de teología, inmediatamente mandó buscar a quien pudiera servirle de mentor, y se dedicó con ahínco a ser un buen obispo. Como tal, chocó repetidamente con las autoridades imperiales. Cuando la emperatriz Justina le ordenó entregar una de sus iglesias para que los arrianos se reunieran en ella, Ambrosio se negó. Sus fieles se congregaron en la iglesia y pasaron varios días ocupándola y cantando himnos compuestos por el propio Ambrosio. A la postre, Justina tuvo que abandonar su empeño. Pero el más dramático conflicto de Ambrosio fue con el emperador Teodosio, ortodoxo, a quien Ambrosio respetaba. Teodosio había cometido una gran injusticia, y Ambrosio se negó a darle la comunión hasta tanto Teodosio no tomara una serie de medidas que mostraran su arrepentimiento.

Como persona preparada en la retórica, Ambrosio era un excelente predicador, y fue con su predicación que alcanzó uno de sus más importantes logros, la conversión de San Agustín, a quien Ambrosio entonces bautizó —aunque Ambrosio mismo no parece haberse percatado de las dotes excepcionales del neófito a quien bautizaba.

Juan Crisóstomo recibió el apelativo de "Crisóstomo", que quiere decir "el del habla de oro", en virtud de su habilidad como predicador. Natural de Antioquía, Juan pasó los primeros años de su vida en esa ciudad y sus cercanías. En vida de su madre, llevó una vida de estilo monástico en su hogar; pero cuando su madre murió se retiró al desierto, donde vivió como monje por espacio de siete años. Al regresar a Antioquía fue ordenado, y pronto su predicación alcanzó tal fama que cuando quedó vacante el obispado —o patriarcado— de Constantinopla fue secuestrado por orden imperial y hecho obispo de esa gran ciudad. Pero tras esas acciones no estaba solo su fama de predicador, sino también toda una serie de intrigas políticas que Juan desconocía, y en las que participaban tanto la emperatriz Eudoxia como el chambelán de palacio, Eutropio. Como obispo de Constantinopla, Juan comenzó de inmediato a reformar la vida de la iglesia. Algunos sacerdotes que pretendían ser célibes (aunque el celibato no vino a ser obligatorio sino siglos más tarde) pero vivían con "hermanas espirituales" fueron obligados a apartarse de ellas. Viendo que la iglesia y muchos clérigos poseían abundantes riquezas Crisóstomo ordenó que buena parte de ellas se les diera a los pobres. Pero sobre todo, desde el púlpito, Crisóstomo tronaba contra los cristianos ricos —la emperatriz entre ellos— que se desentendían de los pobres. Cuando algunos criminales o personas odiadas por las multitudes —entre ellas Eutropio, que se había vuelto uno de sus peores enemigos— pedían asilo en la iglesia de Santa Sofía, Crisóstomo se lo concedía, y les prohibía a las autoridades o a la muchedumbre enardecida posesionarse de quien gozaba de ese asilo.

Pronto la oposición a Crisóstomo llegó al punto que se le ordenó abandonar la ciudad. Crisóstomo obedeció, pero la respuesta del pueblo fue tal que las autoridades le invitaron a regresar. El pueblo le recibió con gritos de júbilo, y Juan volvió a ocupar el púlpito de la catedral de Santa Sofía. Pero su predicación continuaba molestando a muchos, particularmente a los ricos a quienes decía que los frenos de oro en las bocas de sus caballos eran como comida que habían arrebatado de las bocas de las viudas y de los huérfanos.

Cuando por segunda vez fue llevado al exilio —ahora bajo guardia militar— el pueblo se sublevó, y en el motín resultante la catedral de Santa Sofía —la más grande en toda la cristiandad— fue incendiada y destruida. A duras penas, y solo tras mucha sangre, las autoridades pudieron ponerles fin a los disturbios.

En el entretanto, Crisóstomo era llevado al exilio. Desde allí escribió cartas y tratados que conmovieron al mundo, con el resultado de que sus custodios recibieron órdenes de llevarle a un lugar todavía más remoto. Crisóstomo murió camino a ese otro sitio, pues a pesar de estar enfermo y agotado sus custodios le obligaban a continuar la marcha.

Jerónimo se crió en Roma, cerca de donde había nacido, y recibió una excelente educación. Tras decidir dedicarse a los estudios bíblicos, viajó a Antioquía, donde se dedicó a estudiar el griego y el hebreo. Le preocupaban sus fantasías eróticas, y el único remedio que encontró contra ellas era dedicarse asiduamente al estudio del hebreo —lengua que le parecía bárbara, pero debía ser divina, pues Dios la había empleado. Tras unos tres años de vida solitaria, regresó a Antioquía, y de allí a Constantinopla a tiempo para estar presente en el gran concilio de obispos que tuvo lugar en esa ciudad (año 381). Al volver a Roma, sirvió como secretario del obispo Dámaso, quien le instó a continuar sus estudios y a traducir la Biblia al latín —pues, aunque había una versión latina, esta carecía de elegancia en el lenguaje, y era difícil de leer.

Mientras estaba en Roma, Jerónimo se volvió consejero espiritual y maestro de un grupo de mujeres aristócratas que buscaban una vida de mayor comunión con Dios. Esto es particularmente interesante, pues el carácter irascible de Jerónimo, y su incapacidad de aceptar críticas o correcciones, hizo que nunca pudiera tener una verdadera amistad con sus colegas varones; pero algunas estas mujeres que le veían como un sabio maestro, y que se interesaban en sus estudios, no para criticarlos, sino para aprender de ellos, llegaron a ser sus colegas. En parte por razón de su propio carácter irascible, Jerónimo veía que sus enemigos y críticos se multiplicaban, y por fin decidió regresar al oriente, donde se estableció en Belén. Allí organizó un monasterio bajo su dirección, al tiempo que dos de sus amigas y estudiantes de Roma —madre e hija— fundaban otro para mujeres. Y fue también allí que por fin pudo dedicarse de lleno a la traducción de la Biblia.

La versión de Jerónimo es la "Vulgata" —es decir, la versión en la lengua del pueblo. Tenía el gran valor de ser a la vez elegante y sencilla, de modo que podía leerse con gusto y con facilidad. Por eso poco a poco se fue imponiendo en las iglesias de habla latina, al punto que a través de toda la Edad Media, y hasta fecha relativamente reciente, fue la versión autorizada de la Iglesia Católica. Esto no sucedió sin que algunos distinguidos líderes de la iglesia —entre ellos San Agustín— criticaran a Jerónimo por haber ido a consultar a los judíos para que le ayudaran en la traducción, como si lo que la antigua traducción decía no fuera válido. Esto resultó en una correspondencia amarga entre Jerónimo y Agustín —quienes por fin se reconciliaron.

De todos los "gigantes" que hemos discutido hasta este punto, solamente Jerónimo vivía cuando Roma fue saqueada por los godos en el 410. Como él mismo declaraba, parecía que el mundo tocaba a su fin, o al menos que una nueva era amanecía.

Agustín de Hipona fue sin lugar a dudas el más grande entre toda aquella generación de gigantes. Fuera de los autores del Nuevo Testamento, ningún otro pensador cristiano ha tenido mayor influencia en los siglos subsiguientes —particularmente en la iglesia occidental, pues en la oriental su impacto fue mucho menor. Nació en el año 354 en el poblado de Tagaste, cerca de la frontera entre las provincias romanas de África y Numidia. Su padre, Patricio, era un oficial romano de nivel medio, y por lo tanto personaje importante en Tagaste. Su madre, Mónica, era probablemente de origen beréber o púnico —es decir, no latino. Patricio era pagano; y Mónica, cristiana. Aunque no concordaban en materia de religión, Patricio y Mónica sí concordaban en llevar adelante la carrera de Agustín, claramente el mejor dotados de sus hijos, y con ese propósito le enviaron a estudiar a la vecina Madaura y luego —gracias al apoyo económico de cierto Romaniano, que se interesó en la carrera del joven Agustín— a Cartago.

Según él mismo cuenta, desde niño Agustín fue malcriado, y buscador de malas compañías. Pero fue en Cartago, lejos del control de sus padres, que les dio rienda suelta a tales tendencias. Se unió a una pandilla que se daba al nombre de "destructores", y con ellos hizo fechorías y emprendió aventuras amorosas. Por fin se unió a una concubina, de la que tuvo un hijo a quien nombró Adeodato —es decir, dado por Dios. También por ese tiempo empezó a coquetear con el maniqueísmo, una doctrina procedente de Persia que decía ser la culminación del budismo, del zoroastrismo y del cristianismo, y que se basaba en una visión dualista del universo, de modo que hay dos principios eternos, el de la luz y el de las tinieblas. Por ser eternos, estos dos principios no pueden ser destruidos; pero sí es posible separarlos, de modo que los destellos de luz que hay en este mundo físico y de tinieblas, es decir, las almas, puedan regresar al reino de la luz. Aparentemente, lo que más le atrajo a Agustín del maniqueísmo fue su explicación del origen del mal, pues no podía entender cómo, si hay un solo Dios y principio de todo, el mal pueda existir.

Pero a la postre tanto Cartago como el maniqueísmo le decepcionaron, y Agustín decidió salir hacia Roma con su concubina y su hijo. Allí tuvo una carrera exitosa que culminó cuando se le recomendó para una vacante enseñando retórica en Milán. En cuanto al maniqueísmo, no resultó ser tan racional como pretendía ser, y Agustín empezó a encontrar la sabiduría que buscaba en los escritos de los neoplatónicos. Estos decían que el origen de todas las cosas es uno solo, el Uno inefable del cual todo procede como los círculos concéntricos en la superficie del agua cuando algo cae en ella. Según esos círculos se apartan del Uno, son menos buenos, pero nunca malos. La maldad no existe como substancia, sino que es lo que acontece cuando los seres se apartan del Uno —de igual modo que un mono es bello en sí, pero es malo que una persona parezca mono.

Muerto Patricio —después de haberse convertido— Mónica fue a vivir con Agustín, e insistía en sus esfuerzos por lograr su conversión. En parte por ello, además del neoplatonismo, Agustín buscó la verdad en las Escrituras que Mónica veneraba. Pero lo que encontró allí fueron historias de conquistas, violencias y otros temas que no le parecían referirse a la verdad que buscaba.

Fue entonces a escuchar la predicación de Ambrosio, en parte por recomendación de Mónica, pero sobre todo porque Ambrosio era un famoso predicador, y como profesor de retórica Agustín tenía interés profesional en el estilo y la argumentación de Ambrosio. Según él mismo cuenta, fue a ver cómo hablaba Ambrosio, pero acabó escuchando lo que decía. Mediante la interpretación alegórica —que entonces se empleaba también en la retórica pagana, y era por tanto totalmente aceptable— Ambrosio mostraba que había en las historias de la Biblia mucho más de lo que parecía a simple vista. Y buena parte de esto era compatible con el neoplatonismo que Agustín estudiaba.

En Milán, Mónica forzó a Agustín a enviar a su concubina de vuelta a Cartago, aunque dejando a Adeodato con Agustín. De inmediato empezó a hacer arreglos para que Agustín contrajera un matrimonio ventajoso. Pero la prometida que encontró para su hijo era demasiado joven, y por tanto el matrimonio tenía que esperar. En el entretanto, Agustín volvió a sus amoríos, y por fin tomó otra concubina.

El propio Agustín pasaba entonces por una crisis múltiple. Por un lado, la ausencia de su concubina original le causaba agudo dolor —según él mismo diría posteriormente. Por otro, la predicación de Ambrosio y la insistencia de Mónica le llamaban a la vida cristiana. Aunque ya para esa fecha Agustín creía en las doctrinas cristianas, no estaba listo a abrazar esa fe —lo cual, según él entendía las cosas, quería decir entregarse a la "vida sabia" dedicada a la oración, el estudio y el celibato. Su oración era entonces: "Señor, dame castidad, pero no todavía".

En esto estaban las cosas cuando Agustín supo que uno de sus héroes neoplatónicos, Mario Victorino, se había convertido al cristianismo y había hecho profesión pública de su fe. Desesperado, estaba en un huerto en Milán cuando oyó una voz infantil que desde el otro lado de la verja decía "toma y lee, toma y lee". Tomando esto como un llamado de Dios, Agustín corrió a leer un libro que había quedado abierto en un banco del jardín, y allí leyó palabras de Pablo que fueron para él un llamado divino a novedad de vida.

Tras esa experiencia, Agustín se dedicó al estudio y la oración con un grupo de amigos con quienes se retiró a una propiedad que otro amigo les facilitó en Casicíaco, cerca de Milán, donde escribió sus primeros libros cristianos. Por fin, para regocijo de Mónica, Agustín recibió el bautismo de manos de Ambrosio, y él, su madre, su hijo y sus amigos se prepararon para regresar a Tagaste, donde proyectaban dedicarse a la vida sabia. Pero las circunstancias políticas les obligaron a permanecer por un tiempo en el puerto de Ostia, cerca de Roma. Allí Mónica enfermó y murió. Tras otro interludio en Roma, el grupo pudo embarcarse para África y llegar por fin a Tagaste.

En Tagaste, Agustín, Adeodato y sus amigos establecieron una especie de monasterio.

A diferencia de los monjes de Egipto y de Siria, su propósito no era la excesiva austeridad y mortificación de la carne, sino llevar una vida moderada, tranquila y dedicada a la oración, el estudio y el servicio a los demás. En Tagaste, Agustín continuó su labor literaria, que pronto le ganó fama en toda la iglesia de habla latina, y cierto reconocimiento dentro de la de habla griega.

Cuando recibió una petición de un creyente en Hipona que deseaba fundar en esa ciudad una comunidad para dedicarse a una vida como la de Agustín, y le pedía consejo y ayuda, Agustín partió para esa ciudad. Allí el anciano obispo Valerio, al verle entre la congregación, predicó sobre cómo el Señor envía obreros a su mies, y —sabiendo lo que sucedería— invitó a sus oyentes a mirar en torno suyo, para ver si habría alguien enviado por Dios para servir entre ellos en Hipona. La congregación fijó los ojos en Agustín, quien se vio obligado a recibir la ordenación —aunque insistiendo en que se le permitiera organizar y vivir en una comunidad como la de Tagaste. Poco después, Valerio le hizo consagrar como obispo coadjutor —lo cual violaba los cánones de la iglesia— de modo que Agustín fuera su sucesor.

Agustín tomó muy en serio sus nuevas responsabilidades, y fue excelente pastor y obispo. Como ejemplo de ello, se conservan cientos de sus sermones. Pero mediante sus escritos su labor pastoral se extendía siempre más allá de la ciudad de Hipona.

En esa labor se enfrentó a cuatro grupos principales de contrincantes: los maniqueos, los donatistas, los pelagianos y los paganos. Ya hemos dicho cuáles eran las principales doctrinas de los maniqueos. En los libros que escribió contra ellas, Agustín subraya la bondad de toda la creación —tanto física como espiritual– y el poder del libre albedrío. La voluntad verdaderamente libre, dice, es su propia causa, pues de no ser así ya no es libre.

También al donatismo nos hemos referido antes. Frente a él, Agustín desarrolló su doctrina de la iglesia, y sobre todo su afirmación de que la eficacia de los sacramentos no depende de quien los administra, sino que es don de Dios. De otro modo, los fieles nunca tendrían la seguridad de estar recibiendo sacramentos válidos. Por ello, los sacramentos de los donatistas, aunque irregulares, siguen siendo válidos.

Pero el donatismo plateaba otra dificultas más allá de las cuestiones teológicas y doctrinales. El surgimiento de los circunceliones exigía que se les pusiera fin a sus violencias. Y fue esa necesidad lo que llevó a Agustín a proponer sus criterios para la "guerra justa", que a partir de entonces se han discutido repetidamente. Entre esos criterios está, primero, que el propósito mismo de la guerra sea establecer justicia. Una guerra cuyo propósito es la expansión territorial u obtener botín no puede ser justa. Además, la guerra justa ha de ser conducida por autoridades debidamente establecidas; de no ser así, se justificarían las enemistades y las venganzas personales. En tercer lugar, la guerra justa ha de usar niveles de fuerza compatibles con el propósito de justicia, y limitados a ese propósito. Así, no se justifica, por ejemplo, saquear, herir o matar a los no combatientes. Y, por último, la guerra justa siempre ha de hacerse en un espíritu de amor, buscando la conversión del enemigo a la justicia, y no su destrucción.

El pelagianismo recibe su nombre del monje Pelagio, hombre de profundas convicciones que se ofendió al leer lo que Agustín decía sobre la primacía de la gracia en la salvación. Según Pelagio, lo que hace falta para creer y convertirse es querer hacerlo. Pero Agustín veía las cosas de otra manera, pues su propia experiencia le indicaba que no siempre se quiere lo que se debe, y que el creer mismo no es algo que se alcanza por esfuerzo propio, sino por la gracia de Dios.

Combatiendo al pelagianismo, Agustín declaró que es cierto que el ser humano antes de la caída tenía libertad para decidir pecar o no pecar, pero que tras la caída solamente le queda la libertad de pecar. Esto no quiere decir que la voluntad no sea ya libre, sino sencillamente que entre las muchas opciones que la voluntad tiene ante sí no se incluye ya la de no pecar. Podemos decidir entre esas opciones; pero todas son pecado. La obra de Cristo y la fe en él le restauran al creyente la libertad para no pecar, aunque todavía le queda la de pecar. Finalmente, en el Reino, tendremos solamente la libertad de no pecar.

Pero, si todo lo que el ser humano natural puede hacer es pecado, ¿cómo puede dar el paso hacia la fe y la libertad para no pecar? Solamente por la gracia de Dios, quien tiene la iniciativa en la conversión del pecador. Según Agustín dice, la gracia de Dios opera en nosotros para llevarnos a la fe, y luego coopera con nosotros para que podamos hacer el bien y así alcanzar la vida eterna. ✗ not

Esto todavía deja una dificultad: si solamente se puede creer por la gracia de Dios, ¿cómo se explica el hecho de que unos creen y otros no? La única respuesta posible, según San Agustín, es la decisión soberana de Dios, quien decide darles su gracia a algunos de entre la gran "masa de perdición" que es la humanidad. Los predestinados reciben la gracia, mientras los demás sencillamente reciben el justo pago por sus acciones. Y a los predestinados a quienes Dios concede la gracia de creer, también les da su apoyo para que hagan obras meritorias, y sean así dignos de vida eterna. Es por esto que tanto los protestantes como los católicos reclaman para sí las enseñanzas de Agustín: los protestantes, porque esas doctrinas son una afirmación clara de la primacía de la gracia divina, que actúa en el humano sin que este haga nada por merecerla; y los católicos, porque Agustín afirma que la salvación se alcanza por los méritos de las obras que el creyente hace mediante el poder de la gracia.

El debate de Agustín con los paganos duró a lo largo de su ministerio, pero se hizo más urgente en el 410, con la caída de Roma ante las armas del rey godo Alarico. Por largo tiempo, los paganos habían dicho que las calamidades de sus tiempos se debían al cristianismo y al abandono en que habían caído los dioses antiguos. Pero ese argumento se volvió contundente cuando la caída de Roma pareció decir que, puesto que Roma y su imperio habían abandonado a los antiguos dioses, estos la habían abandonado a ella y a su imperio.

Frente a tales argumentos Agustín escribió una de sus obras más importantes, La ciudad de Dios. Allí sostiene que hay dos ciudades —o dos gobiernos, o dos órdenes diferentes. Una de ellas es la ciudad terrena, o el orden político terreno, y la otra es la ciudad de Dios, el Reino de Dios. Cada una de estas se edifica sobre un amor: el amor de sí mismo en el caso de la terrena, y el amor de Dios en el caso de la ciudad de Dios. Puesto que la ciudad terrena está basada en el amor de sí mismo, no puede subsistir eternamente, sino que por necesidad pierde su poder y cae —como antes de Roma cayeron muchas otras ciudades e imperios. Puesto que la terrena está fundada en el amor de Dios, permanece para siempre. Luego, la caída de Roma no se debe a que los dioses la hayan abandonado, sino a que desde sus mismos orígenes Roma fue fundada sobre un amor falso y perecedero.

Agustín murió en el 430, cuando los invasores vándalos —un pueblo germánico— se hallaban prácticamente a las puertas de Hipona. Las invasiones que habían comenzado bastante antes, y que habían culminado en el saqueo de Roma en el 410, llegaban ahora hasta Hipona, con lo cual prácticamente se completaba la conquista germánica del imperio occidental. Como antes anunciara Jerónimo, una era tocaba a su fin. Pronto, los escritos de Agustín resultarían ser una de las principales fuentes donde la Edad Media fue a beber de la sabiduría del cristianismo antiguo.

CAPÍTULO 3

La baja Edad Media o "era de las tinieblas"

(desde la caída de Roma en el 410 hasta mediados del siglo XI)

$\mathcal{D}$urante su edad de oro, el Imperio Romano incluía todas las tierras al sur del Danubio y al oeste del Rin, y en Gran Bretaña llegaba aproximadamente hasta la frontera entre Inglaterra y Escocia. Pero a mediados del siglo cuarto comenzó una serie de invasiones en las que los pueblos germánicos que hasta entonces había estad al este del Rin penetraron en territorio romano, saquearon ciudades, y por fin establecieron sus propios reinos dentro de él. El índice más dramático de lo que estaba sucediendo fue la toma de Roma por los visigodos en el 410.

Los romanos llamaban "bárbaros" a todos los pueblos que no hablaran el latín o el griego. La mayoría de tales "bárbaros" al este del Rin y al norte del Danubio eran pueblos germánicos que se habían asentado en esas tierras largo tiempo atrás, y que poco a poco habían visto el poder romano acercarse cada vez más. Ahora —en parte debido a cambios del clima en Mongolia— se veían presionados desde el este por otros pueblos más aguerridos que se movían hacia sus territorios. Al mismo tiempo, las riquezas de Roma y de su imperio les atraían hacia el oeste. Luego, empujados por el este y atraídos por el oeste, aquellos pueblos germánicos repetidamente cruzaban las fronteras del Rin y del Danubio para adentrarse en territorio romano. Tal era el caso ya en tiempos de Marco Aurelio, en el siglo segundo. Pero en el cuarto fue como si un dique se desplomara, y los pueblos germánicos entraron en el Imperio como una vasta inundación. Algunos lo hicieron con el beneplácito de las autoridades romanas, que les ofrecían tierras en territorio romano a cambio de que defendieran ese territorio contra otros invasores. En tal caso, resultaba que eran bárbaros quienes ahora defendían al Imperio frente a otros bárbaros. Hubo casos en los que las autoridades imperiales no cumplieron con lo prometido, sus supuestos aliados se rebelaron y la inundación aumentó. Pero a pesar de todo esto, la mayoría de los romanos no se percató de la importancia de lo que estaba sucediendo hasta que, en el 410, los godos tomaron y saquearon la ciudad misma de Roma.

Los principales reinos germánicos fueron el de los vándalos en el norte de África, el de los visigodos en España, el de los francos en Francia, los de los ostrogodos y de los lombardos en Italia, y los de los anglos y de los sajones en Inglaterra.

Los vándalos cruzaron el Rin, atravesaron lo que hoy son Francia y España saqueando y destruyendo —de donde viene nuestra palabra "vandalismo"— y por fin se asentaron en el norte de África, donde ya les hemos visto tomando a Hipona en el 430. Desde África, se tornaron hacia el norte, invadiendo las islas del Mediterráneo central y llegando hasta a saquear a Roma en el año 455. Eran arrianos, y los ortodoxos o "nicenos" sufrieron bajo su régimen. Por fin, en el 533, los bizantinos —es decir, el Imperio Romano de Oriente— reconquistaron la región.

Los visigodos, que antes se habían convertido al cristianismo arriano, cruzaron el Danubio, amenazaron a Constantinopla, tomaron y saquearon varias ciudades en Grecia, y luego se volvieron hacia Italia, donde tomaron la ciudad de Roma en el 410. De allí salieron hacia España, donde se asentaron, dominando la mayor parte de la Península hasta que la invasión musulmana puso fin a su régimen (año 711).

Los francos eran paganos, y se asentaron en la región de Francia, cuyo nombre se deriva de ellos. Aunque al principio eran varias tribus o clanes independientes, poco a poso se fueron uniendo. Bajo el régimen de los carolingios llegarían a ser la fuerza dominante en toda la región, de modo que su rey Carlomagno fue coronado emperador de occidente (año 800).

Los ostrogodos siguieron una ruta semejante a la de los visigodos, cruzando el Danubio —a invitación de Constantinopla, que deseaba utilizarles contra otro pueblo germánico que le estaba causando dificultades— invadiendo a Grecia y por fin asentándose en Italia. Allí reinaron hasta que los bizantinos los derrotaron. Pero pronto otro pueblo germánico, el de los lombardos, invadió el norte de Italia y se asentó en la región que hoy lleva el nombre de Lombardía. Desde allí invadieron repetidamente los territorios bizantinos, y amenazaron a Roma hasta que los francos carolingios los conquistaron.

Los anglos y sajones, procedentes de lo que hoy son Dinamarca y los territorios circundantes, se establecieron al sur de la Gran Bretaña, donde fundaron los siete reinos de los cuales surgiría la Inglaterra moderna.

Algunos de estos pueblos eran paganos, y otros se habían hecho arrianos antes de invadir el Imperio, de modo que por primera vez en el mundo latino el arrianismo se presentó con fuerza. Pero poco a poco los conquistadores fueron aceptando la religión de los conquistados, de modo que tanto los paganos como los arrianos se hicieron católicos —es decir, ortodoxos.

La conversión de los pueblos germánicos fue lenta, pero segura. Después de todo, estos pueblos se habían asentado en territorio romano porque ambicionaban, no solo sus riquezas, sino también los adelantos de su civilización. Por ello muchos de los conquistadores estaban dispuestos a aprender de los conquistados. Además, era solo entre los conquistados que existían los conocimientos y la experiencia necesarios para administrar los nuevos reinos germánicos. Luego, al tiempo que se iban adaptando a las costumbres y tradiciones romanas —y al mismo tiempo transformándolas— se iban adaptando también a la religión de los conquistados. Poco a poco, los que eran paganos se hicieron cristianos, y los que eran arrianos se volvieron ortodoxos.

Uno de los principales hitos en ese proceso fue la conversión y bautismo del rey franco Clodoveo en el 496. Siguiendo el ejemplo de su rey, casi todos los francos se convirtieron. Puesto que el poderío franco iba en aumento, esto contribuyó a la conversión de los pueblos vecinos.

En el 589 el rey visigodo Recaredo, en España, abandonó el arrianismo y se proclamó ortodoxo o católico. A partir de entonces, los arrianos serían cada vez menos, hasta que acabarían por desaparecer.

Unos años más tarde, en el 597, Agustín de Canterbury llegó al reino de Kent, en Inglaterra, enviado por el papa Gregorio el Grande. Así comenzó un largo y complicado proceso que resultó en la conversión de los anglos y de los sajones.

En resumen, en poco más de doscientos años casi todos los pueblos que habían sido paganos se declararon cristianos, y casi todos los que habían sido arrianos se volvieron ortodoxos. Los lombardos constituyeron la principal excepción, pues fueron el último baluarte del arrianismo hasta que Carlomagno los conquistó.

Las invasiones trajeron el caos. En el año 476 el último emperador romano fue depuesto oficialmente, y a partir de entonces cada reino se gobernó independientemente. Las letras y los estudios prácticamente desaparecieron. El orden civil peligraba constantemente. En esa situación, la iglesia fue la institución que conservó los conocimientos de la antigüedad, y que proveyó cierta medida de orden social y político.

Durante todo este período, hubo pocos pensadores originales. El caos era tal, que la tarea más urgente era conservar los conocimientos de la antigüedad, más bien que buscar otros nuevos. Tanto en filosofía como en teología, todo lo que los más letrados pudieron hacer fue conservar aquellos antiguos conocimientos, así como los libros que los contenían. Esto llevó a una teología conservadora, en la que se pensaba que lo antiguo era siempre lo mejor, y que la innovación debía evitarse. La violencia que reinaba era tal, que la iglesia tuvo que intervenir para traer al menos cierta medida de paz. Pero al mismo tiempo esa misma violencia, y las antiguas costumbres de los pueblos germánicos, le fueron dando nuevas formas a la fe. Esto es lo que se ha llamado la "germanización" del cristianismo. Lo que resultó fue un cristianismo que adoraba a un Dios mayormente vengativo, cuya gracia era como los donativos que los grandes señores y líderes militares les hacían a sus subalternos. De igual modo, en tiempos de violencia como aquellos, la fe se volvió más tétrica, más enfocada hacia la muerte.

El impacto de todo esto puede verse en el culto, y particularmente en la comunión. Mientras que antes la comunión había sido una celebración enfocada hacia la resurrección del Señor y su triunfo final —razón por la cual se celebraba sobre todo el domingo, día de la resurrección de Jesús— ahora se volvió un servicio triste con tonalidades fúnebres. La fe se concentró en los sufrimientos de Jesús, y no en su victoria. Y la comunión misma vino a ser un modo de ganarse el beneplácito de un Dios enojado.

Para ello [es decir, para proveer cierta medida de orden social y político] la iglesia contaba con dos instrumentos que se fueron acrecentando precisamente porque la situación existente los hacía necesarios: el monaquismo y el papado.

Aunque hubo monásticos en la iglesia occidental desde mucho antes, el organizador del monaquismo occidental fue San Benito, cuya Regla se extendió por toda Europa occidental y le dio al monaquismo occidental la forma que todavía hoy tiene.

Los primeros monjes occidentales imitaron a sus congéneres de Egipto y Siria. Pero la vida de aquellos anacoretas no se ajustaba ni al clima ni a la cultura del occidente latino. En cuanto al clima, los duros inviernos presentaban un cuadro muy diferente de los desiertos de Egipto y Siria. En cuanto a la cultura, el occidente latino fue siempre más práctico que el oriente griego, y más dado a la moderación. Luego, el monaquismo occidental tomaría matices más prácticos y moderados que el oriental. Además, mientras el monaquismo oriental tendía a apartarse de la iglesia y de su jerarquía par llevar vidas de santidad solitaria —y esto a pesar de que era de entre los monjes que se escogía a los obispos— el monaquismo occidental fue casi siempre fiel aliado de la jerarquía, particularmente del papado. Repetidamente, los papas usaron de los monjes benedictinos para ejecutar sus propósitos. Y cuando uno de los dos aliados se corrompía a tal punto que se necesitaba reformarlo, frecuentemente fue del otro que salió el impulso reformador.

El gran fundador del monaquismo occidental fue Benito de Nursia, quien por algún tiempo llevó vida de anacoreta solitario, pero se convenció de que el propósito de Dios no era que se viviera en soledad, sino en comunidad y en servicio. Fundó un monasterio en Monte casino, un lugar bien distante de los bullicios del mundo, y fue para ese monasterio que, por el año 529, escribió la Regla que pronto dirigiría la vida de buena parte del monaquismo occidental. Para mujeres, su hermana Escolástica fundó otra casa monástica cerca de la de Monte casino.

La Regla benedictina es exigente en dos elementos principales, pero en el resto se distingue por su moderación. Es exigente en lo que se refiere a la permanencia y a la obediencia. En esto contexto, la "permanencia" quiere decir que quien hace votos monásticos en una casa no puede dejarla sino por orden del abad o abadesa. Y, si alguien se llega a un monasterio procedente de otro, no se le admitirá. De este modo Benito le ponía fin a la práctica de monjes andariegos que no se ajustaban en ninguna comunidad, sino que iban de una en otra aprovechándose primero de su hospitalidad y luego creando problemas y disensión. La obediencia debía ser absoluta, y de buen gana. Lo que el abad mandara, había que hacerlo sin titubeos ni quejas. Pero hasta el mismo abad estaba sujeto a la Regla —lo cual señala el interés que el Occidente siempre había tenido en la obediencia a las leyes.

Por lo demás, la Regla es bastante moderada, pues el propósito del monaquismo benedictino no es castigar el cuerpo, sino capacitarlo para el servicio a Dios. Así, por ejemplo, aunque normalmente los monjes no comían carne, sí se les daba a los débiles, los enfermos y los ancianos. Y, si hay algún monje que no actúa como es debido, se le amonestará varias veces antes de acudir al castigo físico, y solo después de varias oportunidades, si el monje no parece componerse, se le expulsará del monasterio. Aun entonces, si regresa arrepentido, se le volverá a admitir, pues la expulsión no será definitiva sino a la tercera vez. Con igual moderación, Benito prescribe la pobreza, no para castigar el cuerpo, como se practicaba en el monaquismo oriental, sino para fomentar el amor comunitario. Todo lo que el monasterio tiene ha de compartirse, porque esto lleva a compartir la vida toda. Pero, siempre que no haya escasez, los monjes han de tener comida y vestimentas adecuadas, así como todo lo demás razonablemente necesario.

La vida de un monasterio benedictino bien puede resumirse en el lema ora et labora —ora y trabaja. El trabajo debía ser compartido por todos por igual. Solamente si alguien tenía dones excepcionales para alguna clase de trabajo se le permitiría dedicarse a él. Los demás debían turnarse en todas las ocupaciones necesarias para la vida del monasterio, tales como los cultivos, la cocina, la limpieza, etc. El trabajo físico no debía considerarse como indigno o inferior, sino como una oportunidad más de servir a la comunidad.

En cuanto a la oración, Benito determinó que cada día habría ocho períodos u horas de oración comunitaria —una a medianoche, o en todo caso antes de salir el sol, y las otras siete durante el día. En esos períodos, además de orar, se leían las Escrituras, escogiendo las lecturas según la hora del día y la época del año. Pero todos los Salmos debían recitarse al menos una vez por semana.

Además, desde los mismos inicios de la fundación de Monte casino Benito determinó que los monjes, aunque vivieran en lugares remotos, no debían desentenderse de la comunidad que les rodeaba. Así, hizo mucho por lograr la conversión de sus vecinos, muchos de ellos todavía paganos.

Pronto el monaquismo benedictino se extendió por todo el norte de Italia, y de allí hacia Francia, y después a Inglaterra y otras regiones de Europa occidental. Esta expansión recibió fuerte impulso cuando un abad benedictino de Roma, Gregorio el Grande, vino a ocupar el papado. Gregorio se ocupó de fomentar la fundación de monasterios benedictinos. Y, al enviar a Inglaterra al benedictino Agustín de Canterbury, hizo llegar el movimiento hasta aquellas tierras.

El impacto del monaquismo benedictino fue enorme. Puesto que para sus propias oraciones los monasterios necesitaban libros, fueron los monjes benedictinos quienes se dedicaron a copiar y así a conservar, no solo las Escrituras, sino también muchos de los escritos de la antigüedad. Los monasterios también sirvieron de escuelas para niños colocados por sus padres bajo su tutela —y prometidos al monasterio como futuros monjes.

El monaquismo benedictino también se hizo sentir en el orden de lo económico. Por una parte, al afirmar la dignidad del trabajo físico, contrarrestaba algunos de los remilgos de la vieja aristocracia y de sus imitadores, quienes pensaban que el trabajo físico les humillaría. Por otra parte, puesto que frecuentemente se iban a lugares apartados, los monjes talaron bosques, desecaron pantanos y reclamaron tierras abandonadas. Gracias a la estabilidad que el monasterio ofrecía, en torno a él se iban asentando otras personas, poco a poco la región se iba poblando, y la agricultura avanzaba. Más adelante, según fueron recibiendo herencias de tierras y otras propiedades, los monasterios se volvieron centros de administración de extensas zonas, y responsables de la vida y el bienestar de numerosas personas en su derredor.

El papado tuvo sus altas y sus bajas. Los dos papas más importantes durante este período fueron León I (440-461) y Gregorio I (590-604), ambos conocidos como "el Grande". Bajo ellos, y bajo otros papas distinguidos, la iglesia pudo proveer cierta medida de orden a una sociedad en caos.

El prestigio y la autoridad de los obispos de Roma dentro de la iglesia occidental había ido creciendo por algún tiempo. Originalmente, la palabra "papa" sencillamente quería decir "papá", y por tanto era un título de cariñoso respeto que se le daba a cualquier obispo distinguido. Pero poco a poco se fue reservando —sobre todo en la iglesia occidental— para los obispos de Roma. Además, una vez que el Imperio se hizo cristiano, era normal que los obispos de la capital gozaran de prestigio particular, y que ese prestigio se tradujera en autoridad.

Pero lo que en realidad les dio a los papas romanos el poder de que a la postre gozaron fue la invasión de los pueblos germánicos y la desaparición del Imperio Romano de Occidente. A falta de gobierno, alguien tenía que establecer el orden, la iglesia era la única institución capaz de hacerlo, y en esa tarea era natural que el obispo de la vieja capital tomara el timón.

Esto se vio claramente durante el papado de León I, "el Grande", y en especial cuando el huno Atila amenazaba tomar a Roma. Los hunos eran uno de los pueblos que habían impulsado a las tribus germánicas a migrar hacia el occidente, y ahora ellos mismos invadieron el Imperio. Cuando Constantinopla se vio amenazaba, usó de varios medios para asegurarse de que los hunos, en lugar de atacarla a ella, marcharan hacia el occidente. Allí los hunos lograron victorias notables, y llegaron hasta las puertas mismas de Roma, que estaba indefensa. León fue a entrevistarse con Atila, el jefe de los hunos. No se sabe lo que aconteció en aquella entrevista, ni lo que León le dijo a Atila. El hecho es que este último desistió en sus planes de atacar a Roma y se retiró hacia el norte. Como salvador de Roma, el prestigio de León —y del papado— aumentó notablemente. A partir de entonces, en tiempos de crisis, la población de Roma tuvo que volverse a los papas, que poco a poco se fueron volviendo los verdaderos gobernantes de la ciudad. El propio León no pudo evitar que los vándalos tomaran y saquearan la ciudad en el 455, pero sí fue él quien, a falta de un gobierno responsable, dirigió las negociaciones con el rey godo Genserico. Y algo parecido sucedió en el 546 con el papa Vigilio, cuando el godo Totila tomó a Roma. Todo esto fue el origen del poder temporal de los papas —es decir, de su gobierno sobre Roma y los territorios circundantes. Más tarde, alguien forjaría un documento espurio, la Donación de Constantino, según el cual Constantino les había concedido esos territorios al papa, y ese documento se usó para justificar legalmente lo que ya era un hecho.

Pero esto no quiere decir que, aun en tiempos de León el Grande, toda la iglesia le reconociera como autoridad suprema. Índice de eso es el hecho que cuando León intervino en medio de las controversias teológicas que discutiremos más abajo quienes defendían la posición contraria pudieron desentenderse de él, y León no pudo hacer más que protestar hasta que las circunstancias cambiaron.

Los sucesores inmediatos de León, aunque en su mayoría hábiles, no pudieron alcanzar el mismo nivel de influencia, hasta que en el año 590 Gregorio el Grande vino a ocupar el papado. Eran tiempos difíciles. Los alimentos que antes se llevaban a Roma desde Sicilia y Egipto ya no llegaban. Los acueductos estaban destruidos; y los canales de desagüe de los terrenos pantanosos, tupidos. A consecuencia de ello se había desatado una gran epidemia en Roma. Gregorio inmediatamente se ocupó de poner las cosas en orden, tanto en Roma como en todo el mundo de habla latina. En Roma, reorganizó el gobierno, hizo reparar los acueductos y canales de desagüe, e hizo llegar trigo de Sicilia, al tiempo que les daba instrucciones a todos sus clérigos acerca del cuidado de los enfermos, el sepelio de los difuntos, etc. Pero su labor reorganizadora no se limitó a Roma, sino que mediante una amplia correspondencia instó a los obispos y clérigos de todo el occidente latino a reorganizar sus iglesias y a ocuparse de las necesidades físicas de poblaciones enteras que sufrían a causa del desorden reinante.

Al mismo tiempo, Gregorio escribió tratados que más tarde serían de gran prestigio y autoridad. Como producto de su época, Gregorio introdujo en esas obras toda una serie de creencias populares, al tiempo que se dedicaba a difundir lo que él creía era la teología de Agustín. El resultado fue que buena parte de la Edad Media conoció a Agustín a través de los ojos de Gregorio, y este Agustín no se alzaba a las alturas del verdadero.

No todos los sucesores de Gregorio estuvieron a la altura de aquel gran papa. La mayoría de ellos tuvo buenas intenciones, y su pontificado fue positivo. Pero las situaciones políticas se complicaban. El Imperio Bizantino reclamaba territorios en Italia, y los emperadores reclamaban también sobre el obispo de Roma un poder semejante al que tenían en el oriente, donde las autoridades eclesiásticas tenían que seguir los dictados del gobierno —lo que se conoce como "cesaropapismo". Algunos de los papas pudieron resistir a tales presiones, pero otros no. Cuando esta amenaza que venía desde el sur de Italia amainó, otra vino del norte: los lombardos, cuyos avances los bizantinos habían detenido. Con su poderío creciente, los lombardos amenazaban a Roma. A la postre los papas no tuvieron otro recurso al cual acudir que el creciente poder de los francos carolingios. En el año 752 el papa Zacarías III coronó rey de los francos a Pipino, el primer rey carolingio; y por fin, en el 800, León III coronó a Carlomagno como emperador de occidente —en teoría como colega de los emperadores orientales de Bizancio, aunque estos últimos no accedían a tal cosa.

La coronación de Carlomagno muestra el curso que iban tomando las cosas en el occidente. Mientras en el oriente los emperadores nombraban a los patriarcas de Constantinopla y otros obispos importantes, en el occidente fue un papa quien decidió darle el título imperial a un rey. El viejo Imperio Romano parecía haber resucitado, pero lo había hecho bajo el ala de la iglesia.

Mientras todo esto sucedía en el occidente de habla latina, en el oriente de habla griega, donde las invasiones no lograron penetrar de manera permanente, el Imperio Romano continuó existiendo. En él, los emperadores eran más poderosos que la iglesia, a la cual trataban de manejar con fines políticos.

Aunque el Imperio Bizantino —es decir, la porción oriental del viejo Imperio Romano, con su capital en Constantinopla— se vio amenazado por las invasiones de los germanos y de los hunos, repetidamente logró desviarlas hacia el occidente, y por tanto pudo continuar existiendo —aunque en condiciones cada vez más reducidas— por otros mil años. En consecuencia, en esta región oriental de habla griega no se produjo el vacío de poder que hemos visto en el occidente, y esto a su vez quiso decir que el estado —en la persona del emperador— siguió siendo supremo, con la iglesia supeditada a él. Ya hemos visto un ejemplo de esto en las luchas de

Crisóstomo, y la victoria de la emperatriz sobre él. Esas condiciones continuaron y frecuentemente se agravaron en el Imperio Bizantino, donde los emperadores tenían el poder de nombrar y deponer hasta al patriarca de Constantinopla. Por ello, las consideraciones e intrigas políticas tuvieron un papel importante en las controversias teológicas, al punto que hubo emperadores que pretendieron dictaminar lo que era doctrina correcta. Aunque a veces esto produjo resistencia, a la larga los emperadores lograban imponer su voluntad.

Al mismo tiempo, aquella iglesia se vio sumida en una serie de controversias, particularmente respecto a la persona de Jesús. Estos temas controvertidos llevaron a una serie de concilios ecuménicos: Nicea (325); Constantinopla (381); Éfeso (431); Calcedonia (451); II Calcedonia (553); III Constantinopla (680-681); y II Nicea (787). Aunque la iglesia occidental no participó activamente en estas controversias, estuvo de acuerdo con sus resultados.

Los siete primeros concilios son los más importantes para la historia de la iglesia, pues son los que aceptan tanto las iglesias ortodoxas —griega, rusa, etc.— como la Iglesia Católica y las iglesias protestantes más tradicionales. Ya hemos visto que el Concilio de Nicea, en el 325, rechazó el arrianismo, y que en el segundo concilio ecuménico, en Constantinopla (381) esa decisión se confirmó y se amplió para afirmar lo que la iglesia había creído por largo tiempo, es decir, la divinidad por igual del Padre, del Hijo y del Espíritu Santo.

Pero ya en tiempos de aquel segundo concilio había surgido otra cuestión: si el Hijo es Dios, ¿cómo se une esa divinidad a la humanidad en Jesucristo? En cuanto a esto, el Concilio de Constantinopla rechazó el "apolinarismo" —doctrina según la cual en Jesucristo hay un cuerpo humano, pero un alma puramente divina, de modo que Jesús, aunque tiene cuerpo humano, piensa y siente únicamente como divino.

El tema de la unión entre la divinidad y la humanidad en Jesús continuó debatiéndose en la iglesia oriental por siglos —la iglesia occidental, aunque a la postre concordó con lo que la oriental decidió, nunca se involucró mucho en estas cuestiones. En el oriente, los teólogos se dividieron entre dos escuelas, la alejandrina y la antioqueña. Los antioqueños estaban particularmente preocupados por salvaguardar la verdadera humanidad de Jesús. Su temor era que, si se subrayaba demasiado la unidad entre esa humanidad y el verbo eterno de Dios, la humanidad prácticamente se perdería, como una gota de vinagre en el mar. Por eso tendían a distinguir entre la humanidad y la divinidad de Jesús, y los historiadores le han dado a esta tendencia cristológica el calificativo de "divisiva". Por su parte, los alejandrinos se interesaban particularmente en afirmar la plena divinidad de Jesús y su unidad con la humanidad, aun cuando esto eclipsara o pareciera disminuir la verdadera humanidad del Salvador, y los historiadores le han dado a esta tendencia teológica el calificativo de "unitiva". Apolinario, cuyas doctrinas el Concilio de Constantinopla rechazó, es un ejemplo de esa teología alejandrina. Su interés estaba en salvaguardar la divinidad de Cristo, y por ello estaba dispuesto a decir que Jesús no tenía alma ni razón humanas. Quienes rechazaron sus doctrinas en Constantinopla veían en ellas una negación de la verdadera humanidad del Salvador, pues un cuerpo sin alma humana no es un verdadero ser humano.

Pero cuando Nestorio, patriarca de Constantinopla que sostenía la posición antioqueña, propuso que en Jesús había "dos personas y dos naturalezas", el Concilio de Éfeso (tercer concilio ecuménico, 431) rechazó sus doctrinas, que parecían dividir en dos al Señor y sus acciones. Esto no se hizo sin una serie de maniobras políticas, al punto que en realidad hubo dos concilios de Éfeso, uno a favor de Nestorio y otro en su contra, y en fin de cuentas no fue sino bastante más tarde que se decidió cuál de los dos era válido. Y ya en todo ese proceso las autoridades imperiales hicieron valer su poder, unas veces a favor de un partido, y otras a favor del otro. También es interesante notar que fue el Concilio de Éfeso, en su esfuerzo por rechazar las cristologías divisivas, el que afirmó el título de María como "madre de Dios", que Nestorio rechazaba. Pero en ese caso lo que estaba en discusión no era la autoridad o poder de María, sino si se podía decir o no que el que nació de ella era Dios —de hecho, el término *theotokos*, que fue el que el concilio empleó y la iglesia griega todavía usa, quiere decir "paridora" más bien que "madre" de Dios. La decisión del Concilio de Éfeso, que resultó también en la deposición y el exilio de Nestorio, fue una victoria para la escuela alejandrina.

Pero con esto no terminó el debate. El patriarca de Alejandría, Dióscoro, quería asegurar una victoria final. Para ello se confabuló con el gran chambelán de palacio en Constantinopla, Crisapio, a quien aparentemente sobornó. La controversia comenzó en torno a las enseñanzas de un monje en Constantinopla, Eutiques, quien sostenía que en Jesús se habían unido la humanidad y la divinidad, pero en tal modo que, lo correcto era decir, "de nos naturalezas antes de la encarnación, y en una naturaleza [la divina] después de la encarnación". A tal doctrina se le dio el nombre de "monofisismo" —nombre derivado del griego *monos*, uno, y *fysis*, naturaleza. Flaviano, el patriarca de Constantinopla, quien representaba la cristología "divisiva" de Antioquía, llamó a Eutiques a juicio. Este, convencido de que contaba con el apoyo de Dióscoro y de Crisapio, acudió gustoso. Pero resultó que el propósito de Dióscoro era que Flaviano declarara hereje a Eutiques, para hacer de ello una causa célebre que resultara en la caída de Flaviano. Así se hizo, y Dióscoro salió entonces en defensa de Eutiques. A recomendación de Crisapio, el emperador convocó entonces a un concilio que debía reunirse en Éfeso en el 449. Cuando el concilio se reunió, las autoridades nombraron a Dióscoro para presidirlo, y este se negó a escuchar los argumentos de los antioqueños. Cuando Flaviano presentó su confesión de fe, le fue arrancada de entre las manos, y le dieron tal paliza que a los pocos días murió. El papa León el Grande había mandado una Epístola dogmática en la que exponía la postura tradicional de la iglesia de occidente, que se colocaba en una posición intermedia entre las de las escuelas de Alejandría y de Antioquía. Pero Dióscoro no permitió que fuese leída, ni les permitió a los legados de León dirigirse al concilio. El resultado fue la condenación absoluta de toda tendencia antioqueña, y la deposición y condena al exilio de todos sus defensores.

En Roma, León protestaba vehementemente contra lo hecho, diciendo que el supuesto concilio (*concilium*) no era sino un latrocinio (*latrocinium*). Pero sus protestas de nada valían, pues el emperador, siguiendo los dictados de Crisapio, se negaba a deshacer lo hecho en Éfeso. Pero el emperador murió inesperadamente en un accidente de equitación, y sus sucesores, Pulqueria y Marciano, accedieron al reclamo de León de que se convocara un nuevo concilio. Este se reunió en Calcedonia en el 451, y se le considera el cuarto concilio ecuménico. Allí se adoptó una Definición de fe que rechazaba ambos extremos con frases tales como "perfecto en divinidad y perfecto en humanidad", y "en dos naturalezas, sin confusión, sin mutación, sin división, sin separación, y sin que desaparezca la diferencia de las dos naturalezas por razón de la unión". Esta fórmula, aunque poco conocida por razón de su complejidad, vino a ser medida de ortodoxia cristológica tanto para las iglesias orientales ortodoxas como para las iglesias occidentales.

Aun así, la cuestión no terminó. En el siglo sexto, los de tendencia alejandrina o unitiva acusaron de herejía a algunos de los ya difuntos líderes de la tendencia opuesta y sus escritos. El quinto concilio ecuménico (II Constantinopla, 553) llegó a una posición intermedia, condenando los escritos, pero no a sus autores, y siempre dejando la posibilidad de que algunos de esos escritos no fueran en realidad obra de los venerados teólogos a quienes se atribuían. Y todavía en el siglo séptimo surgió otra controversia en torno al "monotelismo" —la doctrina según la cual hay en Jesús dos naturalezas, pero una sola voluntad. Por razones políticas, las autoridades de Constantinopla buscaban el modo de ganarse la buena voluntad de los de tendencias monofisitas, que eran particularmente numerosos en Egipto. Con ese propósito, el patriarca Sergio de Constantinopla propuso que en Jesús, aunque hay dos naturalezas, hay una sola voluntad. Esta doctrina fue llamada "monotelismo" —del griego *monos*, uno, y *thelema*, voluntad. Pero poco después de eso el avance del islam le arrebató Egipto al Imperio Bizantino, y este no tuvo ya interés en ganarse la buena voluntad de los monofisitas en Egipto. Luego, en el sexto concilio ecuménico (III Constantinopla, 680-81) el monotelismo fue oficialmente rechazado.

En cierto modo, la controversia sobre el uso de imágenes, que tuvo lugar en el siglo octavo, fue una continuación de las controversias cristológicas. Desde fecha muy temprana se usaba la representación pictórica de personajes y temas bíblicos, como puede verse en las catacumbas y en la iglesias más antiguas que se conservan. Pero esto se hizo sin mayor controversia hasta el siglo octavo, cuando el conflicto empezó con una serie de edictos imperiales en contra de las imágenes. Las razones por las que los emperadores proclamaron esas leyes parecen haber sido muchas. La justificación teológica se encontraba en las prohibiciones del Decálogo. Pero además los "iconoclastas" —como se llamaba a quienes se oponían a las imágenes— parecen haberse preocupado por lo que los musulmanes decían era prueba de la idolatría de los cristianos. Y ciertamente hubo por parte de las autoridades un intento de socavar la influencia de los monjes, una de cuyas ocupaciones más respetadas era la producción de imágenes para el culto. Frente a los iconoclastas los "iconodulos" —es decir, veneradores de imágenes— sostenían que negarse a representar físicamente la persona de Jesús era negar su humanidad, pues el Jesús que comió y bebió como verdadero ser humano también puede representarse en el arte como cualquier ser humano. Tras largos debates, el séptimo concilio ecuménico (II Nicea, 787) reafirmó el uso de las imágenes, aunque advirtiendo que no son dignas de verdadera adoración o "latría", sino sólo de veneración "dulía". La adoración le corresponde solo a Dios. Pero las imágenes que representan a Jesús y a sus santos son dignas de veneración, y por tanto tienen su lugar en la iglesia, en el culto y en la devoción de los creyentes.

En todos estos debates, particularmente después del Concilio de Calcedonia, la participación de la iglesia occidental fue mínima, aunque sí aceptó los decretos de estos concilios. Respecto al séptimo, es decir, la cuestión de las imágenes, por algún tiempo hubo cierta resistencia en el occidente, pues en latín era difícil expresar la distinción entre latría y dulía —no que no se emplearan imágenes en el occidente, sino que no se acudía a las decisiones del concilio para justificarlo. Pero a la larga el occidente aceptó lo decidido, y a partir de entonces —hasta tiempos de la Reforma, y bastante después, la mayoría de las iglesias aceptaron la autoridad de aquellos primeros siete concilios.

Pero otras iglesias orientales no los aceptaron, y de ello surgieron iglesias disidentes comúnmente llamadas "nestorianas" y "monofisitas".

Aunque, por conveniencia, estas iglesias reciben los nombres de "nestorianas" y de "monofisitas", es necesario señalar que tales nombres les son impuestos desde afuera, y que según su propio parecer no son nestorianas ni monofisitas, sino sencillamente "ortodoxas".

Muchos de los antioqueños que no aceptaron las decisiones de Éfeso y Calcedonia fueron a refugiarse a la ciudad de Nisibis, al otro lado de la frontera con Persia, donde fundaron una escuela. Fue de allí que surgieron muchos de los teólogos de la iglesia persa, que por ello siguió los lineamientos que los ortodoxos llamaban "nestorianos". Además, esta postura tenía la ventaja de mostrarle al gobierno persa que sus súbditos cristianos no eran agentes del Imperio Bizantino, con el cual diferían. Esta iglesia "nestoriana" fue fuerte durante buena parte de la Edad Media, a tal punto que sus representantes y misioneros llagaron hasta China. Pero después, debido principalmente a las persecuciones bajo regímenes musulmanes, fue desapareciendo, de modo que hoy esa iglesia tiene solo unas decenas de millares de miembros esparcidos por todo lo que fue antes el imperio persa así como en pequeñas comunidades en el resto del mundo.

Más fuertes resultaron ser las iglesias "monofisitas" —es decir, las que rechazaban la doctrina de las "dos naturalezas" del Concilio de Calcedonia. Armenia había sido un estado cristiano desde antes del tiempo de Constantino, y después había sido un estado aliado al Imperio Romano. Pero los persas la habían invadido repetidamente, y una de sus peores invasiones tuvo lugar a mediados del siglo quinto. Los patriotas armenios se aprestaron a defender su territorio al tiempo que solicitaban ayuda del Imperio Romano. Pero tal ayuda no vino, y quienes murieron en los desfiladeros defendiendo su patria vinieron a ser héroes nacionales. Puesto que fue precisamente mientras esas batallas tenían lugar que el Concilio de Calcedonia se reunió, los armenios nunca aceptaron las decisiones de ese concilio, y por tanto se consideran monofisitas.

Egipto, cuya ciudad principal era Alejandría, fue siempre un centro de resistencia contra las decisiones de Calcedonia. La invasión árabe, al ponerle fin al régimen bizantino en la región, les permitió a los coptos —es decir, los antiguos egipcios, a distinción de los griegos y de los romanos— determinar su propia vida eclesiástica y sus posturas teológicas. Puesto que rechazaron lo hecho en Calcedonia, la Iglesia Copta es hoy una de las principales iglesias monofisitas. La Iglesia de Etiopía, que siempre había seguido a la de Egipto, tomó la misma dirección, de modo ella también se considera "monofisita".

Por último, también en Siria surgió una importante iglesia monofisita, generalmente conocida como "jacobita". Esta iglesia también se expandió por todo el territorio persa, y llegó hasta la India, donde continúa existiendo hasta el día de hoy.

A mediados de este período tuvieron lugar dos grandes acontecimientos: el avance armado del islam y el surgimiento del impe-

rio carolingio. Entre el 630 y el 732, el islam conquistó todo el territorio de los persas hacia el oriente, las tierras bíblicas hacia el norte,
y toda la cosa norte de África hacia el oeste. En el 711 los musulmanes cruzaron el estrecho de Gibraltar, conquistaron España, y continuaron avanzando hasta que por fin se les detuvo en la batalla de
Tours (732).

Apenas comenzaba la Europa occidental a salir de las dificultades causadas por las invasiones germánicas, cuando surgió otra
amenaza inesperada. En un oscuro rincón de Arabia, un mercader
de nombre Mahoma tuvo una visión que le dio origen a un movimiento religioso que primero unificó a las dispersas tribus árabes,
y luego se lanzó a la conquista del mundo.

Los musulmanes cuentan el nacimiento de su religión en el año
622, y Mahoma tardó ocho años en tomar la ciudad de Meca. Pero
a partir de aquel momento, y sobre todo después de la muerte del
Profeta, los avances militares del islam fueron sorprendentes.
Mahoma murió en el 632, dos años después de entrar victorioso en
Meca. Sus sucesores —los "califas", palabra que quiere decir "sucesor"— se lanzaron entonces a una amplia campaña de conquistas
militares como medio de expandir su fe y la obediencia a las leyes
del islam. Primero invadieron a Siria, donde derrotaron a los ejércitos bizantinos, tomaron a Jerusalén en el 638, y dos años después
habían arrojado a los bizantinos de toda la región. Comenzaron
entonces dos campañas, una hacia el este y la otra hacia el oeste.
Hacia el este, invadieron los territorios persas, cuya capital tomaron en el 657, y para el 651 eran dueños de todo el territorio. Hacia
el oeste, invadieron el Egipto, donde Alejandría capituló en el 642,
y luego continuaron a lo largo de la costa, tomando a Trípoli en el
647. Siguió entonces un período de guerra civil entre los mismos
musulmanes de la cual surgieron divisiones que todavía continúan
—a veces tan enconadas hoy como lo fueron originalmente. La
conquista del norte de África fue por ello más lenta, y Cartago
resistió hasta el 695. De allí los musulmanes continuaron hacia el
oeste, hasta Marruecos. Y de Marruecos en el 711 pasaron a España,
donde rápidamente vencieron a los godos y se apoderaron de casi
toda la Península. Cruzaron entonces los Pirineos y se adentraron
en territorio franco, con lo cual se acercaban al corazón mismo de
Europa. Pero en el 732, en la batalla de Poitiers (o de Tours), los

ejércitos francos, al mando de Carlos Martel, por fin detuvieron su avance.

En sus primeros tiempos, el islam fue relativamente tolerante con los judíos y cristianos en las regiones conquistadas. Se les consideraba "pueblos del libro", y por tanto sus religiones no se prohibían, como sí se hacía con las demás. No se les perseguía, aunque se prohibía la conversión a sus religiones, mientras que sí se estimulaba la conversión de judíos y cristianos al islam. Esas conversiones fueron numerosas, sobre todo en regiones como el norte de África, donde los cristianos habían estado divididos por largo tiempo —donatistas, católicos, arrianos, bizantinos...— y donde la iglesia prácticamente desapareció. Además, según fue pasando el tiempo, muchos de los regímenes musulmanes se volvieron menos tolerantes con los judíos y cristianos, lo que llevó a constantes presiones y frecuentes persecuciones.

Esto cambió radicalmente el mapa del cristianismo. Muchos de los antiguos centros cristianos —Jerusalén, Antioquía, Alejandría, Cartago— quedaron ahora en manos musulmanas. El Imperio Bizantino quedó prácticamente reducido a lo que hoy es Turquía y al sudeste de Europa. Ahora definitivamente el centro del cristianismo había pasado a Europa occidental. Constantinopla, privada de sus territorios hacia el sur y el este, comenzó a extender sus lazos hacia el norte y el nordeste, particularmente hacia Rusia, Serbia y Moravia.

Bajo los carolingios, el poderío de los francos se fue extendiendo, hasta que Carlomagno fue coronado emperador en el año 800. Por un breve período hubo bajo los carolingios un renacimiento de las letras.

Carlos Martel, el líder franco que detuvo el avance del islam en la batalla de Poitiers, no era rey de los francos, sino mayordomo de palacio. Pero en realidad era él quien gobernaba, pues la dinastía reinante de los meroveos —descendientes de Clodoveo— se había vuelto débil y maleable. El papa Gregorio III, necesitado de protección contra los lombardos que amenazaban a Roma, acudió a Carlos Martel, y el prestigio militar de los francos detuvo el avance lombardo. Esto llevó a una alianza entre Carlos Martel y su decendencia, por una parte, y el papado por otra. En el 752 Pipino, hijo de Carlos Martel, depuso al último rey meroveo y fue coronado por orden del papa. Por fin, en el 800, uno de los hijos de Pipino —

conocido como Carlomagno, es decir, Carlos el Grande— fue coronado emperador por el papa León III. Puesto que Carlomagno derrotó a los lombardos y se declaró su rey, su poder cubría casi toda la cristiandad occidental. Las principales excepciones eran la Gran Bretaña y aquellas regiones de España donde no llegaba el dominio musulmán.

Pronto Carlomagno se lanzó a la conquista y conversión forzada de sus vecinos, los sajones. Tras larga lucha y feroz resistencia, logró sus propósitos entre ellos —a tal punto que poco después los sajones mismos estaban forzando a sus vecinos frisones a convertirse también.

Durante el reinado de Carlomagno, y por un breve período tras su muerte, se produjo en renacimiento intelectual. Carlomagno hizo venir al erudito Alcuino de York para que reorganizara la educación, y al español Teodulfo para que fuera obispo de Orleans y comenzara a reformar la iglesia contra la corrupción y la ignorancia. Al benedictino Benito de Aniano le confió la reforma de la vida monástica, que también había decaído notablemente. Estas reformas continuaron y hasta cobraron nuevo impulso bajo el hijo y sucesor de Carlomagno, Ludovico Pío, y en menor grado bajo otros de sus sucesores.

Pero pronto el poderío carolingio decayó, y el feudalismo se esparció por toda Europa occidental.

El renacimiento carolingio duró poco. La costumbre de los francos, según la cual los territorios se dividían entre los hijos, rápidamente fue desmembrando aquel gran imperio. Las conquistas musulmanas impedían el comercio en el Mediterráneo. Por esa razón el dinero circulaba cada vez menos, y cada lugar tenía que abastecer sus propias necesidades. Esto a su vez hizo que, en lugar del comercio y el dinero, la riqueza se concentrara en la tierra. Puesto que los reyes y otros nobles no tenían muchos otros modos de recompensar a quienes les servían bien, les hacían concesiones de tierra, y quienes recibían tales concesiones se las hacían también a otros. Esas concesiones de tierras, al principio personales, pronto se volvieron hereditarias, y así se creó una clase aristocrática poseedora de tierras, los señores feudales, y otra clase de siervos cada vez más atados a la tierra en que habían nacido, como si fueran propiedad del dueño de la tierra. Este orden social se conoce como "feudalismo". En él, los señores feudales recibían el "homenaje" o rito de sumisión de sus vasallos, y ellos mismos les rendían homenaje a sus propios señores.

Las complejidades del sistema feudal eran intrincadas, pues un señor podía ser vasallo de otro según ciertas propiedades, pero según otras podía al mismo tiempo ser vasallo de un tercer señor. Puesto que cada señor cobraba impuestos por los productos que pasaban por sus tierras, y puesto que las guerras entre señores feudales eran casi constantes, el comercio se restringió todavía más. La iglesia trató de imponer cierto orden, dictando cuándo se podía pelear y lo que se podía hacer con los no combatientes. Pero esto hizo poco para evitar las constantes guerras y rapiñas.

Para colmo de males, la decadencia del imperio de los francos abrió las puertas para nuevas invasiones: los magiares provenientes del este, y los escandinavos del norte. Las tropelías de los magiares hacían recordar las de los hunos, y por eso se les llamó "húngaros". Saqueaban casas, monasterios, ciudades e iglesias. Por fin se establecieron en lo que hoy es Hungría, pero desde allí siguieron incursionando hacia los territorios vecinos.

Mucho peores fueron los escandinavos, a quienes, por venir del norte, se les dio el nombre de "normandos". Al principio los normandos se limitaros a las costas de Inglaterra y del norte de Europa, donde frecuentemente atacaban monasterios en busca de botín. Pero se fueron aventurando cada vez más lejos. En el año 845, remontando el Sena, llegaron hasta París y la saquearon. Después comenzaron a conquistar territorios y asentarse en ellos —al punto que el rey Canuto, de origen danés, llegó a dominar Dinamarca, Suecia, Noruega e Inglaterra. Además, dándole vuelta a España, cruzaron el estrecho de Gibraltar, y crearon un reino normando en Sicilia y el sur de Italia. Estos normandos eran paganos, pero poco a poco se fueron convirtiendo, o bien porque se acomodaban a las costumbres de quienes habían conquistado, o bien porque alguno de sus reyes decidía aceptar el bautismo y el resto de la población le seguía. Pero a pesar de ello, sus invasiones contribuyeron a sumir la Europa occidental en el caos.

En cuanto al papado, tras su punto culminante con Gregorio el Grande comenzó a decaer, aunque no tan rápidamente como el imperio de los carolingios. A mediados del siglo XI su prestigio había disminuido a tal punto que existía un clamor general por una reforma en el papado mismo.

Los primeros papas después del desmembramiento del imperio carolingio pudieron usar de su autoridad y prestigio para producir cierta medida de orden. Pero pronto la corrupción se posesionó del papado, que vino a ser juguete de las familias poderosas de Roma que se lo disputaban. Hubo papas envenenados, muertos a golpes y hechos prisioneros por sus sucesores. La famosa Marozia, representante de una de las familias poderosas en Roma, fue amante de Sergio III, hizo sofocar a Juan X, fue la madre (con Sergio III) de Juan XI, abuela de Juan XII y tía de Juan XIII. Aunque por algún tiempo el emperador Otón III logró establecer cierta medida de orden, la familia de Marozia volvió al poder, hasta que otra familia romana les arrebató el papado.

Por fin, hastiado de tanto desorden y corrupción, el emperador Enrique III de Alemania decidió intervenir. Tras el pontificado moderadamente positivo de algunos de sus candidatos, Enrique le ofreció el trono pontificio al obispo Bruno de Tula, quien se negó a aceptarlo hasta que el pueblo romano le eligiera. Esto marcó el inicio de una nueva etapa en la vida de la iglesia.

Capítulo 4
La alta Edad Media o "era de los altos ideales"
(desde mediados del siglo XI hasta que comienza la decadencia del papado, en el 1303)

A mediados del siglo XI comenzó un esfuerzo reformador que se había ido gestando y anunciando por algún tiempo en algunos círculos monásticos, particularmente en torno a la abadía de Cluny.

Aun en medio de las tinieblas y desórdenes de los siglos noveno y décimo, hubo siempre personas que buscaban vivir la fe cristiana con mayor determinación que el común de los fieles, y que por tanto se retiraban a la vida monástica. Pero también la vida monástica sufría los embates de aquellos tiempos: Los monasterios, frecuentemente fundados en tierras señoriales, quedaban supeditados a los deseos de su patrono señorial y de sus herederos, o si no a los obispos de la localidad, y así quedaban sujetos a las vicisitudes de la fe y la vida de sus patronos. Los invasores normandos habían introducido la costumbre de la primogenitura, con el resultado de que muchos nobles proveían para sus hijos menores haciéndoles entrar a un monasterio. En medio de todo eso, se creó un monasterio en Cluny cuya acta de fundación buscaba evitar tales fuentes de corrupción. El duque donante de las tierras para el monasterio se las otorgó a santos Pedro y Pablo, y nombró al papa como administrador de ese patrimonio apostólico. Pero al mismo tiempo se estipulaba que el papa era solamente un administrador, y que por tanto no podía posesionarse del monasterio y sus tierras, ni tampoco venderlos. Además, el duque hizo nombrar abad a un monje venerado por su sabiduría y santidad. A este le sucedieron otros cinco abades igualmente dedicados y tan longevos, que por doscientos años el monasterio no tuvo sino estos seis abades.

Cluny fue el centro de una gran reforma monástica que en sus inicios se dedicó a restaurar la obediencia a la Regla de San Benito. Cuando otros monasterios les pedían a los abades de Cluny que les ayudaran a reformarse, quedaban supeditados al abad de Cluny, quien entonces nombraba priores para encabezar esos otros monasterios.

Aunque la reforma cluniacense perdió su ímpetu en el siglo XI, fue de ella que surgió la gran reforma papal de ese siglo, y por tanto Cluny dejó su huella en la vida de toda la iglesia.

Con el correr del tiempo el propio monaquismo cluniacense iría decayendo, y por tanto fueron necesarias otras reformas dentro del monaquismo, de las cuales la más notable es la cisterciense, cuyo más famoso monje fue Bernardo de Claraval.

Siguiendo las directrices de San Benito, los primeros cluniacenses combinaban el trabajo físico con la oración. Pero poco a poco su énfasis fue recayendo más sobre los ocho períodos de oración, que se fueron prolongando en tal medida que, además de las oraciones mismas y de otras lecturas bíblicas, cada semana se cantaban al menos ciento treinta y ocho salmos. Todo esto dejaba cada vez menos tiempo para el trabajo físico, que se fue colocando en manos de sirvientes, mientras los monjes se dedicaban al culto divino, cada vez más complicado y ostentoso. Todo esto llevó a la necesidad de nuevas reformas monásticas, de las cuales la más importante fue la cisterciense, surgida en el siglo XII.

Esa reforma toma su nombre de su primer y más famoso monasterio, el de Cistercio o Cîteaux, que hacia fines del siglo XI había comenzado una reforma semejante a la de Cluny. Pero su más famoso monje, y el que le dio auge al movimiento cisterciense, fue Bernardo, quien se presentó en Cistercio con un número de reclutas y luego fue enviado por el abad de Cistercio a fundar un monasterio en Claraval —por lo que se le conoce como Bernardo de Claraval o sencillamente San Bernardo. Aunque fue siempre fiel a su vocación monástica, y se dedicó sobre todo a la contemplación de la humanidad de Cristo y sus sufrimientos, Bernardo fue también reformador de la iglesia, consejero de papas, uno de los más famosos predicadores de su tiempo y, como veremos más adelante, el gran promotor de la segunda cruzada.

Pero, aun cuando después comenzara a decaer en su celo, el monaquismo cluniacense fue el principal ímpetu que llevó a la reforma del papado, y a los esfuerzos de varios papas por reformar la iglesia toda, particularmente su jerarquía. Punto principal de esa reforma fue combatir la simonía —la compra y venta de cargos eclesiásticos. Pero además aquellos papas reformadores tomaban la vida monástica por modelo, y por ello su ideal era el celibato de todo el clero.

Al terminar el capítulo anterior, dejamos a Bruno marchando hacia Roma por orden imperial, pero negándose a declararse papa hasta tanto el pueblo romano no le aclamara como tal. Bruno iba acompañado de dos monjes inspirados por las reformas de Cluny, Humberto e Hildebrando —quien más tarde sería el papa Gregorio VII.

Aquel grupo se acercaba a Roma con el empeño de reformar la iglesia en su totalidad, eliminando la corrupción que entonces reinaba. Para ellos, la peor forma de corrupción era la simonía, así llamada en memoria de Simón Mago, quien quiso comprar el poder del Espíritu Santo, y que consistía en la compra y venta de cargos eclesiásticos. Esto se había vuelto práctica común en todos los niveles de la jerarquía, de tal modo que parecía que todos los cargos estaban a la venta, y que quienes los compraban lo hacían como negociantes en busca de mayores ingresos.

Pero además aquel grupo de reformadores tenía sueños más elevados. Formados todos ellos bajo el ala del monaquismo, su ideal reformador consistía en llevar a toda la jerarquía, desde los obispos hasta los sacerdotes, a una vida semejante a la de los monjes. Esto requería la obediencia, y por ello la reforma del siglo XI tuvo un fuerte énfasis centralizador, en el que todos debían supeditarse al papa y obedecerle. Y requería también la pobreza, razón por la cual los reformadores tomaron fuertes medidas para limitar el lujo y ostentación por parte de los prelados de la iglesia. Pero, al igual que la pobreza benedictina no requería la pobreza de los monasterios, esta nueva reforma tampoco requería la pobreza de la iglesia, sino solamente la de sus dirigentes. (Algunos historiadores señalan que esta fue una de las razones por las que la reforma del siglo XI no perduró, pues las riquezas de la iglesia seguían siendo codiciables, lo cual hizo que muchos buscaran cargos eclesiásticos con el propósito de tener acceso a ellas.)

Pero el elemento de aquella reforma que más debates causó, y más consecuencias tuvo, fue la insistencia en el celibato eclesiástico. Aunque por largo tiempo se había considerado la vida célibe como particularmente santa, esta era obligatoria solamente para los monjes y obispos, pero no para la totalidad del clero, de modo que cuando aquellos reformadores llegaron al poder había muchos sacerdotes casados y con familia. Pero el ideal monástico requería la vida célibe, y los papas que dirigieron aquella reforma estaban convencidos de que un sacerdocio digno debía ser célibe. Esto causó enormes sufrimientos, y también resultó en el aumento del concubinato por parte de sacerdotes que ahora no podían tener esposas legítimas.

Por otra parte, si fue la cuestión del celibato la que más de cerca tocó a la población común, igualmente importantes para el papado fueron sus conflictos con el imperio, sobre los que volveremos más adelante.

Entre aquellos papas los más notables fueron León IX, con quien la reforma cobró nuevo ímpetu, y Gregorio VII, el más poderoso papa de ese siglo, quien fue campeón del celibato eclesiástico.

Bruno de Toul llegó a Roma descalzo, humildemente vestido, y en calidad de peregrino. Allí el pueblo le aclamó como papa, y Bruno tomó el nombre de León IX. Entre sus principales consejeros estaban los monjes Hildebrando, Humberto y Pedro Damiano —monje famoso por su santidad y bondad a quien León invitó a ayudar en las tareas reformadoras. León comenzó por reformar la vida de la iglesia en los estados papales, y luego en las regiones vecinas. Pero además emprendió una serie de viajes con el propósito de reformar la iglesia en otras zonas. Así, fue primero a Alemania, donde reinaba el mismo emperador Enrique III que le había ofrecido la tiara papal. Allí hizo uso de su autoridad, primero, para someter a un noble que se había rebelado contra el emperador; y, luego, para instar al emperador a perdonarle la vida al rebelde. Luego fue a Francia, donde convocó un concilio que depuso a los prelados claramente culpables de simonía. Por fin, contra el consejo de Pedro Damiano y otros, decidió hacerles la guerra a los normandos que, procedentes del sur de Italia, amenazaban los territorios papales. Pero los normandos vencieron, e hicieron al papa prisionero. Algún tiempo antes, había enviado como embajador ante Constantinopla a su consejero Humberto, hombre fogoso de espíritu y fanático, y por tanto no hábil diplomático. Las diferencias que siempre habían existido entre la iglesia oriental y la occidental se agravaron. Tras intercambiar insultos con el patriarca Miguel Cerulario, Humberto le excomulgó a nombre del papa — quien había muerto poco antes— y con ello el cisma entre la iglesia oriental y la occidental quedó sellado. Era el año 1054.

Los primeros sucesores de León, Víctor II y Esteban IX, continuaron las reformas de León. Durante el pontificado de Esteban, el pueblo de varias ciudades, inspirado por la insistencia de los papas en el celibato eclesiástico, tomó el asunto en sus manos, asaltando y maltratando a los sacerdotes casados y a sus esposas y familias, en lo que se llamó el movimiento o rebelión de los "patares" o "patarines". Aunque Esteban tomó medidas contra los patares, siguió promoviendo el celibato eclesiástico.

A la muerte de Esteban las poderosas familias romanas se posesionaron de nuevo del papado, nombrando a Benedicto X. Pero Hildebrando hizo toda una serie de gestiones con las autoridades tanto políticas como eclesiásticas, y logró que los cardenales se reunieran y depusieran a Benedicto. Esto hizo que el próximo papa reformador, Nicolás II, tomara medidas para asegurarse de que el papado no quedara ya en manos ni de las familias pudientes ni del pueblo general en Roma. Con ese propósito convocó el Segundo Concilio Laterano, que se reunió en el 1059 y estableció el sistema de elección por los cardenales que, con algunos ajustes, continúa vigente hasta hoy. Nicolás también estableció una alianza con los normandos del sur de Italia —los mismos contra quienes antes León IX había guerreado— y esa alianza le dio al papado cierta libertad frente al poder imperial, que hasta entonces había sido su principal sostén.

Aunque a la muerte de Nicolás hubo otro intento por parte de los magnates de Roma de apoderarse del papado, Hildebrando intervino una vez más, y Alejandro II vino a ocupar el pontificado. Alejandro continuó las políticas de sus predecesores, aunque se mostró cada vez más renuente a detener los excesos de los patares.

El movimiento reformador llegó a su punto culminante bajo el régimen de Hildebrando, quien había sido el principal consejero de los papas, y ahora tomó el título de Gregorio VII. Ahora que ocupaba el papado se dedicó con ahínco a llevar las políticas de sus predecesores hasta sus últimas consecuencias, centralizando el poder dentro de la iglesia de tal modo que esta viniera a ser "un solo rebaño con un solo pastor", y al mismo tiempo dando pasos decisivos contra el matrimonio de los clérigos y contra la simonía. En el 1074 reunió un concilio en Roma que definitivamente prohibió ambas cosas; y entonces se lanzó a hacer cumplir los decretos del concilio.

Fue así que por fin se impuso el celibato eclesiástico como ley universal. A partir de entonces, el matrimonio de un clérigo no difería del concubinato, y por tanto era pecado. Esto trajo grandes sufrimientos, particularmente entre los curas párrocos y el clero bajo. En lugares en los que por alguna razón el cura no era popular, el movimiento de los patares cobró fuerza, sin que las autoridades pretendieran detenerlo. Los hogares de los sacerdotes se vieron invadidos, y sus esposas e hijos fueron humillados, sacados a la calle sin medio alguno de sustento, y frecuentemente maltratados físicamente. Gregorio hizo poco para detener tales excesos. A partir de entonces, el celibato eclesiástico sería ley —al mismo tiempo que, como era de esperarse, el concubinato eclesiástico también se hizo más común.

En cuanto a la simonía, Gregorio tomó fuertes medidas para ponerle fin. No contento con condenarla, Gregorio les prohibió a los creyentes recibir sacramentos administrados por sacerdotes simoníacos, y nombró legados que debían viajar determinando quiénes eran simoníacos, para que fuesen depuestos. Aunque esto detuvo la simonía en cierta medida, también le dificultó al pueblo asistir a los sacramentos, pues en algunos casos no tenían más opción que recibirlos de simoníacos.

Aunque al principio aquella reforma contó con el apoyo de las autoridades imperiales, pronto surgieron conflictos, sobre todo en lo referente a la elección e investidura de los obispos. Los emperadores insistían en su derecho de investidura, argumentando que los obispos eran también poderosos señores feudales, y que el emperador tenía que asegurarse de su lealtad. Por su parte, los papas reformadores veían en la investidura laica —es decir, en la investidura recibida de manos del emperador, de los reyes, o de sus representantes— una forma sutil de simonía, pues en fin de cuentas los obispos compraban sus cargos sobre la base de su lealtad al emperador, y no a Jesucristo ni a la iglesia.

Hubo muchos conflictos de esta índole, pero los más notables tuvieron lugar entre Gregorio VII y Enrique IV, entre Urbano II y el mismo Enrique, y entre Pascual II y Enrique IV y V. Por fin se llegó a un acuerdo conocido como el Concordato de Worms.

Las raíces del conflicto estaban en la función doble de los obispos como grandes señores feudales y a la vez como líderes de la iglesia. Por ser los obispos grandes señores feudales, los emperadores tenían que asegurarse de que ante todo les fueran fieles a ellos. Pero, por ser los obispos también pastores del rebaño, los papas tenían que asegurarse de que le eran fieles a él, y sobre todo de que apoyarían las políticas reformadoras del papado. Gregorio no tenía gran interés en intervenir en las investiduras de los obispos en territorios cuyos gobernantes claramente apoyaban sus reformas. Era sobre este punto que Gregorio tenía dudas respecto al emperador Enrique IV, pues algunos de sus nombramientos de prelados parecían tener fines políticos más bien que religiosos.

El conflicto estalló cuando los patares de Milán cometieron tantas tropelías que muchos sacerdotes tuvieron que abandonar la ciudad y refugiarse bajo el ala imperial. Puesto que los patares apoyaban el celibato, tanto Gregorio como el obispo de Milán les dejaban hacer. Esto llevó a Enrique a declarar depuesto al obispo, y nombrar otro en su lugar. Gregorio se enfureció, y siguió una serie de conflictos y amenazas de parte y parte que culminaron en el veredicto papal de que el Emperador quedaba excomulgado y sus tierras en entredicho, y además le deponía del gobierno, y declaraba libres de sus juramentos a todos los que le debían lealtad.

Puesto que el Emperador tenía enemigos entre sus súbditos, y estos tomaban el decreto papal como excusa para rebelarse contra él, no le quedó otro remedio que acudir arrepentido ante Gregorio y pedirle perdón. Cruzó los alpes, y por fin llegó a la ciudad de Canosa, donde el Papa estaba a la sazón. Pero Gregorio no le abrió las puertas del castillo sino después que Enrique pasó varios días humillado a la puerta. Por fin se entrevistaron, el Papa declaró absuelto al Emperador arrepentido, y le restituyó a todos sus cargos.

Al parecer, Gregorio había triunfado. Al regresar a Alemania, Enrique tuvo que enfrentarse a una rebelión cuyos líderes habían sido alentados por el decreto de Gregorio. Este se negó a intervenir, y por fin volvió a excomulgar a Enrique. Pero esta nueva excomunión no tuvo el resultado apetecido, pues ahora no parecía haber razón para ella. Enrique derrotó a los rebeldes y entró en Roma, donde el Papa tuvo que refugiarse en el castillo de San Ángel. No le quedó a Gregorio otro camino que apelar a los normandos, quienes hicieron que Enrique se retirara, pero ellos mismos entraron en la ciudad saqueándola cruelmente. Los romanos, quienes le habían defendido valientemente contra Enrique, ahora se tornaron contra él, y Gregorio se retiró a Monte casino y luego a Salerno, donde murió decepcionado por el resultado de sus esfuerzos reformadores.

Tales conflictos entre el pontificado y el imperio continuaron bajo los sucesores de Gregorio y de Enrique, hasta que, cansados de sus constantes conflictos, ambas partes llegaron al Concordato de Worms. Este acuerdo, firmado en el 1122, estipulaba que la investidura de los obispos como pastores de la iglesia sería hecha por el poder eclesiástico, entregándoles a los obispos los símbolos de su oficio pastoral; pero el acto de otorgarles privilegios y posesiones feudales, simbolizado mediante la entrega del cetro, quedaría en manos del Emperador o sus representantes.

Así terminó aquel período borrascoso de reformas y de conflictos. A pesar de todo, la reforma en cuanto al celibato eclesiástico se impuso, y por algún tiempo la simonía —al menos en sus formas más extremas— fue desapareciendo progresivamente. Al mismo tiempo, el poder papal se acrecentaba, como veremos más adelante.

Fue por el mismo tiempo que las cruzadas comenzaron. La primera fue convocada por Urbano II y —aunque bastante mal organizada— fue la única que tuvo notables logros militares y políticos. La cuarta fue desastrosa, pues en lugar de atacar a los musulmanes en Tierra Santa tomó y saqueó la ciudad de Constantinopla, cristiana y capital del Imperio Bizantino.

Hacia fines del siglo XI, cuando reinaba el papa Urbano II, le llegó del Emperador de Constantinopla una urgente petición de ayuda contra los turcos que amenazaban sus territorios. La respuesta de Urbano fue convocar a lo que después se llamó la Primera Cruzada. En el Concilio de Clermont, en Francia, en el año 1095, el Papa hizo un llamado emotivo a retomar los lugares santos de manos infieles, y prometió que quien muriera en la empresa iría directamente al cielo, sin pasar por el purgatorio —en otras palabras, les ofreció una indulgencia plenaria. Al grito de "¡Dios lo quiere!" los presentes manifestaron su apoyo entusiasta, y pronto una fiebre de cruzada se esparció por toda Europa occidental.

El plan del Papa había sido que se organizara una expedición militar dirigida por los nobles, pero la respuesta popular fue tal que millares de personas desposeídas se lanzaron a la empresa. A esto contribuyó la predicación de Pedro el Ermitaño, quien iba de un lugar a otro anunciando la cruzada. El resultado fue que pronto, antes que los nobles y los militares estuvieran listos, hubo una multitud dispuesta a partir para Tierra Santa guiada por Pedro el Ermitaño, buena parte de ella sin otras armas que su fe. Aquella cruzada popular cruzó Alemania y Hungría y, puesto que necesitaban de provisiones y las tomaban de cuantos encontraban a su paso, pronto aquellos cruzados tuvieron que pelear, no contra los musulmanes, sino contra otros cristianos que defendían sus bienes. Algunos, quizá pensando que con ello practicaban para la guerra contra los musulmanes, produjeron matanzas entre los judíos que encontraban a su paso. Como resultado de todo esto, aquel enorme ejército informe se fue deshaciendo, y Pedro el Ermitaño perdió mucho de su prestigio. Cuando por fin los restos de aquella cruzada popular llegaron a territorio bizantino, el Emperador no les dejó entrar en su capital, y les aconsejó que esperaran a los soldados profesionales antes de adentrarse en territorio turco. Algo parecido sucedió con varias otros grupos de cruzados en entre el pueblo común, la mayoría de los cuales se desbandó antes de llegar a su supuesto destino.

Por fin los ejércitos mejor organizados empezaron a llegar a Constantinopla, y organizaron la marcha hacia los territorios turcos al otro lado del Bósforo. Allí se les unieron los pocos restos de la cruzada de Pedro el Ermitaño y, tras sitiar a Nicea —que se rindió a los bizantinos antes que someterse al saqueo de los cruzados— siguieron camino a Antioquía. A pesar de notables victorias militares, el terreno era difícil, y las bajas entre los cruzados notables. Además, había serias desavenencias entre los cruzados, con el resultado de que un fuerte contingente se abandonó la marcha hacia Antioquía y fue a establecer el condado de Edesa —en Armenia. Tras muchas vicisitudes y muertes, los cruzados por fin tomaron a Antioquía, excepto la ciudadela central, pero casi inmediatamente otro ejército turco les puso cerco, de modo que ahora los cruzados tenían enemigos tanto en el centro de la ciudad como en un cerco que les rodeaba por fuera. La situación era crítica cuando alguien dijo que en una visión se le había dicho dónde estaba la Santa Lanza que hirió el costado del Salvador. Cavando allí, los cruzados encontraron una lanza, y fue tan frenético su entusiasmo y su fervor que pudieron desbandar al ejército que les rodeaba y tomar la ciudad. Allí el baño de sangre a manos de los supuestos soldados de Jesús fue terrible.

Por fin los cruzados llegaron a Jerusalén, que estaba bien preparada para su defensa, y fue solo su fervor fanático lo que les permitió tomar la ciudad antes que llegara otro ejército que marchaba para impedirlo. Una vez más, hubo un baño de sangre tal que cuando por fin terminó no había suficientes sobrevivientes entre los conquistados para enterrar a los muertos.

Entonces los cruzados organizaron los territorios conquistados siguiendo el patrón del feudalismo europeo. Así resultó que hubo un Rey de Jerusalén entre cuyos vasallos se encontraban —al menos en teoría— el príncipe de Antioquía y los condes de Edesa y de Trípoli.

El éxito de aquella empresa llenó de júbilo a los cristianos occidentales, y le dio tal ímpetu al ideal de la cruzada que perduraría por varios siglos, a pesar de repetidos fracasos. Lo que pocos tenían en cuenta era que ese éxito se debió, además del fervor fanático de los cruzados, a que los musulmanes estaban también peleando entre sí. Los fatimitas de Egipto eran quienes gobernaban en Jerusalén, mientras los territorios turcos estaban más al norte, en Antioquía y sus alrededores. Luego, los fatimitas se gozaron de las victorias de los cruzados sobre los turcos, y no acudieron a apoyar a sus correligionarios. Y cuando los cruzados atacaron a las fatimitas que gobernaban en Jerusalén, los turcos hicieron lo propio.

Por largo tiempo las cruzadas fueron una realidad constante, pero se acostumbra darles números a las empresas más notables dentro de esa realidad. Así, la Segunda Cruzada, predicada entro otros por Bernardo de Claraval, se organizó en respuesta a la caída de Edesa, tomada por los turcos en el 1144. Pero aquella empresa resultó en una serie de desastres militares. En el 1187, ochenta y ocho años después de la fundación del Reino de Jerusalén, su capital fue tomada por Saladino, sultán de Egipto. Esto motivó la Tercera Cruzada, dirigida por el emperador Federico Barbarroja, el rey de Inglaterra Ricardo Corazón de León y el de Francia, Felipe II Augusto. Su único logro militar, en medio de múltiples desastres, fue la toma de San Juan de Acre. En el campo de la diplomacia, sin embargo, el rey Ricardo alcanzó dos victorias notables: Saladino decretó un salvoconducto para los peregrinos cristianos camino a Jerusalén, y además le cedió la isla de Chipre al destronado Rey de Jerusalén.

La Cuarta Cruzada fue un desastre aun mayor. Debido a una serie de intrigas, en el 1204 los cruzados, en lugar de luchar contra los musulmanes, tomaron y saquearon la ciudad cristiana de Constantinopla, depusieron a su emperador, y nombraron a otro de origen occidental en su lugar. El papa Inocencio III, quien reinaba a la sazón, primero lamentó lo sucedido, pero después creyó ver en ello una acción providencial de Dios, quien por ese medio había unido a la cristiandad como un solo rebaño con un solo pastor —Inocencio mismo. Este Imperio Latino de Constantinopla nunca fue aceptado por los griegos, quienes organizaron un imperio rival en Nicea hasta que pudieron reconquistar a Constantinopla en el 1261.

Después de la cuarta, hubo al menos otras cuatro cruzadas, todas ellas de menor importancia y con escasos resultados.

Pero, a pesar de su fracaso, el ideal de las cruzadas continuó vivo por largo tiempo, y puede verse tanto en la Reconquista española como en la conquista de América por los españoles.

Uno de los extraños resultados de las cruzadas fueron las órdenes militares, constituidas por soldados que eran a la vez monjes. Entre esas órdenes se cuentan los templarios, los hospitalarios y los caballeros teutónicos. Algunas de esas órdenes —particularmente los teutónicos en el Báltico— se dedicaron a cristianizar paganos a la fuerza, tomando sus tierras o haciendo de ellos su súbditos.

Cuando, en el mismo siglo XIII, doctrinas de tendencias gnósticas y maniqueas llegaron a Europa traídas por los cruzados, y resultaron en el movimiento de los "albigenses" del sur de Francia, Inocencio III promulgó contra ellos una gran cruzada —y esta también resultó en muerte, rapiñas y saqueos. Al mismo tiempo, las guerras que siempre habían existido entre los diversos reinos y territorios en la Península Ibérica tomaron ahora matices de cruzada en lo que se llamó la Reconquista. Hasta esa fecha, aunque los territorios cristianos del norte habían ido creciendo, mientras los de los moros decrecían, la religión no tuvo un papel importante en esas guerras. Pero ahora, transportado a España, el ideal de las cruzadas resultó en el mito y el espíritu de la Reconquista, según el cual toda la historia de España desde la invasión de los moros había sido una larga lucha por parte de los cristianos por reconquistar el territorio perdido y echar fuera a los musulmanes. Y ese ideal de la Reconquista, que no era sino una versión nacionalista española del ideal de las cruzadas, fue parte del impulso y la justificación de los conquistadores que en el siglo XVI invadieron el Hemisferio Occidental.

Pero la principal consecuencia de las cruzadas —consecuencia que se siente fuertemente hasta el presente— fue el recrudecimiento de las sospechas y del odio entre cristianos y musulmanes. Las tierras que el islam había conquistado por la violencia ahora los cristianos trataron de tomar de nuevo por el mismo medio. En España, donde moros, cristianos y judíos habían vivido en relativa paz, la religión se volvió barrera, y la intolerancia se impuso.

En parte como resultado de las cruzadas y del comercio que abrieron, la economía monetaria comenzó a florecer.

Las cruzadas promovieron el contacto con nuevos mercados, y les dieron a conocer artículos de lujo a las clases pudientes de Europa. Esto hizo que, en lugar de que cada cual intentase producir todo lo que necesitaba, la producción comenzara a especializarse según las ventajas que cada lugar o región tenía. Así fue resurgiendo una economía monetaria en lugar de la economía de trueque que había predominado durante la "era de las tinieblas". En consecuencia las ciudades, muchas de las cuales habían quedado apenas pobladas, comenzaron a crecer de nuevo, pues allí se congregaban mercaderes, artesanos, personas dedicadas al transporte de mercancías, y muchos otros. Así, mientras antes era poco lo que se producía más allá de lo necesario, ahora comenzó a haber una producción extra que se convertía en riqueza disponible para mayor desarrollo económico.

En cierta medida, fue en protesta contra esa economía que surgieron las órdenes mendicantes —es decir, órdenes de frailes que se negaban a vivir de los negocios de la economía monetaria, y se sustentaban de los alimentos y limosnas que recibían de los fieles.

La economía monetaria, al tiempo que mejoró el nivel de vida de muchos, también llevó a la despersonalización de las relaciones que la anterior economía de trueque requería y fomentaba. Pero aun más, permitió una acumulación de riquezas que era mucho más difícil cuando la única fuente de riqueza era la tierra. Muchos de los poseedores de tales riquezas eran comerciantes que vivían en las ciudades o burgos, y por esa razón se les dio el nombre de "burgueses". Por sus propios intereses mercantiles, los burgueses preferían el gobierno centralizado de los reyes y otros grandes señores, pues el sistema feudal dificultaba el comercio y el transporte de mercancías. Luego, la burguesía pronto vino a ser aliada de las monarquías contra las pretensiones y los privilegios de la vieja aristocracia señorial de la tierra.

Las dos grandes órdenes mendicantes fueron los franciscanos y los dominicos. Los franciscanos, fundados por San Francisco de Asís, se dedicaron a la predicación, y su fundador requería una pobreza absoluta. Pero la orden fue cambiando de carácter y pronto, además de tener propiedades, algunos franciscanos fueron famosos profesores universitarios.

Las nuevas condiciones económicas y sociales llevaron a muchos a soñar con el ideal de la "pobreza evangélica", es decir, de una vida despojada de los afanes y las tentaciones de las riquezas, y dedicada al amor, loa contemplación y el servicio. Uno de los primeros en crear un movimiento sobre la base de ese ideal fue Pedro Valdo, a quien las autoridades eclesiásticas excomulgaron, y de quien se deriva la Iglesia Valdense.

Mucho mayor fue el impacto de un joven italiano de la ciudad de Asís cuyo nombre era Juan (Giovanni). Su padre era comerciante, y Juan estaba tan interesado en todo lo que viniera de Francia que sus amigos le pusieron el apodo de Francesco —o Francisco. Conocido hoy como San Francisco de Asís, aquel joven estaban tan enamorado de la pobreza evangélica que un día les declaró a sus compañeros que se había casado con "la señora Pobreza". Renunció dramáticamente a los bienes de su padre, huyó a la soledad, y se dedicó a reconstruir una capilla dilapidada. Pero al escuchar el llamado de Jesús a ir y predicar, regresó a Asís, donde su predicación resultó en una banda de seguidores dedicados a la pobreza. Con una docena de ellos fue a Roma, donde, tras cierta vacilación, Inocencio III refrendó sus actividades.

De todo esto resultó la Orden de los Hermanos Menores, comúnmente conocida como los franciscanos. El crecimiento de la orden fue sorprendente, y pronto contó con millares de miembros. Siguiendo el impulso misionero de su fundador, los franciscanos se esparcieron por todo el mundo, pronto llegando hasta China. Más tarde contribuyeron enormemente a la cristianización de América.

Pero en el proceso mismo de aumentar en número y en influencia los franciscanos también fueron cambiando. El ideal de San Francisco de la pobreza absoluta se mitigó, y a la postre la orden llegó a poseer conventos y tierras. Esto causó serias divisiones dentro de la orden cuando muchos de quienes más insistían en la pobreza absoluta abrazaron las teorías antes propuestas por Joaquín de Fiore (o de Flora), quien había anunciado que el mundo estaba en la "era del Hijo", y que en el 1260 comenzaría la "era del Espíritu", caracterizada por la vida sencilla. Estos franciscanos extremos o "espirituales" anunciaban que la iglesia y sus líderes pertenecían a la vieja era del Hijo y quedarían rezagados. Esto llevó a su expulsión de la orden y al encarcelamiento de algunos de los principales entre ellos. En el entretanto, los franciscanos se habían establecido como profesores en las universidades. De estos el más famoso es Buenaventura, profesor en la Universidad de París poco después de la fundación de la orden, y ministro general de la orden a quien frecuentemente se llama su segundo fundador —en parte porque logró superar la crisis creada por los espirituales.

Los dominicos, fundados por Santo Domingo de Guzmán, tenían el propósito de combatir las herejías, sobre todo la de los albigenses, que eran numerosos en el sur de Francia, y por tanto para ellos el estudio era importante. Pronto ellos también se establecieron en las universidades.

Domingo, de origen español, visitó el sur de Francia en el 1203, y allí vio tanto el auge de los albigenses como la violencia con que se trataba de forzarles a abandonar su herejía. Mejor le parecía el método de predicarles con sencillez y sabiduría, al tiempo que se les daba ejemplo de vida sencilla. Esto último era importante, pues uno de las principales argumentos de los albigenses era la vida fácil y hasta lujosa de la jerarquía católica. Por eso Domingo abrazó el ideal de la pobreza, y organizó predicadores y maestros que iban de un lugar a otro tratando de convertir a los albigenses. El papa Inocencio III le autorizó para organizar a sus seguidores en una Orden de Predicadores, hoy comúnmente conocida como los dominicos.

Puesto que desde sus inicios los dominicos tenían el propósito de persuadir a los herejes y otros contrincantes mediante el argumento racional, para ellos el estudio siempre fue importante. Al igual que los franciscanos, pero con un propósito más claro, ellos también se establecieron en las universidades, donde tuvieron famosos profesores. El más importante de entre estos fue Santo Tomás de Aquino, quien fue colega de Buenaventura en la Universidad de París.

Irónicamente, los seguidores de Domingo, cuyo propósito había sido refutar la herejía mediante el argumento convincente más bien que mediante la violencia, a la postre ganaron fama de inquisidores estrictos. El más famoso de entre ellos, poco más de dos siglos después del tiempo de Santo Domingo fue fray Tomás de Torquemada.

Al igual que los franciscanos, los dominicos se distinguieron por su labor misionera. En América fundaron numerosos conventos y se contaron entre los misioneros más dedicados. Su gloria en América fue su papel en la defensa de los indios, particularmente por fray Antonio de Montesinos y fray Bartolomé de Las Casas.

La universidades fueron surgiendo de las escuelas catedralicias, y en el siglo XIII llegaron a ser el centro de la actividad teológica.

Durante los primeros siglos de la Edad Media, los pocos centros de estudio que había estaban en los monasterios, en sitios generalmente apartados del bullicio de la vida donde los monjes se podían dedicar a copiar sus manuscritos y a estudiarlos. Pero con el crecimiento de las ciudades surgieron escuelas catedralicias —es decir, escuelas anejas a las catedrales— de modo que la actividad académica y teológica se fue moviendo hacia las ciudades. Allí, normalmente en torno a las escuelas catedralicias, se fundaron gremios de estudiantes y profesores que recibieron el nombre de "universida-des", y que son precursores de nuestras universidades modernas. De ellas las más importantes fueron las de París y Oxford, que vinieron a ser el centro de la actividad teológica.

Fue allí que floreció el escolasticismo, o teología de las escuelas, aunque ese escolasticismo tuvo sus precursores en monjes tales como Anselmo de Canterbury, Abelardo y Pedro Lombardo.

Cuando todavía la vida intelectual se centraba en los monaste-rios, Anselmo, quien llegó a ser arzobispo de Canterbury (año 1093), se distinguió por sus esfuerzos por relacionar la fe con la razón. Como él mismo dijo, lo que buscaba no era "entender para creer", sino más bien "creer para entender". Lo que esto quería decir era que Anselmo no ponía en duda lo que creía, pero buscaba el modo de entenderlo mejor. Esto puede verse en dos de sus obras, ¿Por qué Dios se hizo humano? y Proslogion. En la primera, Anselmo fue quien por primera vez expuso el argumento, hoy común, de que el pecado era una deuda infinita que el ser humano tenía que pagar; pero, como el humano es finito, y la deuda es infi-nita, era necesario que el pago lo hiciera un humano unido al infi-nito, es decir, Dios hecho humano. En la segunda, propuso el muy discutido "argumento ontológico" para probar la existencia de Dios. En breve, ese argumento es que la idea misma de un ser per-fecto incluye su existencia, y que por tanto pensar que no existe es una necedad.

En el próximo siglo, Abelardo escribió un libro muy controver-tido, *Sí y no*, en el que planteaba una pregunta teológica, y luego daba citas de textos bíblicos y de otras autoridades, unas a favor de una respuesta y otras a favor de la respuesta contraria. El impacto de este libro puede verse en el método escolástico por excelencia, en el que se plantea una pregunta y se citan autoridades que pare-cen inclinarse en cada una de dos direcciones contrarias. A esto sigue la respuesta del maestro, conferenciante o comentarista. Y por último se responde a las citas que parecían oponerse a la res-puesta dada —no desautorizando a sus autores, sino interpretán-dolas de tal modo que resulten compatibles con la respuesta dada.

Por la misma época Pedro Lombardo escribió una obra en cuatro libros en que exponía y discutía la doctrina cristiana, las *Sentencias*. Esa obra vino a ser el texto de teología comúnmente usado en las universidades, de modo que casi todos los escolásticos produjeron comentarios a las Sentencias.

Precisamente en esa época, procedentes de los territorios musulmanes de España y de Sicilia, los escritos de Aristóteles despertaron el interés de los intelectuales cristianos, sobre todo porque, al tiempo que parecían racionales, retaban algunas de las ideas fundamentales del cristianismo de inspiración platónica que por largo tiempo había dominado.

Gracias al impacto de Agustín y de otros, la teología occidental se había aliado tradicionalmente al platonismo, que se consideraba la verdadera filosofía. A través de los años, ese platonismo se había ido interpretando de tal modo que resultaba perfectamente compatible con el cristianismo —en parte, porque el cristianismo mismo también se había ido adaptando al platonismo. Ahora, procedente de territorios musulmanes, llegaba una filosofía diferente del platonismo, pero igualmente coherente. Lo que es más, los contactos surgidos de las cruzadas mostraban que había entre los musulmanes conocimientos prácticos —por ejemplo, en matemáticas y en medicina— hasta entonces desconocidos en Europa. Todo esto le daba gran atractivo al aristotelismo.

Pero la obras de Aristóteles también parecían contradecir al cristianismo al menos en dos puntos. El primero de ellos era la eternidad de la materia —es decir, de la llamada "materia informe"— lo cual chocaba con la doctrina cristiana de la creación de la nada. El segundo era la teoría aristotélica que el intelecto es al fin de cuentas uno solo, y que por tanto el alma individual se pierde en ese intelecto único. Esto chocaba con la visión cristiana de la vida tras la muerte. Además, puesto que se leía a Aristóteles a través de los escritos de su gran comentarista, el cordobés Averroes, era difícil distinguir entre lo que era en verdad aristotelismo y lo que era más bien averroísmo.

La mayoría de los teólogos rechazó todas o casi todas las doctrinas de Aristóteles. Algunos las aceptaron a tal extremo que parecían abandonar algunos elementos fundamentales de la fe cristiana.

La oposición a Aristóteles entre los teólogos y las autoridades eclesiásticas fue casi universal. En Paris, Oxford y varios otros lugares se condenaron listas de proposiciones aristotélicas, y se prohibió enseñarlas en las universidades. Poco a poco, sin embargo, hubo un número creciente de teólogos bastante tradicionales que, a pesar de tales prohibiciones, tomaban en cuenta algunos de los argumentos de Aristóteles y los incluían en su pensamiento. Esto fue típico de la escuela franciscana, cuyo principal exponente era Buenaventura.

Pero hubo otros, sobre todo en la Facultad de Artes de la Universidad de París, que salieron en defensa del aristotelismo sobre la base de la independencia que la razón ha de tener para seguir su propio curso sin los dictados de la teología. Estos llamados "averroístas" no rechazaban los doctrinas cristianas, sino que sencillamente seguían su propio camino filosófico, y luego dejaban en manos de los teólogos determinar cuál era la doctrina correcta. Por ello se les acusó de hablar de una "doble verdad", como si hubiera una verdad teológica y otra filosófica.

Unos pocos se propusieron construir una nueva teología que aceptara e hiciera uso de los elementos valiosos en el aristotelismo. El principal entre estos últimos fue Santo Tomás de Aquino.

Estos teólogos, al tiempo que se oponían al averroísmo, veían en el pensamiento de Aristóteles el fundamento para toda una reinterpretación de la teología cristiana, aunque sin negar ni rechazar lo que les había precedido. Quienes primero se distinguieron entre estos fueron Alberto el Grande y su más famoso discípulo, Tomás de Aquino. Tomás, nacido cerca de Nápoles alrededor del año 1224 en medio de una familia aristócrata, decidió abandonar los privilegios de que gozaba y hacer votos de pobreza como dominico. Tras estudiar en Colonia bajo Alberto, se estableció en la Universidad de París, donde llegó a ser uno de los más conocidos y controvertidos profesores. Escribió un gran número de obras, entre las que se destacan sus dos teologías sistemáticas, la Suma contra gentiles y la Suma teológica —obra muchísimo más extensa que no alcanzó a completar.

Según Tomás, hay verdades de razón y verdades de fe. Así, por ejemplo, que dos y dos son cuatro es verdad de razón, para la cual la fe no es necesaria; y la Trinidad es verdad de fe, que no se puede alcanzar mediante la razón. También hay, entre estas dos categorías, verdades que la razón puede alcanzar, pero que son necesarias para la salvación, y que por tanto son también verdades de fe. Tal es el caso de la existencia de Dios, que la razón puede probar, pero que es necesario conocer para la salvación, y que por tanto es accesible también por medio de la fe aun para quienes no son capaces de probarla. De este modo, Tomás podía refutar a los averroístas en cuestiones tales como la eternidad de la materia, sin poner en duda la doctrina cristiana ni su racionalidad.

La grandeza de Santo Tomás se manifiesta en el orden complejo, pero magistral, se su Suma teológica, cuya estructura se ha comparado a la de las grandes catedrales medievales, donde cada piedra tiene su función y todas se equilibran unas a otras.

Pero sobre todo —aunque al principio tuvo fiera oposición hasta dentro de su propia orden dominicana— Tomás es importante porque, al mostrar que el aristotelismo era compatible con la fe cristiana, le abrió el paso a una perspectiva filosófica que estaba más dispuesta que el platonismo a aprender por medio de los sentidos. Luego, mientras hasta entonces se pensaba que lo que los sentidos perciben son distracciones que nos apartan de la contemplación de lo eterno, o son cuando más reflejos oscuros de lo eterno, a partir de Santo Tomás hubo un número creciente de pensadores cristianos para quienes los sentidos y sus observaciones eran fuente valiosa de conocimientos verdaderos. Esa perspectiva se encuentra tras los métodos modernos de la observación y la experimentación, y por tanto puede decirse que fue Tomás quien les abrió paso a las ciencias modernas, y al auge que gracias a ellas tendría la civilización occidental.

También en esos años floreció una nueva arquitectura menos dependiente de la antigua arquitectura romana. Esa nueva arquitectura se conoce hoy como "gótica".

La arquitectura en piedra se basó por largos siglos en el principio del arco. En su esencia, un arco es una serie de piedras cortadas en ángulo, de modo que cada una sostiene a las de más arriba, y el ángulo del corte no permite que las de más arriba se deslicen hacia el suelo. El arco tradicional tenía forma semicircular, y se conoce como "arco de medio punto". Entonces, para construir un techo de piedra, todo lo que hay que hacer es colocar una serie de estos arcos uno tras otro, y lo resultante es una "bóveda de cañón". De ese modo, es posible construir un techo de piedra sin necesidad de cemento. Colocando esa bóveda sobre paredes verticales, se tiene la estructura fundamental de la nave de una iglesia. Pero esos arcos no ejercen solo una presión vertical sobre las paredes, sino también una presión horizontal que tiende a abrirse. Por ello se requiere, además de paredes fuertes y sin ventanas, pesados contrafuertes por fuera del edificio, para evitar que todo se desplome. Tal fue el estilo que se utilizó para la construcción de iglesias durante los primeros siglos de la Edad Media, llamado "románico". Es un estilo que se caracteriza por su solidez y por la oscuridad de sus interiores, pues solo puede tener ventanas grandes en la fachada.

Durante la época que estamos estudiando, surgió un nuevo estilo basado en el románico, pero muy diferente, el "gótico". Al igual que el románico, el gótico se basaba en el principio del arco, pero no ya el arco de medio punto, sino uno más puntiagudo llamado "arco ojival". Esto le da a este estilo un sentido de verticalidad de que el románico carece. Además, se introdujeron otras innovaciones importantes. Una de ellas fue la "bóveda de aristas", en la que lo que se construyen son cuatro arcos ojivales, sobre bases perpendiculares entre sí, como si estuvieran sobre un gran cuadrado. De ese modo el peso no cae ya sobre las paredes, sino sobre las cuatro columnas de las esquinas. Colocando una serie de bóvedas de aristas, una tras otra, se puede construir la nave de una iglesia, pero ahora sin las pesadas paredes del románico. Esto no disminuye la presión horizontal, que haría que las paredes se desplomaran de no tener apoyo externo. Luego, como el románico, el gótico requería contrafuertes que contrarrestaran la tendencia de las paredes a desplomarse hacia fuera. Pero en esto el gótico introdujo otra innovación importante: en lugar de las pesadas columnas del románico, adosadas a la pared exterior, lo que contrarrestaba la presión lateral de los arcos y bóvedas eran otros arcos, sostenidos ellos a su vez por otros arcos menores, muchos de ellos sin paredes bajo ellos, de modo que todo el edificio resulta ser como una filigrana en la que las piedras parecen flotar, al tiempo que los arcos ojivales y las torres apuntan hacia el cielo.

Todo esto introducía una nueva posibilidad. Ahora que las paredes no tenían que soportar todo el empuje lateral de los arcos, era posible dejar espacio para grandes ventanales cubiertos de vidriería en la que se representaban los grandes episodios bíblicos y de los santos. A través de esas vidrieras, la luz brillaba dentro del edificio con gran variedad de colores y tonalidades.

Desde tiempos antiguos se había dicho que las grandes iglesias eran "los libros de los indoctos". Quienes no sabían leer aprendían por sus esculturas buena parte de las enseñanzas bíblicas y de las vidas de los grandes héroes de la fe. Pero ahora el gótico, con sus grandes ventanales, ofreció más oportunidades para tales lecciones.

La reforma papal comenzada en tiempos de León IX y Gregorio VII quedó interrumpida por otro período de caos en que los papas y los antipapas se sucedieron rápidamente, pero culminó en el pontificado del papa más poderoso de todos los tiempos, Inocencio III.

En la segunda mitad del siglo XII, empezando en el 1143, los conflictos entre las grandes familias romanas, los cardenales, el pueblo romano —que por algún tiempo hizo de Roma una república— y los emperadores y reyes como los de Francia y de Sicilia resultaron en un período de caos en el papado. El principal elemento que le dio alguna medida de estabilidad a la situación fue la autoridad personal de Bernardo de Claraval, a quien algunos consultaban antes de determinar quién de entre varios pretendientes era el verdadero papa, y quien ayudó grandemente a quienes él consideraba los verdaderos papas.

En esto estaban las cosas cuando, por razón de la muerte del Emperador, que hasta entonces había dominado en las elecciones papales, les fue posible a los cardenales elegir un nuevo papa con toda libertad. Así lo hicieron, colocando en el trono pontificio a Inocencio III, sin lugar a dudas el más poderoso papa de toda la historia de la iglesia. Inocencio reinó desde el 1198 hasta el 1216, pero en esos pocos años introdujo cambios notables. Inocencio estaba convencido del poder absoluto del papa. Según él, de igual modo que Dios colocó dos grandes lumbreras en el cielo, el Sol para que alumbre de día y la Luna para que alumbre de noche, pero la Luna deriva su luz del Sol, así también colocó dos grandes lumbreras para que gobiernen en la tierra: la autoridad eclesiástica —centrada en el papado— y la autoridad civil. La eclesiástica ha de dominar sobre las almas, y la civil sobre los cuerpos. Pero, como en el caso del Sol y la Luna, la autoridad pontificia gobierna por su propia luz, mientra la civil gobierna como reflejo de la eclesiástica. En términos prácticos, esto quería decir que la autoridad del papa era suprema, al punto de poder nombrar, juzgar y deponer a reyes y emperadores.

Tales reclamos parecían confirmarse en la realidad política de entonces. Al morir el Emperador, dejando vacantes la corona imperial, que no era hereditaria, y la de Sicilia, que sí lo era, su viuda temió por la herencia de su hijo, y para protegerla hizo de Sicilia un feudo papal. En Alemania, Inocencio intervino activamente en una complicada lucha por la corona imperial y, tras una guerra civil de diez años, logró que su candidato se ciñera esa corona. En Francia, obligó al poderoso rey Felipe Augusto a volver a tomar a la esposa que había repudiado, y repudiar a su nueva esposa. Inglaterra, a la sazón gobernada por el rey Juan Sin Tierra, se declaró también feudo papal para evitar una invasión francesa. Algo semejante sucedió en Aragón. Luego, hacia el final de sus días Inocencio era señor, no solo de los estados pontificios, sino también de Sicilia, Inglaterra y Aragón. Además intervino en la política interna de prácticamente todo otro estado europeo, y hasta en la lejana Armenia.

También fue durante su pontificado que la Cuarta Cruzada destituyó al Emperador de Constantinopla y constituyó el Imperio Latino de Constantinopla, con lo cual —temporeramente y con graves consecuencias— casi toda la cristiandad parecía aceptar la autoridad del papa.

Dentro de la iglesia misma, Inocencio continuó las políticas reformadoras de sus predecesores. En el 1215, en tres días de trabajo, el IV Concilio Laterano promulgó una larga serie de doctrinas y reglas que Inocencio había preparado de antemano, y a las que el concilio sencillamente accedió. Esto incluía la doctrina de la transubstanciación, el mandato de que todos los fieles debían acudir a la confesión y tomar la comunión al menos una vez al año, la fundación de escuelas catedralicias, reglas sobre la conducta del clero, y mucho más. El papado había llegado a la cumbre de su poder, tanto dentro como fuera de la iglesia.

Ninguno de los sucesores de Inocencio alcanzó el mismo poder, aunque seguían reclamándolo. El punto culminante de tales reclamos fue la bula *Unam sanctam*, de Bonifacio VIII. Pero el propio Bonifacio fue humillado por los franceses, y esto marcó el inicio de largos años de decadencia en el papado.

Estos sucesores, en su mayoría dignos, no tenían la habilidad de Inocencio, y las circunstancias políticas eran diferentes. Por ello, aunque todavía gozaban del prestigio que la memoria de Inocencio les daba, su poder no era el mismo.

Por otra parte, el llamado a la pobreza de la iglesia y sus prelados todavía persistía, y pareció cumplirse en la elección del franciscano Celestino V, en quien los franciscanos espirituales que persistían en sus convicciones cifraron sus esperanzas. Pero este decidió que el papado le corrompería, y presentó su renuncia dramáticamente, sentándose en el suelo hasta que se aceptara.

El próximo papa, Bonifacio VIII era todo lo contrario de Celestino. Su altanería le ganó enemigos, y le llevó también a promulgar la encíclica Unam sanctam, que reclamaba poder absoluto sobre monarcas y emperadores. Pero ante el creciente nacionalismo —particularmente en Francia, cuyos reyes se iban volviendo cada vez más poderosos— la supuesta autoridad pontificia se iba perdiendo, y en el año 1303 Bonifacio sufrió una humillación que marca el inicio de una nueva era de ideales perdidos y sueños frustrados.

CAPÍTULO 5

La baja Edad Media o "era de los sueños frustrados"

(desde el 1303 hasta
las vísperas de la Reforma)

𝒶 principios del siglo XIV, las condiciones políticas, económicas y demográficas de Europa estaban cambiando drásticamente. A esto se sumó la peste bubónica que a partir del 1347 barrió el continente, produciendo serios descalabros en la economía y en el orden social.

Los nuevos contactos con el Levante creados por las cruzadas, y el creciente comercio con la región, trajeron a Europa ratas negras cuyas pulgas transmitían una terrible enfermedad. La peste bubónica barrió a través de Europa tan rápidamente que en el 1347 llegó a Constantinopla, y un año más tarde cien mil personas murieron en Londres. Se estima que hubo años en que murieron 25 millones de personas, y que una tercera parte de la población murió. A esto se sumaron años de frío intenso que destruyeron la agricultura en las zonas del norte y en las laderas de las montañas.

El descalabro fue enorme. En algunas zonas la mano de obras escaseaba, de modo que los antiguos siervos, que habían estado prácticamente atados a la tierra, ahora podían ir a otros lugares donde había trabajo remunerado —particularmente la ciudades, donde la mortandad fue mayor. Quienes permanecían en las tierras, ahora reclamaban pago por su labor. En las zonas más frías, los antiguos obreros agrícolas no podían ya sostenerse, y ellos también comenzaron a mudarse hacia las ciudades, o hacia nuevas tierras más cálidas. Por primera vez en muchos siglos hubo relativa movilidad social. Por las mismas razones, se comenzó a pensar cada vez más en medios de ahorrar mano de obra, uno de los cuales fue la imprenta de tipo movible.

Todo esto resultó en una constante preocupación por la muerte. Cuando, en oleadas subsiguientes, los niños y los jóvenes que no habían desarrollado resistencias contra la enfermedad morían en mayor número que los ancianos, pareció confirmarse la sospecha de que la peste era el juicio de Dios sobre una sociedad corrupta. Entre cristianos, donde frecuentemente se pensaba que tener gatos era señal de brujería, la mortandad fue mayor que en los barrios judíos, y esto a su vez hizo que se culpara a los judíos por lo que acontecía —supuestamente envenenando los pozos de los cristianos— lo cual resultó en nuevas matanzas de judíos.

La burguesía, que había empezado a surgir con el crecimiento de las ciudades, aumentó su poder, y frecuentemente se alió con los reyes para limitar el poder de la nobleza y así facilitar el comercio y la industria.

Como hemos visto en el período anterior, la nueva clase media que iba surgiendo en las ciudades sobre la base del comercio y de la industria veía en el feudalismo y la consiguiente fragmentación política un serio obstáculo a sus intereses. Las guerras constantes entre la nobleza, y las tarifas que cada señor feudal reclamaba, dificultaban el comercio y limitaban sus ganancias. Por ello esa nueva clase media apoyaba los esfuerzos de centralización por parte de los reyes, y vino a ser la principal aliada de la monarquía contra las pretensiones de los grandes señores feudales. En el viejo sistema, los nobles no tenían ejércitos permanentes, sino llamaban a sus vasallos a la guerra cuando les parecía necesario. Ahora, con los recursos de la burguesía, los reyes podían sostener ejércitos permanentes que emplearon para centralizar el poder en sus propias manos, frente a los señores feudales.

El nacionalismo comenzó a quebrar el antiguo sueño de "un solo rebaño y un solo pastor".

Todo esto dio en el crecimiento de sentimientos nacionales. Ahora no se enfrentaba un condado contra otro en medio de una Europa relativamente unida, sino una nación contra otra en medio de una Europa cada vez más dividida. Los idiomas vernáculos surgían como lenguas literarias, en desmedro del latín. Aunque esos idiomas variaban de región en región dentro de cada nación que iba surgiendo, poco a poco se consolidaban en una lengua común que al mismo tiempo le daba identidad a cada nación. Y esa identidad a su vez subvertía la autoridad tradicional de los dos elementos fundamentales de la antigua identidad europea, el papado y el imperio.

A esto se sumó la Guerra de los Cien Años entre Francia e Inglaterra, que involucró a buena parte de Europa.

Ese nacionalismo encontró su más clara expresión en la Guerra de los Cien Años (que en realidad duró más de un siglo, desde el 1337 hasta el 1453). Aunque los principales contendientes en ella fueron Francia e Inglaterra, prácticamente toda Europa se involucró, según cada uno de los dos principales contendientes buscaba aliados. Así, aunque hubo cambios en la configuración de esas alianzas, por lo general Francia contó con el apoyo de Escocia y Castilla, mientras el Imperio, Flandes y algunos grandes señores franceses se aliaron con Inglaterra. Repetidamente, Inglaterra invadió a Francia, y ganó casi todas las batallas. Pero en cada ocasión esto se logró agotando los recursos de Inglaterra, que tenía entonces que retirar sus ejércitos de la contienda. Al mismo tiempo, la guerra se expandía a otros territorios —particularmente a España, donde la cuestión de la sucesión a la corona de Castilla produjo gran mortandad.

Fue hacia el fin de esa guerra, en un momento en que la situación de la corona francesa era desesperada, que surgió la figura de Juana de Arco. Los franceses mismos estaban divididos en cuanto a quién era el legítimo rey. El delfín Carlos, hijo del difunto rey Carlos VI, se hizo proclamar su heredero. Pero otro partido afirmaba que el Rey de Inglaterra —pariente del difunto Rey de Francia— era el heredero. El Delfín se había replegado hacia Orleans, ahora sitiada por los ingleses, cuando se enteró de una doncella —Juana de Arco— que había tenido visiones llamándola a romper el cerco de Orleans. El Rey la hizo llamar, y de algún modo Juana de Arco le convenció de la legitimidad de sus visiones.

Encabezadas por "la doncella de Orleans", las tropas francesas derrotaron a los ingleses, rompieron el sitio, y avanzaron en territorio enemigo hasta tomar la ciudad de Reims, lugar tradicional donde los reyes de Francia eran coronados. Allí el Delfín fue coronado oficialmente como Carlos VII. Poco después Juana fue capturada por los ingleses, quienes se la vendieron a un obispo enemigo de Carlos. Este hizo poco por salvarla. Juana fue juzgada, condenada como hereje por pretender haber tenido visiones, y muerta en la hoguera en Rouen en el 1431. Años más tarde, cuando Carlos VII tomó la ciudad, ordenó que el juicio de Juana fuese examinado y, como era de esperarse, se le declaró absuelta de toda herejía. Pronto Juana de Arco vino a ser símbolo del nacionalismo francés —y en el 1920 el papa Benedicto XV, que tenía interés en ganarse las simpatías francesas, la declaró santa.

Entre sus muchas consecuencias, la Guerra de los Cien Años resultó en desmedro de la autoridad del papa entre los ingleses. Como veremos, durante ese tiempo el papado estuvo bajo el ala de Francia, y por tanto le prestó su apoyo. Los ingleses, a fin de evitar que sus propios recursos fueran a caer en manos de sus enemigos, promulgaron una serie de leyes prohibiendo la transferencia de fondos al papado. Así, desde cien años antes de la Reforma protestante había ya en Inglaterra fuertes sentimientos contra el papado.

Las monarquías que más rápidamente aumentaron su poder fueron Inglaterra y sobre todo Francia, cuyos representantes humillaron a Bonifacio VIII en el 1303.

Al terminar el período anterior, la renuncia del humildísimo Celestino V había llevado al poder al altanero Bonifacio VIII (1294). Por la misma época, bajo Felipe IV el Hermoso (1285-1314), la corona francesa se deshacía del feudalismo, creaba nuevos sistemas de leyes e intentaba limitar la autoridad del papa en territorio francés, llegando a crear una iglesia prácticamente autónoma bajo el control de la corona. Los primeros años del pontificado de Bonifacio fueron en extremo exitosos, y esto le alentó a reclamar cada vez más autoridad para sí mismo y mayor independencia para el clero frente a las autoridades civiles. En el 1296 su bula *Clericis laicos* prohibió que las autoridades civiles le impusieran impuestos al clero sin asentimiento del papa. Felipe el Hermoso respondió prohibiendo que se exportaran materiales preciosos —de los cuales la mayoría iba a Roma. Por su parte, Bonifacio proclamó la bula *Unam sanctam* (1302), que reclamaba para el papado autoridad sobre la "espada espiritual" así como sobre la "espada temporal". La primera la esgrime la iglesia directamente, mientras que la segunda se la concede el papado a la autoridad civil. Esto quiere decir que el papa tiene autoridad para juzgar a las autoridades civiles, y él mismo se encuentra solo bajo la autoridad de Dios.

Felipe el Hermoso no podía tolerar tales reclamos sin desmedro a su propia autoridad, y chocó abiertamente con el Papa, quien amenazó con excomulgarle. El día antes de que el decreto de excomunión fuera efectivo, agentes franceses se apoderaron de Bonifacio en Anagni e incitaron al pueblo a saquear su casa y las de sus parientes, al tiempo que humillaban al Papa abofeteándole y paseándole como prisionero. Por fin Bonifacio pudo regresar a Roma, donde murió a las pocas semanas. Pero no cabía duda de que, tras su cenit con Inocencio III, el papado había perdido mucho de se prestigio y autoridad.

En el 1309, los papas mudaron su residencia a Aviñón, en la frontera con Francia y por tanto bajo la protección y el control de la corona francesa. Esta llamada "cautividad babilónica" de la iglesia duró hasta el 1377, cuando por fin el papado regresó a Roma.

Por algún tiempo hubo esfuerzos por restaurar el prestigio perdido por Bonifacio VIII. Pero a la postre, con la elección de Clemente V (1305-1314), quedó claro que el papado estaba bajo el control de Francia. Tras pasearse por Francia, el Papa fue a establecer su residencia en la propiedad papal de Aviñón, junto a la frontera francesa y por tanto a la sombra de Francia. Así comenzó la "cautividad babilónica" de la iglesia (1309-1377). Inmediatamente el Papa nombró un fuerte contingente de cardenales, en su mayoría franceses, con lo cual quedó confirmada la alianza entre Francia y los sucesores de Clemente.

Todo esto les trajo grandes ventajas a Felipe el Hermoso y sus sucesores, quienes podían lograr que los papas apoyaran a sus aliados y condenaran a sus enemigos. Pero también le trajo al papado una enorme pérdida de prestigio y autoridad. La peste que tanta mortandad traía parecía ser resultado de la corrupción de la iglesia, y en particular de su sujeción a Francia. Puesto que era la época de la Guerra de los Cien Años, los papas le prestaron su apoyo al partido francés. Pero los enemigos de ese partido se volvieron también enemigos de los papas —con consecuencias que se verían en tiempos de la Reforma, particularmente en Inglaterra. Al mismo tiempo, los papas de Aviñón dirigían sus ambiciones políticas hacia Italia, donde buscaban acrecentar su poder. Pero esto costaba dinero, y así se creó todo un sistema de impuestos papales —impuestos que los enemigos de Francia frecuentemente se negaban a pagar. Esto a su vez llevó a la simonía —la compra y venta de cargos eclesiásticos— así como al nepotismo y varias otras señales de corrupción.

El descontento con el exilio del papado en Aviñón era cada vez mayor. En el 1365, Urbano V volvió brevemente a Roma, pero cinco años más tarde regresó a Aviñón. Por fin, en parte gracias al fuerte llamado de Santa Catalina de Siena (1437-1374), Gregorio XI regresó a Roma, donde fue recibido con aclamaciones de júbilo. La cautividad babilónica de la iglesia había terminado.

Pero al año siguiente los descontentos con ese regreso eligieron un papa rival. Esto marcó el inicio del Gran Cisma de Occidente, cuando hubo dos papas, cada cual con su propia línea de sucesión.

A la muerte de Gregorio XI (1378), la elección de su sucesor resultó difícil. Los cardenales franceses —que eran la mayoría— querían elegir a uno de entre ellos. Pero el pueblo romano se amotinó, y por fin el cónclave nombró a un italiano de espíritu reformador que tomó el nombre de Urbano VI. Las estrictas medidas reformadoras de Urbano llevaron a los cardenales franceses a declararle demente, en respuesta a lo cual Urbano nombró más cardenales, a fin de tener control sobre el colegio cardenalicio. Pero los otros cardenales se reunieron, declararon nula la elección de Urbano, y eligieron como papa a Clemente VII. Este se estableció en Aviñón, de modo que había ahora un papa en Roma y otro en Aviñón. Cada uno de estos dos papas era reconocido por parte de Europa: Francia y su antigua aliada Escocia optaron por el de Aviñón, mientras que su enemiga Inglaterra tomó el partido del de Roma —como lo hicieron también Hungría, Polonia, Escandinavia y la mayor parte del Imperio Alemán. Varios otros países vacilaron, mudando su lealtad de un papa a otro. Tal fue el caso de los reinos ibéricos, del Reino de Nápoles y de varios otros.

Así surgió el Gran Cisma de Occidente (1378-1423), en el que toda la iglesia occidental se vio dividida entre el papa de Roma y el de Aviñón. A la muerte de Urbano y de Clemente, cada uno de sus colegios de cardenales eligió un sucesor, y fue por eso que el cisma duró cuarenta y cinco años. Para colmo de males, puesto que cada uno de estos dos papados tenía que competir con el otro, ambos crearon nuevos modos de recaudar fondos, lo cual empeoró prácticas tales como la simonía y otras formas de corrupción.

A la postre los cardenales de ambos bandos comenzaron gestiones de reconciliación y, cuando ambos papas se mostraron reacios, los cardenales se volvieron hacia la solución que muchos proponían: la convocación de un concilio general que resolviera la cuestión.

Como un medio de remediar la situación, surgió el movimiento conciliar, que sostenía que un concilio de toda la iglesia tenía más autoridad que el papa, y procuraba restaurar la unidad, así como reformar la iglesia.

A través de esta historia, hemos visto toda una serie de concilios. Los primeros —Nicea, Éfeso, etc.— no estaban sujetos al papa, sino que fueron convocados por los emperadores, y los legados papales acudieron en nombre del papa, pero sin autoridad suprema. En contraste, el Cuarto Concilio de Letrán, en tiempos de Inocencio III, no hizo más que refrendar lo que el Papa había decidido. Ahora, muchos —particularmente en las facultades universitarias de teología— afirmaban que para sanar el cisma y para reformar la iglesia no había mejor método que la convocación de un concilio. Además, apoyaban su postura sobre la afirmación de que la iglesia es el conjunto de los fieles y que por tanto un concilio, en representación de toda la iglesia, tiene autoridad sobre el papa. Quedaba entonces la cuestión de quién tenía autoridad para convocar tal concilio, pero los cardenales de ambos bandos se pusieron de acuerdo y lo hicieron conjuntamente. En respuesta a esto, cada uno de los dos papas convocó su propio concilio, pero estos no lograron gran apoyo y pronto se desbandaron.

Los esfuerzos del Concilio de Pisa, en lugar de sanar el cisma, resultaron en tres papas rivales.

El concilio se reunió en Pisa en el 1409, y estableció proceso contra los dos papas, ninguno de los cuales se presentó. Por fin, sin tomar partido acerca de cuál de los dos era el verdadero papa, el concilio los declaró depuestos y nombró a Juan XXIII (quien, por ser considerado antipapa por la Iglesia Católica, no cuenta en la línea de sucesión, de modo que en el siglo XX hubo otro Juan XXIII). Pero cada uno de los dos papas supuestamente depuestos insistía en ser el verdadero papa, de modo que ahora, en lugar de dos papas, había tres —y cada uno de ellos alcanzó cierta medida de apoyo.

Por fin el Concilio de Constanza pudo sanar el cisma y restaurar la unidad del papado. Pero entones el movimiento conciliar mismo se dividió, y al fin de todo el proceso el papado salió fortalecido.

Tras muchas idas y venidas, el Emperador de Alemania, Segismundo, convocó a un nuevo concilio que se reuniría en Constanza en el 1414 (el mismo concilio que, como veremos más adelante, hizo quemar a Juan Huss). Aunque al principio Juan XXIII pensó que este concilio le confirmaría como papa legítimo, los líderes del concilio, quienes también procuraban reformar la iglesia, llegaron a la conclusión de que Juan XXIII carecía de espíritu reformador. Tras huir y esconderse por dos meses, Juan fue arrestado y llevado de vuelta a Constanza, donde renunció a su papado. Poco después, el papa de Roma, Gregorio XII, también renunció. Y, mediante una hábil diplomacia, se logró que todos los gobiernos le fueran retirando su apoyo al de Aviñón, Benedicto XIII, quien por fin se retiró a su castillo en España, donde siguió declarándose papa hasta que murió en el 1423 —lo cual le puso fin al Gran Cisma.

Ahora el concilio pudo dedicarse a erradicar la corrupción en la iglesia —especialmente la simonía, la práctica de tener varios cargos y recibir ingreso de todos ellos (pluralismo), y la de no presentarse a cumplir las funciones de un cargo (absentismo). Tras promulgar una serie de decretos reformadores, el Concilio de Constanza se disolvió, pero antes tomando medidas para que se convocasen nuevos concilios que debían continuar la labor reformadora.

Estos nuevos concilios tuvieron cada vez menos fuerza y apoyo. Por fin el Concilio de Basilea (1431-1449) se dividió cuando las autoridades bizantinas comenzaron a negociar con la iglesia occidental con el propósito de subsanar el cisma entre el oriente de habla griega y el occidente de habla latina que continuaba desde el 1054. Arguyendo que los bizantinos no podrían acudir a una ciudad en el centro de Europa, el papa Eugenio IV ordenó que el concilio se trasladara a Ferrara. Algunos se negaron, y otros accedieron, con el resultado final de que ahora había un solo papa, pero dos concilios. Esto señaló el fin del movimiento conciliar, cuyo resultado final fue fortalecer la autoridad pontificia.

Veremos, sin embargo, que pronto las ideas renacentistas, con su inclinación al lujo y a la pompa, se apoderarían del papado, llevándolo a niveles de corrupción no vistos desde el siglo X.

La corrupción llevó a muchos a buscar una reforma de la iglesia. Algunos de ellos, como Juan Wyclif y Juan Huss, buscaban reformar tanto las prácticas como las doctrinas de la iglesia.

Juan Wyclif fue un famoso profesor en la Universidad de Oxford. Tras pasar algún tiempo al servicio de la corona, regresó a Oxford, donde por fin se le declaró hereje. Puesto que muchos simpatizaban con él y con sus doctrinas, la principal consecuencia de tal declaración fue que tuvo que dejar la Universidad y retirarse a su parroquia en Lutterworth. Según él, la iglesia verdadera no es una institución visible, sino que es el conjunto de los electos, predestinados a salvación —doctrina en la que refleja sus estudios de San Agustín. Puesto que nos es imposible saber exactamente quién es réprobo y quién es electo, es imposible determinar quién pertenece a la iglesia y quién no. Pero, basándose en su conducta, es posible declarar que buena parte de los jerarcas de la iglesia —incluso el papa— son réprobos, y no pertenecen a la iglesia invisible. Además, en cuanto a la presencia de Cristo en la comunión, rechazaba la doctrina de la transubstanciación, declarando que, de igual modo que en Jesucristo Dios se encarna sin destruir al ser humano, así también en la comunión el cuerpo de Cristo se une al pan, pero sin que este deje de ser pan. También insistía en que la autoridad de la Biblia está por encima de la de cualquier jerarca o cuerpo eclesiástico.

Cuando Wyclif murió, en el 1384, dejó buen número de seguidores a quienes se llamó "lolardos" —nombre de origen incierto. Al principio los lolardos eran personas de alta educación, compañeros de Wyclif en Oxford. Pero poco a poco el movimiento fue echando raíces entre las clases populares. Aunque se les persiguió ferozmente, el movimiento todavía continuaba al comenzar la Reforma protestante, y sus seguidores se unieron a esa reforma.

La carrera de Juan Huss (o Hus) tuvo lugar mayormente en Praga, donde llegó a ser rector de la Universidad. Allá llegaron los escritos de Wyclif, y Huss los leyó, al igual que varios de sus colegas y discípulos. Aunque Huss nunca abandonó le doctrina de la transubstanciación del pan y del vino en cuerpo y sangre de Cristo, en muchos otros puntos sí fue seguidor de Wyclif. Insistía en que el cáliz, del cual entonces solo participaban los sacerdotes, debía dársele también al laicado. Su situación se complicó debido a una seria disputa dentro de la Universidad entre los alemanes y los bohemios —disputa que pronto rebasó los límites de la Universidad y tomó matices políticos. Y, cuando Juan XXIII (el papa nombrado por el Concilio de Pisa) promulgó la venta de una indulgencia para costear una supuesta cruzada contra Nápoles, Huss protestó que una guerra contra cristianos no puede ser una cruzada y que en todo caso solo Dios puede dar indulgencia —y, si Dios la da gratuitamente, no hay razón para que la iglesia pretenda venderla.

⌈ Cuando se convocó el Concilio de Constanza, se le invitó a acudir a él para discutir sus enseñanzas. Huss sabía que allá le acechaba un grave peligro. Pero el emperador Segismundo le dio un salvoconducto, y Huss fue a Constanza. Allí pronto fue encarcelado, y a la postre llevado ante el concilio encadenado. Sin darle oportunidad de defenderse, se le condenó a la hoguera. ⌋

Cuando los bohemios se enteraron de lo que se había hecho con Huss, se rebelaron. Aunque no concordaban en todos los puntos, los diversos grupos husitas provocaron la ira de los líderes conciliaristas, así como del Papa y del Emperador. Contra ellos se lanzó una larga serie de cruzadas, todas ellas a la postre derrotadas por los rebeldes. Por fin muchos de ellos llegaron a un acuerdo con las autoridades eclesiásticas, y regresaron a la comunión con Roma siempre que se respetaran algunos de sus principios —sobre todo, que se les permitiera a los laicos participar del cáliz de la comunión. Pero la disidencia continuó, y del movimiento husita surgieron los moravos de hoy.

Otros se adhirieron a movimientos populares de reforma.

Tanto Wyclif como Huss era personas de alta educación, y muchos de sus primeros seguidores eran profesores universitarios. Pero poco a poco los movimientos por ellos fundados fueron tomando matices más populares, hasta que llegaron a tener buen número de seguidores entre las masas. Pero aun aparte de esas raíces, hubo muchos otros movimientos impulsados tanto por la corrupción y el desorden en la iglesia como por las pésimas condiciones en que vivía buena parte de la población. El descontento popular se mezclaba con las críticas justificadas que se le hacían a la iglesia, y de esa mezcla surgían movimientos revolucionarios y apocalípticos, anunciando el fin del mundo, la venida del Reino de Dios y la reivindicación de los oprimidos. Algunos de estos movimientos pasaban desapercibidos en el caos reinante; pero otros fueron perseguidos cruelmente.

Y otros —entre ellos Jerónimo Savonarola— procuraron reformar la iglesia mediante una purificación radical de las costumbres.

Lo que aconteció en Florencia con Savonarola fue un intento de reforma iniciado por un predicador bien adiestrado, pero que fue evolucionando rápidamente, tomando matices cada vez más populares y extremos. Savonarola llegó a Florencia invitado por Lorenzo de Médicis, quien gobernaba la ciudad con mano férrea, y pronto comenzó una serie de conferencias para sus compañeros dominicos que rápidamente atrajeron la atención de otras personas. A la postre, se le invitó a predicar en la principal iglesia de la ciudad, y allí proclamó la necesidad de una reforma radical en el seno de la iglesia. Puesto que su predicación se refería directamente a los abusos de los poderosos, Lorenzo y su sucesor Piero de Médicis se opusieron tenazmente a ella; pero el molestoso fraile insistía en lo que decía. Por fin, con la ayuda de Carlos VIII de Francia, y del propio Savonarola, que se alió a Carlos, los florentinos se deshicieron del yugo de los Médicis. A la retirada de los franceses, Savonarola quedó prácticamente como dueño de la ciudad. Su predicación se hizo cada vez más vehemente y exigente. Pronto comenzaron las "quemas de vanidades", en las que joyas, muebles lujosos y vestimentas de seda se consumían en llamas. Sus ataques a la aristocracia y a la corrupción del clero le iban ganando enemigos, al tiempo que el entusiasmo popular le daba título de profeta y le daba crédito como obrador de milagros. Pero eso mismo llevó a los más fanáticos a pedir de él cada vez más, y cuando por fin algunos de los milagros y señales que pedían no se dieron, esos mismos seguidores fanáticos se volvieron contra él. Así, primero accedieron y luego apoyaron una conspiración entre el papa Alejandro VI —el famoso "papa Borgia"— la aristocracia y los comerciantes florentinos, además de varios estados italianos. Savonarola fue encarcelado, torturado, y ahorcado junto a dos de sus fieles colaboradores. Sus cuerpos fueron entonces quemados, y las cenizas dispersas en el río Arno.

La corrupción de la iglesia, la aparente imposibilidad de reformarla y las ansias de una vida más profunda llevaron al auge del misticismo. Aunque la mayoría de los místicos eran perfectamente ortodoxos, su actitud misma tendía a debilitar la autoridad de la iglesia.

El misticismo de la época, impulsado en parte por el conflicto entre los profundos sentimientos religiosos de algunos y la corrupción de la iglesia, floreció sobre todo en las riberas del Rin, y luego más abajo cerca del mismo río, en territorio flamenco. Uno de sus principales místicos del Rin fue el Maestro Eckhart, cuyas aseveraciones en cuanto a la unión mística con Dios hicieron que se le acusara de hereje. Pero pronto se le tuvo por el gran maestro de un misticismo profundo, y sus lectores y seguidores se multiplicaron. El misticismo flamenco tendía a ser más práctico. Sus principales figuras fueron Juan de Ruysbroeck, Gerardo de Groote y el autor de La imitación de Cristo, que pronto vino a ser uno de los más leídos libros de devoción cristiana. Todo esto le dio origen a la "devoción moderna", que se dedicaba a la meditación disciplinada sobre la vida de Cristo.

Tales tendencias místicas, aunque no atacaban a la iglesia como institución, y los místicos del Rin rara vez se referían a su corrupción o a la necesidad de reformarla, sí tendían a librar a sus seguidores de su dependencia de la jerarquía eclesiástica. Si el centro de la devoción estaba en la contemplación, los sacramentos, bajo el control de la jerarquía, parecían menos necesarios. Más importante era la devoción sincera y la pureza de vida. Más prácticos que los renanos, los flamencos —sobre todo De Groote— sí atacaban la corrupción eclesiástica.

Un resultado importante del espíritu práctico del misticismo flamenco fue la fundación de los Hermanos de la Vida Común, inspirados por De Groote. Mientras antes el llamado a la vida comprometida con la fe frecuentemente iba unido al llamado monástico, De Groote invitaba a sus seguidores a dedicarse a la devoción y la santidad sin abandonar la "vida común" —es decir, sus ocupaciones, vida familiar, etc. Algunos de entre ellos sí crearon comunidades de carácter monástico. Posiblemente el logro más importante de los Hermanos de la Vida Común fue crear escuelas en las que se enseñaba la devoción moderna así como las letras. Su más famoso alumno fue Erasmo, de quien nos ocuparemos en el próximo capítulo.

También la teología académica fue decayendo, dedicándose a cuestiones cada vez más sutiles y menos pertinentes a la vida de los fieles.

Como hemos visto, al acercarse a cualquier pregunta teológica el método escolástico comenzaba por citar autoridades que parecían inclinarse en direcciones opuestas. Esto requería que, una vez dada la respuesta, se explicara por qué algunas autoridades parecían decir lo contrario. La explicación más común era establecer distinciones, de modo que lo que esas autoridades decían pudiera entenderse de modo que no contradijera a las otras ni a la respuesta del maestro. Esto llevó a distinciones cada vez más sutiles, hasta llegar al punto en que solamente los teólogos más duchos podían entenderlas. Y esto tuvo a su vez la consecuencia inevitable de separar la teología cada vez más de la vida de la iglesia y de los creyentes.

Paralelamente, los teólogos de fines de la Edad Media quebraron el vínculo entre la fe y la razón —y entre la teología y la filosofía— que había caracterizado a los grandes escolásticos del siglo XIII. Frecuentemente basándose en la omnipotencia de Dios, declaraban que en su absoluta soberanía Dios puede hacer lo que desee, aunque esto sea contrario a la razón, pues en fin de cuentas es Dios mismo quien determina lo que la razón ha de ser.

Así apartada cada vez más de las realidades de la vida cotidiana, y especulando sobre cuestiones cada vez más sutiles, la teología escolástica parecía haberse vuelto una serie de malabarismos intelectuales y haber perdido toda pertinencia.

En el 1453, Constantinopla, el último vestigio del antes floreciente Imperio Bizantino, fue tomada por los turcos. Esto hizo que muchos eruditos de lengua griega se trasladaran al occidente latino, donde contribuyeron a un despertar en las letras clásicas, y a la postre al Renacimiento y al humanismo.

Cuando el Imperio Romano de Occidente se deshizo como resultado de las invasiones germánicas de los siglos cuarto y quinto, el de Oriente —comúnmente llamado ahora el Imperio Bizantino— continúo siendo un centro en el que se conservaban las tradiciones y conocimientos de la antigüedad —particularmente las letras griegas. Por algún tiempo, Constantinopla vino a ser el centro de la cristiandad, pues hasta los papas no se nombraban sin su asentimiento. Pero, primero con el avance del islam, luego con la Cuarta Cruzada, que tomó la ciudad y pretendió hacer de ella el centro de un imperio latino, y por fin con la nueva oleada islámica de los turcos otomanos, el territorio bizantino se fue reduciendo cada vez más. Por un tiempo, hacia fines del siglo XIV y principios del XV, los turcos se vieron amenazados por los mongoles, más al este, y esto alivió su presión sobre Constantinopla. Empero a mediados del XV los turcos, libres de la amenaza de los mongoles, una vez más volvieron sus ambiciones hacia Constantinopla. Los emperadores de Bizancio les pidieron ayuda a sus correligionarios occidentales, pero estos se negaban a darla hasta tanto Constantinopla no se sujetara a la autoridad romana, así terminando el cisma que había comenzado en el 1054. Esto se hizo por fin en el Concilio de Ferrara-Florencia, en el 1439. Pero el occidente no estaba en condiciones —ni tenía tampoco el firme deseo— de socorrer a Constantinopla, y por fin la antigua capital de Constantino cayó en manos turcas en el 1453. Además de la pérdida geográfica que esto representaba, resultó también en un encono aun mayor en las relaciones entre los cristianos latinos y los bizantinos, quienes le achacaban el desastre a un castigo de Dios por haberse unido a Roma, y además resentían el que a pesar de esto Roma les hubiera prestado tan poca ayuda.

Hacia el fin del período, imbuidos de los ideales renacentistas, los papas se ocupaban cada vez menos del bienestar espiritual de los fieles.

Ya antes de la caída de Constantinopla, había comenzado en Europa occidental lo que se ha dado en llamar el Renacimiento. Sus orígenes se encuentran en parte en los siglos XII y XIII. Pero para los renacentistas lo importante era volver a las perdidas glorias de la antigüedad —tanto la antigüedad pagana como la cristiana. Especialmente en Italia, pero luego en toda Europa occidental, tuvo lugar un despertar en las letras. Los llamados "humanistas" eran personas que se dedicaban al estudio de las humanidades, y su propósito era "volver a las fuentes" —es decir, a las artes y los documentos antiguos— para así salir de la edad oscura en que les parecía vivir.

La caída de Constantinopla en el 1453 contribuyó a esto, pues muchos eruditos bizantinos se refugiaron en Italia, donde llevaron sus conocimientos y sus manuscritos.

Pero, aun más que las letras, lo que cautivó la atención de los renacentistas fueron las artes —particularmente la pintura, la escultura y la arquitectura. En ellas se admiraba la belleza, fuerza y proporción del cuerpo humano —como lo muestra, por ejemplo, el Adán que Miguel Ángel pintó en el techo de la Capilla Sixtina en Roma— así como la grandeza y esplendor en la arquitectura — como se ve, también en Roma, en la Basílica de San Pedro, producto típico del Renacimiento.

A ese espíritu se unieron los grandes señores de la época, quienes procuraban mostrar su riqueza y poder embelleciendo sus capitales y sus edificios. Y entre esos grandes señores se contaban los papas del Renacimiento. Así el papado, que poco antes había pasado por la "cautividad babilónica" en Aviñón, y luego por el Gran Cisma de Occidente, quedó ahora en manos de papas cuyos ideales renacentistas les llevaban a procurar sobre todo el embellecimiento de Roma y su supremacía sobre el resto de Italia. Aquellos papas hicieron traer a Roma los mejores pintores, escultores y arquitectos. Para ello tenían que buscar modos de traer también a Roma buena parte de las riquezas de toda Europa. Este fue el tiempo de los Borgia —en particular de Alejandro VI, famoso por sus ambiciones y su corrupción, quien literalmente compró el papado, como lo hicieron varios otros papas por la misma época. Julio II —sobrino de Sixto IV, quien también había comprado el papado— se lanzó a la conquista de Italia con tal ahínco que la posteridad le conoce como "el Terrible". Por último, León X, de la familia florentina de los Médicis, se dedicó tanto a consolidar las conquistas de Julio II —en lo que fracasó— como a completar la Basílica de San Pedro —para lo cual promulgó la venta de indulgencias que sería la causa inmediata de la Reforma protestante.

El escenario estaba listo para la gran Reforma del siglo XVI.

Capítulo 6
La Reforma o "era de los reformadores"
(desde el 1500 hasta el 1600)

$\mathcal{E}$ste período coincide con el de las primeras grandes conquistas y colonizaciones europeas. Se ha separado en esta Introducción porque es mejor discutir estos dos temas por separado, aunque sin olvidar que son paralelos.

La fecha que normalmente se señala como el comienzo de la Reforma Profesante es el 1517, cuando Lutero proclamó sus famosas "95 tesis". En el 1492, Colón había llegado a lo que hoy es América; Y en 1497-98 el portugués Vasco de Gama circunnavegó África y llegó hasta la India. Hernán Cortés conquistó la capital de México en el 1521, y ese mismo año, en la Dieta de Worms, el Imperio Alemán declaró hereje a Lutero. La Confesión de Augsburgo, momento culminante en la historia del luteranismo, tuvo lugar en el 1530; y un par de años más tarde Pizarro se adueñó del inca Atahualpa, con lo cual se aseguró la conquista del Perú. Luego, al estudiar la Reforma no hay que olvidar que fue también el tiempo de las grandes empresas coloniales de España y Portugal, que resultaron en la más rápida difusión del cristianismo en toda la historia.

Como hemos visto, en varias partes de Europa habían comenzado movimientos reformadores como los de Wyclif, Huss, Savonarola y otros. En algunos países, como en España, los gobiernos habían tomado medidas reformadoras inspiradas por Erasmo y los humanistas —medidas tales como la restauración de la vida monástica y el fomento del estudio mediante la fundación de escuelas y universidades.

La principal figura de la reforma católica en España fue la reina Isabel (generalmente conocida como Isabel la Católica), quien se dedicó a restaurar la vida monástica tanto de varones como de mujeres, y a reformar la conducta y la educación del clero. Para ello contó con la ayuda del cardenal Francisco Jiménez de Cisneros, quien fundó la Universidad de Alcalá —donde se prepararían varios de los líderes de la reforma católica, incluso Ignacio de Loyola— e hizo publicar la Políglota complutense, una Biblia que anunciaba el renacer de los estudios bíblicos en España. Pero es importante señalar que Cisneros, erudito y reformador, fue también Gran Inquisidor, pues estaba convencido de que la reforma que se necesitaba era moral y espiritual, pero no doctrinal.

Pero la Reforma misma no estallaría sino a principios del siglo XVI, con la obra de Martín Lutero. Lutero fue un monje agustino y profesor universitario quien, tras larga peregrinación espiritual, halló sosiego en la justificación por la gracia de Dios.

Lutero era un monje sincero y concienzudo quien hizo todo lo posible por alcanzar la paz interior por medio de los recursos que le ofrecía la iglesia de su tiempo. Estos recursos incluían la confesión, mediante la cual se podía hacer penitencia y restitución por los pecados cometidos. Pero Lutero siempre descubría nuevos pecados en su alma, y por ello el sacramento de la penitencia no le bastaba. Siguió entonces el camino del misticismo; pero la preocupación del misticismo por uno mismo también le pareció pecado. Se le ordenó entonces dedicarse a los estudios bíblicos, y así lo hizo con ahínco. Fue estudiando las Escrituras, y sobre todo Romanos 1, que llegó a la conclusión liberadora de que la justificación no es algo que se alcanza por la justicia propia, sino que es don de la gracia de Dios, quien declara justo a quien todavía es pecador. Fue esa convicción lo que le llevó primero a protestar contra la venta de indulgencias, y luego contra buena parte de las doctrinas y prácticas tradicionales de la iglesia.

Cuando Lutero protestó en el 1517 contra la venta de indulgencias, esto causó gran revuelo en Alemania, donde muchos vieron en Lutero y sus acciones una protesta en nombre del creciente nacionalismo alemán. Por una serie de circunstancias políticas, las autoridades eclesiásticas tomaron algún tiempo en responder al reto de Lutero; y cuando por fin lo hicieron era demasiado tarde para detener la difusión de las doctrinas de Lutero. Pronto el luteranismo encontró apoyo entre los príncipes alemanes, varios de los cuales se mostraron dispuestos a enfrentarse hasta al emperador Carlos V, como sucedió en el 1530, cuando, en la Confesión de Augsburgo, esos príncipes afirmaron su fe luterana. Rápidamente el luteranismo se extendió por buena parte de Alemania, así como en toda Escandinavia.

La venta de indulgencias contra la que Lutero protestó había sido autorizada por el papa León X, en parte para completar la basílica de San Pedro, y en parte para ayudar a un arzobispo a pagar la deuda contraída al comprar el cargo. Las 95 tesis de Lutero, clavadas en la famosa puerta de Wittenberg el 31 de octubre del 1517, no tenían el propósito de causar gran revuelo. Estaban en latín, para ser discutidas por profesores y teólogos. Pero alguien las tradujo al alemán, las imprimió y las hizo circular. El pueblo alemán vio en ellas una protesta contra los abusos de que era objeto por parte del papado, y el movimiento de protesta estalló. En el 1519, cuando León se preparaba a intervenir en el asunto, la corona imperial quedó vacante, y el candidato del Papa era Federico el Sabio, el príncipe alemán bajo cuya jurisdicción vivía Lutero, y quien apoyaba el derecho del monje rebelde a ser escuchado y defender sus enseñanzas. Por ello el Papa le dio largas al asunto, y cuando por fin Carlos I de España vino a ser el emperador Carlos V —en contra de los designios de León— tanto el Papa como el Emperador pudieron ocuparse de Lutero.

En la Dieta —una especie de parlamento imperial— de Worms, en 1521, Lutero fue condenado como hereje. Pero Federico el Sabio le hizo secuestrar, y las autoridades no lograban encontrarle. Cuando por fin Lutero regresó a Wittenberg, el movimiento había ganado el apoyo de varios príncipes alemanes. Felipe Melanchthon, el principal colaborador de Lutero en la Universidad de Wittenberg, escribió un documento que estos príncipes firmaron y le presentaron al Emperador en la Dieta de Augsburgo, en el 1530. Esta Confesión de Augsburgo se volvió entonces —y sigue siendo— el documento principal que unió a todos los luteranos. Aunque el Emperador se proponía usar sus recursos militares españoles para sofocar esta rebelión, la amenaza de los turcos le obligó a una reconciliación temporera con los luteranos.

Todo esto dio lugar a que el luteranismo echara profundas raíces en una amplia zona de Alemania, así como en los países escandinavos, que a partir de entonces serían el principal centro del luteranismo.

Aunque la protesta de Lutero comenzó por motivo de las indulgencias, sus preocupaciones iban mucho más allá, e incluían buena parte de las doctrinas y las prácticas medievales. Frente a ellas, Lutero sostenía que las Escrituras tienen una autoridad superior a cualquier teólogo, papa o concilio, y por ello produjo una traducción de la Biblia al alemán que vino a ser una de las obras clásicas que le dieron forma y uniformidad a esa lengua.

El fundamento de la teología de Lutero era la autoridad de la Palabra de Dios —que no es solamente la Biblia, sino sobre todo la Palabra o Verbo de Dios encarnado, Jesucristo. Esa Palabra declara que el ser humano es incapaz de hacerse justo por sí mismo. Es por ello que se requiere que Dios le declare justo en virtud de la promesa de hacerle tal, aunque en realidad no lo sea todavía. Esta es la doctrina de la "justificación imputada", que lleva a Lutero a la afirmación de que el creyente es "a la vez justo y pecador". Dios habla siempre en términos de ley y evangelio, de modo que su Palabra, al tiempo que nos muestra lo que somos y nos condena (ley), nos anuncia la gracia y perdón de Dios (evangelio). La Palabra de Dios nos llega, no solamente en su forma escrita, sino también mediante los sacramentos, que son el bautismo y la comunión. Ambos han de ir unidos a la predicación que expone el evangelio y muestra su relación con el sacramento mismo —es decir, la predicación y el sacramento no han de separarse. Todos los creyentes son sacerdotes para el resto del pueblo de Dios y para todo el mundo —el "sacerdocio universal de los creyentes"— y no es necesario hacerse monástico para ser santo —la "santidad de la vida común".

Aunque el apoyo que los príncipes alemanes le prestaron a Lutero impidió que el Papa y el Emperador le aplastaran, e hizo avanzar la causa de la reforma, también tuvo sus consecuencias negativas. Esto se vio en la rebelión de los campesinos, que estalló en el 1524. Lutero había apoyado los reclamos pacíficos de los campesinos. Pero cuando estos se rebelaron, Lutero se declaró en contra de la rebelión, y los terratenientes, con el apoyo de Lutero, se lanzaron a suprimirla a sangre y fuego. Aunque Lutero les llamó a la moderación, esto siempre quedaría como una mancha en la carrera del Reformador. Lo mismo puede decirse de la bigamia de Felipe de Hesse, uno de los principales defensores del luteranismo quien, con sanción de Lutero, tomó una segunda esposa para asegurar su sucesión.

Al mismo tiempo en que Lutero reformaba la iglesia en Alemania, surgió en Suiza otro movimiento reformador relativamente independiente del de Lutero, aunque concordaba con él en muchos puntos. Este movimiento fue dirigido por Ulrico Zwinglio. También en Suiza floreció el francés Juan Calvino, quien adoptó posturas intermedias entre Lutero y Zwinglio, y cuya Institución de la religión cristiana vino a ser el fundamento de toda una tradición teológica lo que se conoce como la tradición "reformada" —representada hoy en las iglesias que llevan los nombres de "reformada" y "presbiteriana".

Zwinglio era prácticamente de la misma edad de Lutero, pues nació unos meses después del reformador alemán. A diferencia de Lutero, su formación intelectual no se fundamentó en la teología medieval, sino en el humanismo que iba cobrando auge. Tras servir en otros lugares, vino a ser cura en la ciudad de Zürich, donde pronto alcanzó gran influencia. Allí se dedicó a defender dos causas que para él eran paralelas. Por un lado, se opuso al uso de jóvenes suizos como mercenarios en guerras extranjeras. Según decía, cuando se les derrotaba morían por causas ajenas y frecuentemente injustas; y cuando resultaban vencedores, la victoria misma, con sus robos y rapiñas, les corrompía. Luego, parte del movimiento que Zwinglio encabezó era de carácter patriótico. Pero había también en Zwinglio un fuerte impulso reformador. Según él mismo dijo más tarde, aunque siguió un camino diferente al de Lutero, llegó independientemente a conclusiones semejantes a las del reformador alemán.

Fue particularmente en la cuestión de la presencia de Cristo en la comunión que los dos reformadores no pudieron ponerse de acuerdo cuando se reunieron en Magdeburgo en el 1529, precisamente con el propósito de presentar un frente común ante sus enemigos. Lutero insistía en la presencia física del cuerpo de Cristo en el altar, mientras Zwinglio decía que esa presencia era simbólica. A la postre, Lutero resumió la discusión declarando que "no somos del mismo espíritu".

Zwinglio regresó entonces a Zürich, donde murió en el campo de batalla cuando salió en defensa de la ciudad ante un ataque sorpresivo por parte de tropas católicas.

Zwinglio murió en el 1531, y por la misma época un joven francés que tras empezar a prepararse para ser abogado se había dedicado a la teología, Juan Calvino, comenzaba a tener dudas acerca de la religión tradicional en que se había formado. Poco después Calvino se vio obligado a abandonar su patria para siempre. En el exilio, publicó un libro relativamente pequeño bajo el título de Institución de la religión cristiana, en el que resumía los principales puntos de la teología protestante. Ese libro fue tan famoso, que cuando Calvino pasaba por Ginebra, y el reformador de la ciudad, Francisco Farel, se enteró de su presencia, Farel decidió que tenía que pedirle a Calvino que se uniera al movimiento reformador ginebrino. Muy en contra de su voluntad, Calvino se vio obligado a permanecer en Ginebra y a ocuparse de los asuntos prácticos de la reforma en esa ciudad. Allí luchó constantemente con las autoridades, para que tomaran medidas reformadoras. Esto le costó un nuevo exilio; pero a la postre volvió a Ginebra, donde vivió el resto de sus días.

Al tiempo que tomaba las riendas de la reforma ginebrina, Calvino continuó sus labores literarias. Además de comentarios sobre casi todos los libros de la Biblia, continuó trabajando en sucesivas ediciones de la Institución, tanto en latín como en francés. Cada nueva edición incluía nuevos temas y aclaraciones, buena parte de ellos como resultado de las muchas controversias teológicas que bullían en toda Europa. Puesto que Calvino instituyó en Ginebra una academia a donde acudían personas de espíritu reformador de diversas regiones de Europa, sus ideas se divulgaron rápidamente. Así, la Institución de la religión cristiana llegó a ser una vasta obra en cuatro grandes volúmenes, y uno de los libros de mayor impacto en toda la historia de la iglesia y de la civilización occidental.

Calvino no se proponía otra cosa que aclarar, ampliar y aplicar lo que Lutero y otros habían dicho. Pero a pesar de ello había varias diferencias teológicas entre Lutero y Calvino. La que más pronto notaron algunos de los luteranos que leyeron la Institución tenía que ver con la presencia del cuerpo de Cristo en la comunión. Mientras Lutero había sostenido que el cuerpo de Cristo —dotado ahora del don de la ubiquidad, o de estar en varios lugares al mismo tiempo— desciende a cada lugar donde se celebra la comunión, y está físicamente en el pan y el vino, Calvino propone que la presencia de Cristo, al tiempo que es real, es espiritual, y que lo que acontece no es que Cristo descienda a la mesa de comunión, sino que la comunidad que participa del pan y del vino asciende a la presencia de Cristo a la diestra del Padre, en un anticipo del banquete celestial. En segundo lugar, Calvino difería de Lutero en su énfasis sobre la santificación. Lutero también creía que la santificación era un elemento importante en la vida cristiana; pero no la subrayaba por temor a que un énfasis excesivo en ella llevara de vuelta a la justificación por las obras. Calvino, por su parte, insistía en que la santificación es parte integrante de la vida de fe. Por ello, mientras en generaciones posteriores el peligro de los luteranos más extremos ha sido el antinomismo —la negación de la Ley— el de sus contrapartes calvinistas ha sido el legalismo. Por último, Calvino difería de Lutero en su posición respecto a las autoridades civiles. En cuanto a esto, Lutero era bastante más conservador, mientras Calvino sostenía que —como había sucedido en Ginebra— los cristianos fieles tienen el derecho a exigir que su gobierno sea justo y fiel. Fue por esto que en muchos lugares donde el calvinismo se extendió —por ejemplo, Escocia, los Países Bajos y lo que hoy son los Estados Unidos— hubo rebeliones de inspiración calvinista.

Otros adoptaron posturas más extremas, insistiendo en la necesidad de regresar al Nuevo Testamento en todos los aspectos de la vida y la doctrina. Muchos de quienes siguieron ese camino de reforma radical fueron llamados "anabaptistas". Los anabaptistas fueron perseguidos tanto por católicos como por protestantes, quienes veían inclinaciones subversivas en sus enseñanzas. Llevados por su celo restaurador, y frecuentemente por visiones apocalípticas, algunos de entre los anabaptistas siguieron el camino de la violencia, pretendiendo traer el Reino de Dios mediante la fuera armada. Pero a la postre esos movimientos extremos desaparecieron, y quienes prevalecieron fueron los anabaptistas pacifistas, cuya figura principal fue Menno Simons.

El impulso por volver a las fuentes que caracterizó al siglo XVI, y que fue parte de los movimientos luteranos y calvinistas, llevó a otros mucho más lejos. Ya Zwinglio había sobrepasado a Lutero en este punto, pues mientras el reformador alemán se mostraba dispuesto a aceptar las prácticas tradicionales que no contradijeran la Biblia, el suizo se negaba a aceptar todo lo que no estuviera en ella —por ejemplo, el uso de órganos en las iglesias. Pero en la misma Zürich —y en otras partes de Europa— había un número creciente de personas que insistían en que los reformadores no habían llevado a una restauración plena del cristianismo del Nuevo Testamento. Uno de los principales puntos de desacuerdo se refería al bautismo de párvulos. Tanto Lutero como Zwinglio y los demás reformadores continuaron la práctica de bautizar a niños nacidos dentro de la comunidad cristiana. Pero ahora estas otras personas decían que en tiempos del Nuevo Testamento solamente se bautizaban quienes habían creído y que, puesto que los niños pequeños no pueden creer, su bautismo no es válido. Por fin, en la propia ciudad de Zurich, uno de ellos bautizó a otro, vertiéndole agua en la cabeza —pues para aquellos primeros anabaptistas el modo en que se bautizaba no era lo importante, sino la fe de la persona— y con ello comenzó el movimiento anabaptista.

El nombre mismo de "anabaptista" quiere decir "rebautizador", y le fue impuesto al movimiento desde fuera, pues los llamados anabaptistas no creían que estaban rebautizando, sino que estaban bautizando por primera vez a personas cuyo bautismo en la infancia no era válido.

El movimiento fue perseguido tenaz y cruelmente tanto por católicos como por protestantes, y pronto hubo centenares de mártires entre los anabaptistas. Esto en sí hizo que el movimiento se fuera volviendo cada vez más radical. La matanza de los fieles era índice de que se cumplían los tiempos del Apocalipsis. El Reino de Dios estaba por venir. Había que hacer todo lo posible por colaborar con la venida del Reino. Así, cuando se pensó que el Reino vendría en Estrasburgo, los anabaptistas acudieron en masa a aquella ciudad. Cuando esos sueños se vieron frustrados, fueron a Munster, ciudad de la que por fin se posesionaron, expulsando de ella al obispo y a cuantos no concordaran con ellos. La ciudad se vio entonces sitiada, hambrienta y progresivamente despoblada, según más y más personas la abandonaban. Las visiones y los presagios abundaban. En vista de la falta creciente de varones, se ordenó la poligamia, sobre la base de que los patriarcas bíblicos la habían practicado, y se ordenó que toda mujer debía estar casada. El líder del movimiento tomó el título de Rey de la Nueva Jerusalén. Por fin, hastiados de lo que sucedía, algunos ciudadanos les abrieron las puertas de la ciudad a las tropas del obispo, quienes tomaron la ciudad, capturaron, torturaron y mataron a los jefes del movimiento, y le pusieron así fin a la supuesta Nueva Jerusalén.

Entretanto, otros anabaptistas se dolían de que aquel movimiento, que decía abrazar las prácticas y doctrinas del Nuevo Testamento, se hubiera dejado llevar por la violencia, tan contraria a las enseñanzas de Jesús. El más importante entre este otro grupo de anabaptistas fue Menno Simons, cuyos seguidores recibieron el nombre de "menonitas". El pacifismo fue siempre parte de las doctrinas de estos anabaptistas, quienes por largo tiempo fueron perseguidos al igual que otros anabaptistas. Cuando por fin cesó la persecución por motivos supuestamente religiosos, los menonitas siguieron siendo vistos como elementos subversivos por parte de gobiernos que no querían permitir que algunos de entre su población se negaran rotundamente a participar de la vida militar. Por ello se esparcieron por tierras lejanas, frecuente y repetidamente en busca de condiciones políticas que les permitieran continuar practicando su pacifismo.

El protestantismo también alcanzó gran éxito en la Gran Bretaña, en parte gracias a los conflictos entre el rey Enrique VIII y el papado, pero sobre todo después de la muerte de Enrique, y en tiempos de su hija Isabel I. Como resultado de todo esto surgió la Iglesia de Inglaterra, comúnmente llamada "anglicana".

Desde tiempos del papado en Aviñón y de la Guerra de los Cien Años el reino de Inglaterra había comenzado a apartarse de su obediencia a papas que servían a los intereses de Francia, y a tomar medidas para evitar que los recursos del reino fueran a las arcas papales. Esto —y lo que quedaba de los lolardos— fue el trasfondo del proceso que llevó a la reforma en país y a la formación de la Iglesia de Inglaterra.

Cuando estalló la reforma luterana en Alemania, gobernaba en Inglaterra Enrique VIII, quien rápidamente tomó medidas para que las ideas luteranas no entraran en su reino, mereciendo así el título de "Defensor de la Fe" que León X le concedió. Pero Enrique estaba preocupado por su propia sucesión, sobre todo en vista de que Inglaterra acabada de salir de una guerra civil suscitada por cuestiones de sucesión al trono. Su esposa, Catalina de Aragón, le había dado solamente una hija (María Tudor), y la posibilidad de que le diera un hijo varón parecía remota. El Rey entonces le pidió a Roma que anulara su matrimonio con Catalina, dando la razón de que necesitaba un heredero varón, y que Catalina había estado desposada antes con el ahora difunto hermano de Enrique. Tales anulaciones se concedían con frecuencia. Pero Catalina era tía de Carlos V, cuya enemistad el Papa tenía que evitar. Por ello se le sugirió que tomara secretamente una segunda esposa. Mas el Rey no podía hacer esto, en parte porque necesitaba un heredero públicamente reconocido. Por fin, en 1534, el Parlamento declaró que el rey de Inglaterra era la cabeza suprema de la iglesia en el país, y que quien lo negara sería culpable de alta traición. Entre varios que fueron entonces castigados como traidores, el más notable fue Tomás Moro, quien insistió siempre en que era fiel siervo del Rey, pero que por encima del Rey estaba su Señor, y pagó por su firmeza con su vida.

El Rey entonces declaró que su matrimonio con Catalina era nulo, y se casó con Ana Bolena, a quien había tomado por concubina poco tiempo antes. Cuando Ana le dio solo una hija (Isabel Tudor), el Rey la acusó de adulterio y la hizo ejecutar. Por fin, de su tercera esposa, tuvo un heredero varón —quien más tarde le sucedería como Eduardo VI. Entonces Enrique tuvo toda una serie de otras esposas, en matrimonios contraídos por motivos principalmente políticos, y que unas veces favorecían a los de tendencias reformadoras y otras a sus opositores.

Bajo Enrique, la Iglesia de Inglaterra tomó algunas medidas reformadoras, aunque bastante moderadas. El arzobispo Tomás Cranmer hizo traducir la Biblia y colocarla en todas las iglesias. Principalmente para posesionarse de sus riquezas, pero con excusas religiosas, Enrique clausuró los monasterios. Los humanistas proponían una reforma moderada, sin los "excesos" del Continente. Pero en su esencia la vida religiosa cambió poco.

A la muerte de Enrique VIII en el 1547 le sucedió su hijo Eduardo VI, joven enfermizo que reinó bajo regentes que favorecían el proceso reformador. El arzobispo Cranmer hizo preparar y publicar el Libro de oración común, que le dio al pueblo inglés una liturgia en su lengua vernácula y más tarde se volvería el vínculo que uniría a todas las iglesia anglicanas alrededor del mundo.

Eduardo murió en el sexto año de su reinado, y le sucedió su hermana mayor María Tudor, hija de Catalina de Aragón y por tanto católica. María inmediatamente hizo abolir todas las medidas reformadoras del reinado anterior, y desató contra los protestantes una persecución tal que le ganó el apelativo de "María la Sanguinaria". Su más famoso mártir fue el arzobispo Tomás Cranmer, quien antes había dirigido los esfuerzos reformadores.

Pero María murió en el 1558, y le sucedió la hija de Ana Bolena, Isabel Tudor, cuyo largo reinado marcaría la edad de oro de la corona inglesa. Muchos exiliados regresaron de Europa —particularmente de Ginebra— trayendo ideas calvinistas. Isabel promovió una reforma moderada en la que se permitía una amplia variedad de opiniones, siempre que se aceptara su supremacía como cabeza de la iglesia. Por ello se prohibió el catolicismo romano, cuyos fieles tuvieron que continuar practicando su fe en secreto, alentados por sacerdotes que vivían en la clandestinidad y que arriesgaban la vida para continuar sirviendo a su pueblo. Fue durante el reinado de Isabel que la Iglesia de Inglaterra tomó su forma definitiva, caracterizada en cuestiones teológicas por un protestantismo moderado, en cuanto a su gobierno por sus obispos, y en cuanto a su culto por una liturgia tradicional de la que solo se excluían aquellos elementos que eran absolutamente incompatibles con los principios protestantes.

No todos estaban satisfechos con las políticas religiosas de Isabel. Esto era particularmente cierto de los "puritanos", así llamados porque insistían en la necesidad de purificar la fe de todo lo que no fuera bíblico. Aunque durante el reinado de Isabel este movimiento no tuvo gran fuerza, sí la tuvo más tarde, cuando llevaría a la revolución.

Escocia, por largo tiempo enemiga de Inglaterra, se oponía tanto al catolicismo romano como al anglicanismo, y siguió el camino del presbiterianismo y de la teología reformada de Calvino. Pero a la postre la corona de ambos países cayó sobre Jaime VI de

Escocia (Jaime I de Inglaterra), lo que le dio origen al Reino Unido, en el que Inglaterra siguió siendo mayormente anglicana, y Escocia presbiteriana.

Cuando Isabel llegó al trono de Inglaterra, en la vecina Escocia quien reinaba en teoría era su prima María Estuardo (quien no ha de confundirse con María Tudor, medio hermana de Isabel). Pero María había heredado el trono a la semana de nacida, y el resultado fue que el país se dividió entre varios partidos que se disputaban el poder. Algunos de ellos favorecían la reforma, y otros no. Entre los reformadores, el líder principal era Juan Knox, quien tras un intento fallido de establecer sus principios fue condenado a remar en las galeras, donde sufrió casi dos años de servitud, hasta que la intervención de Enrique VI de Inglaterra logró su libertad. Por su parte María se casó en el heredero de la corona francesa, de modo que llegó a ser reina consorte de Francia y a la vez reina titular de Escocia, pero al mismo tiempo pretendía ser reina de Inglaterra, insistiendo en que el matrimonio de Enrique VIII con Ana Bolena no había sido legítimo, y que por tanto Isabel no tenía derecho a la corona inglesa.

En Escocia, los lores apoyaban la causa reformadora, y bajo la dirección de Knox se comenzó a crear una iglesia de teología calvinista y gobierno presbiteriano. Pero, tras una compleja serie de acontecimientos, los lores escoceses, que antes seguían apoyando a Knox y la causa reformadora, invitaron a María —cuyo esposo, el Rey de Francia, había fallecido— a venir de Francia y tomar posesión efectiva del trono. María acudió apoyada por tropas francesas. Al enterarse de que María hacía celebrar la misa en su capilla privada, Knox la acusó de ser una "nueva Jezabel" que llevaba a la nación a la idolatría. Pero lo que causó la caída de María fue su ambición de destronar a su prima Isabel y adueñarse del trono inglés. Con ese propósito hizo un matrimonio político y se alió a España para erradicar el protestantismo. Pero algunos de los lores se rebelaron. El esposo de María murió en circunstancias sospechosas, y la Reina se casó con quien era probablemente su amante y el asesino de su esposo. Por fin el ejército se negó a obedecerla, y los lores le presentaron la alternativa entre abdicar y ser acusada de asesinato. María abdicó a favor de su hijo Jaime, y pronto se vio forzada a pedir refugio en Inglaterra, bajo su prima Isabel. Pero aun en Inglaterra María continuaba conspirando contra Isabel, a quien consideraba ilegítima, y cuyo trono reclamaba para sí. A la postre, Isabel la hizo decapitar. Mientras tanto, en Escocia los conflictos continuaron, pero a la postre el calvinismo presbiteriano se impuso, y la Iglesia de Escocia vino a ser fuente del presbiterianismo en buena parte del mundo.

Irónicamente, cuando Isabel murió en el 1603, Jaime VI de Escocia, hijo de María Estuardo, vino a ser también Jaime I de Inglaterra, con lo cual surgió el Reino Unido que continúa hasta el día de hoy.

La teología reformada también se adueñó de los Países Bajos, que se rebelaron contra su gobernante Felipe II, rey de España, uniendo su patriotismo naciente con el protestantismo calvinista.

Los Países Bajos eran posesión hereditaria de la Casa de Austria, y por ello de Carlos V y de su heredero, Felipe II de España. Carlos era de origen flamenco, y por tanto gozaba de cierta popularidad en la región. Su oposición al protestantismo, que causó millares de muertes, comenzó a ganarle la enemistad de muchos de sus súbditos. Pero esa enemistad explotó cuando Felipe II heredó a su padre, y quiso gobernar los Países Bajos como si fueran una mera extensión de España. Los nobles de la región que antes habían sido consejeros de Carlos V quedaron ahora relegados. Al parecer por complacerles, Felipe les prometía una cosa y luego hacía otra. Por otra parte, las convicciones de Felipe le llevaban a una política de intransigencia absoluta en materia de religión, llevando a los Países Bajos la Inquisición que en España tenía fama de haberse vuelto instrumento dócil en manos de la corona. Cuando los habitantes de la región protestaron, y alguien dijo que no era necesario prestarles atención a "esos mendigos", estalló la rebelión de quienes ahora con todo orgullo se llamaban a sí mismos los "mendigos".

Una vez más Felipe se enfrentó a la situación con crueldad e hipocresía. Les prometió a los mendigos que lo que pedían se les concedería, y al mismo tiempo se preparó para invadir la región y ahogar la rebelión. Inesperadamente un ejército español al mando del duque de Alba invadió los Países Bajos e intentó aplastar toda resistencia a base de sangre y violencia. Pero los rebeldes no se doblegaban, y llegaron hasta a abrir los diques para obligar a los españoles a retirarse. La lucha fue larga y cruenta, hasta que a principios del siglo XVII España reconoció la independencia de Holanda, que se había vuelto un país fuertemente calvinista.

También en otros países, tales como Francia, España y Polonia, el protestantismo logró algún arraigo, aunque a la postre fue vencido.

Francia era el país natal de Calvino, y allí también el protestantismo se esparció rápidamente. Al principio de la Reforma, el rey Francisco I, al tiempo que no apoyaba a los protestantes en su país, sí los apoyaba en Alemania con el propósito de debilitar a su rival Carlos V. Más al oeste, en la frontera con España, el reino de Navarra se volvió un centro desde donde el protestantismo se difundía. El hijo de Francisano I, Enrique II, murió poco después de llegar al trono, y le sucedieron, por orden, sus tres hijos Francisco II, Carlos IX y Enrique III. Pero quien en realidad gobernaba era la reina madre, Catalina de Médicis, quien tomó el título oficial de regente cuando Carlos IX llegó al trono a los diez años de edad. Catalina se ganó la confianza de los protestantes franceses librando a los que estaban encarcelados y poniéndole fin a toda persecución. Pero el partido católico no aceptaba esto, y se produjeron matanzas y escaramuzas.

Por fin, en el 1570, la paz parecía reinar en el país. Catalina recibió en la corte al almirante Coligny, líder principal de los protestantes, e hizo planes para casar a la hermana del Rey con el príncipe Enrique de Borbón, también protestante. Tras un atentado contra la vida de Coligny, en la noche del 24 de agosto de 1572 (día de San Bartolomé), por orden de Catalina, se produjo una enorme matanza de protestantes tanto en París, donde muchos habían acudido para las bodas de Enrique, como en el resto del país. El resultado fue una guerra civil en la que tres pretendientes se disputaban el trono (la "Guerra de los Tres Enriques"), hasta que Enrique de Borbón, el líder protestante casado con la hermana del rey anterior, abrazó el catolicismo y alcanzó la victoria. (De ahí la frase que falsamente se le atribuye, "París bien vale una misa".) Enrique cambió de religión varias veces, pero siempre se mostró al menos benévolo con los hugonotes, cuyo número continuaba creciendo. Años más tarde, la enemistad entre católicos y protestantes llevaría a nuevos conflictos que culminarían en la expulsión de los protestantes por el rey Luis XIV en el 1685.

En España hubo un fuerte movimiento de reforma protestante centrado principalmente en Sevilla y Valladolid, y al cual se adhirieron varios de los más famosos predicadores. Pero a la postre la Inquisición logró aplastar ese protestantismo naciente, cuyos seguidores partieron hacia el exilio en Inglaterra, Suiza y Holanda.

En Polonia había ya algunos husitas de origen bohemio. La reforma luterana no tuvo allí mucha simpatía, pues los polacos, siempre temerosos de los alemanes, no veían con simpatía lo que venía de ellos. Pero el calvinismo sí se abrió paso, y la Biblia se tradujo al polaco. Además, gracias a la relativa tolerancia que existía en ese país, buen número de personas consideradas heterodoxas en el resto de Europa fueron a refugiarse en Polonia. Esto resultó en una fuerte presencia unitaria —es decir, antitrinitaria— cuya principal declaración de fe es el Catecismo de Racovia.

En Italia los valdenses, al escuchar de las doctrinas de Calvino, las abrazaron, y así se unieron al protestantismo. Atacados repetidamente en sus refugios alpinos, los valdenses resistieron todo intento de suprimir su fe, y se volvieron así la más antigua de todas las iglesias reformadas. Además, independientemente de los valdenses, el general de la orden de los capuchinos, Bernardino Ochino, se hizo protestante, y otros italianos siguieron el mismo camino. Pero casi todos tuvieron que abandonar el país y algunos de ellos, incluso Ochino, se tornaron cada vez más radicales, hasta que los mismos protestantes les rechazaron.

En Hungría y varios otros países del este europeo las vicisitudes políticas unas veces favorecían el protestantismo y otras no, de modo que en todos esos países hubo siempre buen número de protestantes, pero estos nunca fueron la mayoría.

En el entretanto, hubo también un movimiento reformador dentro del catolicismo. Ese movimiento, al tiempo que rechazaba, refutaba e intentaba suprimir las doctrinas de los protestantes, buscaba también reformar las costumbres dentro de la Iglesia Católica. Como parte de esa reforma católica, surgió la orden de los jesuitas, el papado quedó en manos de hombres que buscaban reformar la iglesia al tiempo que afirmaban sus doctrinas y la autoridad del papado, y se convocó el Concilio de Trento, en el que la Iglesia Católica respondió al reto del protestantismo.

La reforma católica frecuentemente recibe el nombre de "Contrarreforma". Pero ese título no es del todo exacto, pues en realidad había movimientos de reforma dentro del catolicismo desde antes de la protesta de Lutero que le dio comienzo a la reforma protestante.

✝ Esto puede verse en los intentos reformadores de Isabel la Católica en Castilla, y en la labor de Jiménez de Cisneros. Este último, al recibir el primer tomo de su Biblia Políglota Complutense, declaró que tenía la esperanza de que de ella surgiera un movimiento de reforma de la iglesia. Lo que sucedió más tarde fue que, según iba avanzando la reforma protestante, la reforma católica tomó cada vez más tonalidades antiprotestantes, de modo que lo que antes se proponía solamente reformar la iglesia vino a ser ahora también un intento de contrarrestar y detener los avances del protestantismo. Esto hizo que la reforma católica se concentrara a la vez en reformar las costumbres y prácticas de la iglesia y en subrayar y defender la ortodoxia tradicional.

El principal centro de la reforma católica, sobre todo en sus inicios, fue España. Allí florecieron nuevas órdenes monásticas. Como movimiento de reforma del monaquismo, hay que recalcar la fundación de los carmelitas descalzos, bajo la inspiración y dirección de Santa Teresa de Jesús y de su asociado San Juan de la Cruz. Como movimiento monástico dirigido, en parte al menos, a responder al reto protestante, surgió la orden de los jesuitas, fundada por San Ignacio de Loyola.

Ignacio nació en una familia aristocrática, y soñó con glorias militares hasta que una herida le dañó una pierna permanentemente. En medio de su desilusión, se dedicó a la meditación religiosa, hasta que tuvo una experiencia de la gracia de Dios muy parecida a la de Lutero. Se dedicó entonces plenamente al servicio de Dios, que esperaba cumplir en Palestina. Pero pronto se percató de su necesidad de estudiar y, aunque era ya mayor que el común de los estudiantes, cursó estudios en varias universidades. Tras reclutar un pequeño número de seguidores, le pidió al papa Pablo III que aprobara su Compañía de Jesús —como se llamaba su orden— y la colocara bajo la obediencia directa al papa. El papa Pablo se lo concedió pero, en lugar de usar a los jesuitas primordialmente como misioneros entre los musulmanes, los dirigió a la tarea de detener el avance protestante. Además, pronto la corona española empezó a utilizarles también como misioneros en sus colonias americanas.

Los jesuitas se distinguían por sus amplios conocimientos y seria preparación académica. En América, varios de ellos se distinguieron por su defensa de la población indígena. Pero, sobre todo en

Alemania y otras regiones donde el protestantismo avanzaba, se dedicaron a detenerlo por todos los medios posibles. Con ese propósito, establecieron una firme alianza con la Casa de Austria, que a la sazón gobernaba en España. Esa alianza les ayudó por algún tiempo. Pero cuando los Borbones, rivales de los Austria, vinieron a ocupar la mayoría de los tronos europeos, su antigua alianza con los Austria les causó serias dificultades, al punto de que primero fueron expulsados de todos los territorios bajo gobierno borbónico, y por fin, en el 1773, el papa declaró la orden disuelta —hasta que el papa Pío VII la restauró en el 1814.

Cuando Lutero clavó sus famosas noventa y cinco tesis, reinaba en Roma el papa León X, papa típico del renacimiento, y por tanto más preocupado por la política italiana y por embellecer a Roma —entre otras cosas, completando la construcción de la Basílica de San Pedro— que por el bienestar religioso de su feligresía. Como hemos visto, esta fue una de las razones por las que Roma no intervino inmediatamente para ahogar la protesta de Lutero. Tras el breve pontificado de Adriano VI —a quien Carlos V hizo elegir papa con la esperanza de que reformara la iglesia— siguieron otros papas menos dignos. Algunos, como Pablo III, al tiempo que se ocupaban de la reforma de la iglesia —pues fue Pablo III quien hizo convocar el Concilio de Trento—, seguían las viejas políticas nepotistas. Por fin en el 1555, en la persona de Pablo IV, el espíritu reformador se posesionó del papado. Bajo Pablo III, pero sobre todo bajo Pablo IV y sus sucesores, el papado se ocupó no solo de reformar las costumbres y prácticas de la iglesia —eliminando cosas tales como la simonía, el nepotismo y el absentismo— sino que también se le dieron nuevos poderes a la Inquisición, se publicó el Índice de libros prohibidos y se comenzó a organizar los estudios que los candidatos al sacerdocio debían seguir.

En esas reformas se estaban poniendo en práctica las decisiones del Concilio de Trento (1545-1563). Ese concilio, que comenzó con la escasísima presencia de treinta y un prelados, y al final contaba con poco más de doscientos, se propuso responder a todas las doctrinas protestantes y al mismo tiempo reformar la vida de la iglesia. Puesto que el protestantismo cuestionaba buena parte de las doctrinas católicas, este fue el primer concilio que trató, no sobre unos pocos temas específicos, sino sobre la casi totalidad de las doctrinas cristianas. En Trento se prohibieron la simonía, el absentismo, el pluralismo y otros males, al tiempo que se insistió en la doctrina católica tradicional de la salvación mediante méritos que se alcanzan con la ayuda de la gracia, se le dio a la Vulgata una autoridad por encima de todo otro texto de la Biblia, se afirmó que la tradición tiene una autoridad paralela a las Escrituras, y se tomaron varias otras medidas semejantes.

Aquel concilio dejó tal huella sobre la Iglesia Católica, que bien se puede hablar de una "iglesia tridentina" —es decir, que sigue los dictámenes de Trento— que comenzó entonces y continuó existiendo hasta las grandes reformas del Segundo Concilio del Vaticano (1962-1965).

CAPÍTULO 7
La gran expansión ibérica o "era•de los conquistadores"
(Desde el 1492 hasta fines del siglo XVII)

Cómo se indicó en el capítulo anterior, los acontecimientos que allí se narran son paralelos a los que nos ocupan en este capítulo 7, y se han separado solo por razones de claridad y de conveniencia. El período que ahora nos ocupa comienza en el 1492, y continúa hasta fines del siglo XVIII y principios del XIX. Fue un período de grandes descubrimientos geográficos y de conquistas por parte de Europa, y particularmente de España y Portugal.

La fecha del 12 de octubre de 1492 cambió para siempre el mapa del mundo. Quienes ya vivían en estas tierras del Hemisferio Occidental se vieron invadidos por hombres extraños con carapachos de metal, armas de fuego, y montados sobre animales aun más extraños que los hombres mismos. En Europa, se comenzó a pensar que, puesto que los antiguos no sabían nada acerca de ese otro mundo, también podían haber errado en otros puntos. La economía se transformó gracias al oro y la plata que llegaban de las colonias. España se volvió tan rica que podía importar cuanto quisiera, de modo que la industria se desarrolló más rápidamente en el resto de Europa que en España misma. La fe cristiana, hasta entonces limitada a Europa y algunas regiones de África y Asia, gozó de una expansión geográfica y numérica como nunca antes. Pronto había más cristianos en las colonias españolas de América que en España misma.

Portugal había comenzado sus exploraciones marítimas mucho antes que España. Su interés estaba en circunnavegar el continente africano para así llegar al Oriente, con sus fabulosas riquezas en especias y sedas. Ya a mediados del siglo XV Enrique el Navegante dio gran ímpetu a las exploraciones marítimas. Pero sería principalmente en el siglo XVI, poco después del comienzo de las conquistas españolas en América, que Portugal haría sentir su poder en las costas africanas y asiáticas.

Aunque los portugueses se distinguieron por su exploración de las costas de África, su interés no estaba en África misma, que les parecía no ser sino un obstáculo en el camino hacia las riquezas del Oriente. Enrique el Navegante, convencido de que el futuro de Portugal se encontraba en el mar, fundó una escuela de navegación, y bajo sus auspicios, tras muchos esfuerzos, los marinos portugueses pudieron por fin llegar a Sierra Leona. Veintisiete años después de la muerte de Enrique, los portugueses lograron rodear el Cabo de Buena Esperanza; y otros diez años después llegaron por fin a las costas de la India.

En todo esto, el interés misionero era muy secundario, de modo que, aunque como veremos más adelante hubo conversiones en África y luego en las colonias portuguesas en India y China, las iglesias que allí se fundaron carecieron siempre de recursos y tardaron algún tiempo en echar raíces permanentes.

La exploración y conquista de América por parte de los españoles comenzó en el 1492, con el primer viaje de Colón. Poco después del "descubrimiento" de América, los papas les dieron a las coronas de España y de Portugal una serie de derechos y responsabilidades respecto a la iglesia en sus nuevas colonias. Esto se conoce como el "patronato real" —en portugués, *padroado real*. El patronato marcó la historia de la iglesia en las colonias españolas y portuguesas, haciendo de la iglesia instrumento de la corona, y rigió hasta el fin de los tiempos coloniales.

La llegada de Colón a América no pudo haber tenido lugar en un tiempo menos propicio para el papado, pues los primeros años de la conquista coincidieron con el reinado de algunos de los peores papas renacentistas. Cuando Colón regresó a España con sus sorprendentes noticias, el papa era Alejandro VI, de la familia española de los Borgia, y uno de los peores papas en toda aquella época turbulenta. Sus sucesores no fueron mucho mejores. Como hemos visto, uno de ellos, León X, reinaba en Roma al comienzo de la Reforma protestante, pero estaba más interesado en sus planes para embellecer a Roma y en sus intrigas políticas que en lo que pudiera suceder en la lejana Alemania.

Si aquellos papas se interesaron poco por lo que acontecía al otro lado de las Alpes, menos se interesaron en lo que sucedía al otro lado del Atlántico. ¿Cómo irían ellos a invertir sus recursos en la cristianización de numerosísimos pueblos supuestamente semisalvajes? Luego, en una serie de bulas, Alejandro VI y sus sucesores colocaron toda la responsabilidad por la iglesia en las nuevas colonias sobre los hombros de los soberanos de España y Portugal. Todavía ni siquiera se sospechaba de las riquezas de México y del Perú, y por ello las bulas papales responsabilizaban a los reinos ibéricos por los costos de toda la labor misionera en las nuevas tierras, y para ese propósito le otorgaban el derecho de utilizar los fondos que pudieran venir de ellas. De igual modo, se le concedía a la corona el derecho de organizar la iglesia en sus colonias creando diócesis y otras jurisdicciones eclesiásticas, fundando monasterios, conventos y universidades, etc. En cuanto al nombramiento de obispos y otros prelados, la corona tendría el "derecho de presentación", que esencialmente quería decir que podía presentarle al papa el nombre de la persona seleccionada para ocupar un cargo, y el papa refrendaría lo decidido por la corona.

Uno de los resultados del patronato real fue que las principales prelaturas no se les daban a quienes habían probado su compromiso y su habilidad en tierras americanas, sino más bien a quienes tenían las relaciones necesarias con los altos funcionarios de la corona, de modo que muchos eran nombrados obispos de tierras que nunca antes habían visitado. Otro resultado, mucho más tarde, fue que cuando las naciones hispanoamericanas se declararon independientes de España muchas de ellas reclamaron el derecho de patronato sobre la iglesia, y esto trajo tensiones con Roma, así como una merma en el número de obispos y sacerdotes.

La empresa conquistadora misma se justificaba mediante argumentos semejantes a los que antes se habían empleado en las cruzadas y en la Reconquista española. Pero tales argumentos no eran del todo convincentes, y en la Universidad de Salamanca se llegó a dudar de buena parte de ellos —tarea en la que se destacó el dominico Francisco de Vitoria.

Cuando los primeros españoles llegaron a América, ya se había afianzado en España el mito de la Reconquista, según el cual durante todo el tiempo transcurrido desde la llegada de los moros en el 711 hasta la Guerra de Granada en el 1492 la historia de España había sido un esfuerzo ininterrumpido por echar del país a los moros —la Reconquista. Se hablaba de la Reconquista como una larga cruzada contra el infiel. En ella, Santiago el Apóstol, patrón de España, había acudido en defensa de los cristianos, montado sobre un gran caballo blanco y matando moros a diestra y siniestra —por lo cual se le llamaba "Santiago Matamoros".

Todo esto se llevó entonces a América. La conquista no era solamente un modo de acrecentar el poderío de España y la riqueza de los conquistadores, sino también una especie de cruzada en la que Dios le había dado a España la sagrada misión de conquistar y cristianizar todo un hemisferio —y en la que no faltaron historias de intervenciones milagrosas por parte de Santiago Matamoros.

Pero no todos en España veían todo esto con igual beneplácito. Hubo debates acerca de la naturaleza de los habitantes originales de América —¿eran verdaderamente humanos, o no? En la Universidad de Salamanca el dominico Francisco de Vitoria criticó las razones que se daban para justificar la conquista, y hasta se dice —aunque probablemente con bastante exageración— que tales críticas llevaron a Carlos V a considerar la posibilidad de abandonar toda la empresa colonizadora.

En América misma, los métodos misioneros se combinaron con la violencia y la explotación. El más común en los primeros años fue el de las encomiendas, y luego comenzaron las "reducciones" o "misiones". Mientras buena parte de la iglesia justificaba todo esto, hubo también fuertes voces de protesta, sobre todo entre los dominicos.

La corona prohibía esclavizar a los indios, excepto aquellos que fueran capturados en "guerra justa". A cada señor o nación se le debía dar la oportunidad de convertirse antes de hacerle guerra. Pero tales leyes hicieron poca mella en la empresa colonizadora. Era fácil hacer de cualquier empresa militar una "guerra justa". Y, en cuanto a la oportunidad de convertirse, se les leía el Requerimiento en el que, sin mayor explicaciones y sin traducción, se les invitaba a aceptar la fe cristiana y la soberanía de la corona de Castilla, y entonces, so pretexto de haberles dado oportunidad, se les hacía la guerra.

➤ El principal método evangelizador durante los primeros años de la conquista fue el de las "encomiendas", en las que un número de indios se le entregaban a un español para que les enseñara los rudimentos de la fe —a cambio de lo cual los indios debían trabajar para el encomendero. Pronto las encomiendas resultaron ser un mero subterfugio para esclavizar y explotar a los indios —con el agravante de que el encomendero, a diferencia del dueño de esclavos, no tenía inversión alguna en la posesión de sus encomendados, y por tanto se ocupaba poco de su salud y supervivencia.

La oposición a tales abusos comenzó temprano. En el 1511, cuando todavía quedaban en La Española focos de resistencia contra la invasión española, el dominico Antonio Montesinos predicó un sermón en el que condenaba a los encomenderos y otros explotadores por sus abusos. Montesinos tenía el apoyo de sus compañeros dominicos, quienes le habían encomendado la tarea de predicar aquel sermón. El revuelo fue tal que la disputa llegó a España, donde por primera vez las autoridades comenzaron a cuestionar el modo en que se llevaba a cabo la empresa evangelizadora. Probablemente entre quienes escucharon aquel sermón estaba Bartolomé de Las Casas, quien pronto se convirtió en el más insistente defensor de los indios. En sus muchas idas y venidas entre España y el Nuevo Mundo, frecuentemente encontraba apoyo en España, pero tenaz oposición entre los colonizadores. La corona tenía interés en limitar el poder de los conquistadores, pues hasta poco antes los grandes magnates españoles habían resistido los impulsos centralizadores de los soberanos, y ahora la corona temía que, si se les permitía a los colonizadores explotar a los indios como siervos, se crearían nuevos magnates en las colonias. Esta fue una de las razones por las que Las Casas encontró cierto apoyo entre las autoridades en España, y fuerte oposición en América. Tras un fracasado intento de colonización pacífica en Venezuela, Las Casas fue hecho obispo de Chiapas, en México. Pero allí sus conflictos con los encomenderos fueron tales que tuvo que renunciar. No por eso abandonó su tarea de defender a los indios, hasta que murió en España a la edad de noventa y dos años.

Fue en Paraguay, bajo la supervisión de los jesuitas, que se establecieron las más extensas misiones o reducciones —hasta que la expulsión de los jesuitas llevó al abandono de muchas de ellas.

Las "misiones" o "reducciones" fueron un método de evangelización más benévolo que las encomiendas, y que se aplicó principalmente en regiones donde la población indígena vivía dispersa, a veces como seminómadas. En tales sitios, los misioneros —principalmente franciscanos en el norte de México, y jesuitas en Paraguay— establecían poblaciones en las que se invitaba (y a veces se obligaba) a los indios a vivir. Se les dio el nombre de "reducciones" porque su propósito era reducir a los indios a ellas —es decir, juntarles en lugares donde los misioneros pudieran supervisarles más directa y constantemente. Ya en el año 1503, la corona instruyó a los españoles en el sentido de que los indios debían vivir en poblaciones, y no esparcidos por toda la comarca. Ciertamente, uno de los propósitos de tales instrucciones era facilitar, no solo la conversión de los indios, sino también el control sobre ellos. En esas misiones, los frailes tenían autoridad suprema, y por ello frecuentemente se les acusa de paternalismo. En todo caso, por ese medio se introdujeron entre la población indígena nuevos cultivos y crías —trigo, vacas, ovejas, cerdos— con el propósito de mejorar su dieta. Las misiones jesuitas de Paraguay fueron en extremo exitosas. Sus residentes llegaron al punto de poder construir órganos comparables a los mejores de Europa. Cuando, desde la cercana región de São Paulo, venían aventureros armados que invadían la región cazando esclavos, los jesuitas les enseñaron a los indios cómo fabricar armas de fuego, y les armaron. Repetidamente, los indios derrotaron a los invasores paulistas, quienes se quejaron ante las autoridades en Europa, declarando que los jesuitas estaban armando a los indios porque se preparaban a declarar una república independiente del control de la corona. Puesto que para esa época quienes reinaban en Europa eran principalmente de la Casa de Borbón, y por tanto enemigos de los jesuitas, esto fue una de las causas que llevaron a la expulsión de los jesuitas de Paraguay, y a la postre a la disolución de la orden por el papa. La misiones quedaron entonces en manos de otros frailes. Pero estos eran insuficientes, y las antiguas misiones jesuitas entraron en franca decadencia.

La conquista y colonización de América tuvieron lugar con vertiginosa rapidez. Primero se conquistaron y colonizaron las Antillas Mayores. Pero de allí se pasó a México y (bastante más tarde) a la Florida. Desde México, los conquistadores invadieron lo que hoy es Centroamérica. Rápidamente pasaron a "Nueva Granada"

—Colombia y Venezuela— y sobre todo al Perú. Mientras tanto, los españoles también se establecían en el Virreinato de la Plata —Argentina, Uruguay y Paraguay. En todo ese proceso se fueron estableciendo diócesis, monasterios, universidades y otras instituciones religiosas, todo bajo el control de la corona.

La Española fue conquistada rápidamente. Aunque hubo resistencia por parte del cacique del Higüey, y de la cacique Anacaona, de Jaragua, esa resistencia fue ahogada en sangre. Cuando los dominicos llegaron en el 1510, los lugares a donde no llegaba el poderío español eran poquísimos. Al año siguiente se establecieron las dos diócesis de Santo Domingo y Concepción de la Vega. Mientras tanto, la conquista de Puerto Rico avanzaba rápidamente, de modo que en esa misma fecha (1511) se estableció allí una diócesis, y el primer obispo llegó en el 1512. Ese mismo año Diego Velázquez emprendió la conquista de Cuba, que completó en el 1515. Desde Cuba partieron entonces otras expediciones, de las cuales la más notable fue la de Hernán Cortés a México.

Tras varios intentos fallidos, los españoles se internaron en México, donde en el 1519 entraron pacíficamente en Tenochtitlán. Aunque sus desmanes hicieron que se les expulsara, en el 1521 Cortés conquistó la ciudad, y con ella todo el imperio azteca. En el 1526 se fundó el episcopado de Tlaxcala —cuyo habitantes había sido aliados de Cortés en la conquista de los aztecas— y un año después se creó la diócesis de México. El primer obispo de México fue el franciscano Juan de Zumárraga, hombre de inclinaciones erasmistas que hizo establecer la primera imprenta en el Hemisferio Occidental, y personaje importante en la leyenda sobre la aparición de la Virgen de Guadalupe.

El mismo año en que Cortés conquistó a Tenochtitlán, Juan Ponce de León comenzó la exploración y conquista de la Florida —al mismo tiempo que Las Casas hacía un intento de colonización pacífica en Venezuela. Comenzada en el 1527, la conquista de Yucatán tomó más tiempo —hasta el 1546— pues sus habitantes mayas no constituían un solo reino, y por tanto fue necesario derrotar y subyugar a cada señor independiente. Esto llevó a grandes crueldades por parte de la iglesia, que temía que los mayas conservaban mucho de su antigua religión —lo cual era cierto. En el entretanto los españoles se habían establecido en Nicaragua y todo el resto de América Central.

En el 1510 se fundó en Panamá la colonia de Santa María la Antigua, que pronto fue hecha cabecera de diócesis. Desde allí, Vasco Núñez de Balboa llegó al Océano Pacífico, al que denominó Mar del Sur. Usando a Panamá como punto de partida, Pizarro y su pequeño grupo de aventureros emprendieron la conquista del Perú. En el 1532, mediante el engaño y la traición, Pizarro y sus acompañantes se apoderaron de Atahualpa —después de haberle leído el Requerimiento, como la ley exigía. Rápidamente se hicieron dueños de casi todo el imperio incaico, cuyas riquezas mandaron a España. En el 1535 fundaron la ciudad de Lima. Al año siguiente se emprendió la conquista de los chibchas en Colombia, que tardó solamente dos años. En el 1542 se creó el Virreinato del Perú.

En el entretanto, al otro extremo del continente, se fundaba en el 1536 la ciudad de Buenos Aires, que vendría a ser capital del Virreinato de La Plata. En el 1540 Pedro de Valdivia se adentró en Chile, donde los mapuches ofrecieron fuerte resistencia y marcaron el límite sur de aquella primera expansión española. En el 1541, Hernando de Soto se adentró en Norteamérica hasta llegar al río Misisipí. Por la misma época, Álvar Núñez Cabeza de Vaca se asentaba en Asunción, que vino a ser cabeza de diócesis en el 1547.

En resumen, en unos cincuenta años España se adueño de la mitad del Hemisferio Occidental, subyugando a poblaciones mucho más numerosas que España misma. Además, a partir del 1502 se comenzó a importar esclavos africanos para proveer mano de obra en el Caribe y en las regiones costeñas donde la población indígena iba desapareciendo rápidamente. Ese tráfico fue tal que hubo años en que se importaron decenas de millares de esclavos africanos.

Debido en parte a la rapidez de la conquista misma, pero sobre todo a la forma violenta que tomó y a los abusos que la acompañaron, buena parte de la población indígena hizo uso de la religión como modo de resistencia. Un ejemplo típico de esto es la devoción a la Virgen de Guadalupe.

La supuesta conversión de América española tuvo lugar en masa, al punto que hubo ocasiones en las que millares de indios fueron bautizados de una vez, sin darles mayor instrucción religiosa. Aunque siempre hubo misioneros dignos y responsables, las dificultades eran insuperables. No solo escaseaban los misioneros, sino que también los ejemplos de cristianismo que los indios veían en los colonizadores españoles eran ejemplos de abuso, violencia y rapiña.

Luego, no ha de extrañarnos el que en varias regiones persistieran elementos de las antiguas religiones al menos hasta el siglo veintiuno. Casos hubo en que los indios, forzados a construir templos cristianos, y sabiendo que se les forzaría a adorar en sus altares, enterraron en esos mismos altares estatuas de sus antiguos dioses. Así, al inclinarse supuestamente ante la hostia eucarística o ante alguno de los santos cristianos, les rendían homenaje a los dioses de sus antepasados. En otros casos, los santos que los españoles traían se conjugaron con los antiguos dioses, tomando sus atributos de tal modo que era imposible saber si la devoción iba dirigida al santo cristiano o al dios indígena. Y sobre todo se tejieron leyendas y tradiciones en las que la misma religión católica, ahora transformada por la experiencia india, servía de símbolo de resistencia y de identidad frente a los conquistadores.

El caso más famoso de entre muchos es el de la Virgen de Guadalupe. Cuenta la leyenda que el indio Juan Diego, al pasar por la colina del Tepeyac, en México, tuvo una visión de la virgen. Significativamente, el Tepeyac era sitio tradicional de devoción a Tonantzin, la "madre de los dioses". Ahora, en aquel sitio, la Virgen se le apareció a Juan Diego, enviándoles ante el obispo (Juan de Zumárraga). Cuando este no le hizo caso, la Virgen produjo el milagro de implantar su imagen en el manto de Juan Diego, y el obispo tuvo que aceptar la veracidad de lo que el indio le decía.

Lo que resulta interesante en toda esta historia es, primero, el modo en que Tonantzin y la Virgen se fundieron en una; y, segundo, que la Virgen afirma la autoridad y dignidad del indio frente al obispo. Estos son elementos comunes en la devoción a diversas apariciones de la Virgen en toda América Latina.

Algo semejante sucedió con la población de origen africano, en la que los santos se fueron identificando con los dioses africanos, y se desarrollaron ceremonias de devoción a los santos que conservaban las características de las antiguas ceremonias africanas. De allí proceden religiones y prácticas afrocaribeñas y afrobrasileñas tales como la santería, la umbanda y el candomblé. En todas ellas se mezclan elementos católicos con otros africanos, de modo que se ha debatido si son formas de catolicismo popular, o si son en realidad otras religiones.

Debido al patronato real, la iglesia en América española tuvo siempre, por así decir, dos caras: una que reflejaba los intereses de la corona y de los colonizadores, y otra que procuraba defender a los "indios" y sus derechos. Por largo tiempo, esa dualidad marcaría la historia de la iglesia en el continente, y puede verse hasta el día de hoy.

Gracias al patronato, y particularmente al "derecho de presentación" que era parte de él, la selección de prelados para las colonias americanas se hacía, no en América ni en Roma, sino en España. Por ello la mayoría de los obispos en las colonias habían llegado a tales posiciones gracias a sus relaciones en España, y no a su experiencia pastoral en América. Estos obispos a su vez nombraban a personas de su confianza para ocupar parroquias y otros cargos. Por ello, desde los inicios de la colonización hasta la independencia de las colonias en el siglo XIX, la jerarquía católica, a sabiendas o no, apoyaba los intereses de la corona antes que los de sus feligreses. Por la naturaleza misma de sus cargos, los obispos vivían en las ciudades, donde los colonos les hablaban del bien que estaban haciendo sirviendo a la corona y buscando la supuesta superación de los indios. Tal reclamo parecía corroborarse en la población indígena que los prelados y párrocos veían en las ciudades. Ese población, arrancada de sus raíces ancestrales en sus familias, sus tierras y sus costumbres, se veía ahora confundida, desarraigada y explotada en las ciudades y pueblos españoles. Al verles, bien se podría pensar que eran personas miserables, necesitadas de la tutela de los españoles.

Pero no todo el clero permanecía en esas ciudades y pueblos. Muchos de ellos —particularmente los dominicos, jesuitas y franciscanos— iban a servir entre indios que todavía conservaban buena parte de su organización social, de sus costumbres y de su dignidad. Al comparar lo que veían allí con lo que veían en los asentamientos españoles, no podían sino poner en duda la bondad de lo que se estaba haciendo. Por ello no ha de sorprendernos el que la primera protesta surgiera del convento dominico en Santo Domingo, ni el que el gran defensor de los indios, Las Casas, fuera dominico, ni el que los jesuitas del Paraguay hicieran todo lo posible por alejar a sus feligreses del "contagio" con los españoles. Ni el que en Chile los dominicos excomulgaran a todos los españoles que les habían robado tierras a los indios —es decir, a todos los que tenían tierras.

Así, la iglesia en América española fue desarrollando dos rostros que han permanecido a través de los siglos: por un lado, es una iglesia tradicionalmente sumisa al estado y a los poderosos, y dispuesta a usar de su influencia para consolidar la autoridad de los poderosos; y, por otro lado, es una iglesia defensora de los indígenas y de los pobres, que protesta contra los abusos de las autoridades y promueve la justicia social. En tiempos de la lucha por la independencia, esa misma iglesia por un lado tomó el partido de las autoridades coloniales, llegando a excomulgar a los rebeldes, y por otro lado le dio al movimiento independentista varios de sus principales líderes.

Este otro rostro de la iglesia en América española puede verse en las historias de varios de sus santos, entre los que vale destacar a San Luis Beltrán y a San Pedro Claver. Beltrán fue el primero de los santos a quienes la Iglesia Católica ha canonizado en virtud de su ministerio en América. Aunque sólo sirvió en América —en la región de Colombia— por espacio de siete años, pronto se le reconoció como valiente defensor de los indios. Entre las leyendas que de él se cuentan, se dice que le dijo a un encomendero que estaba comiendo pan amasado con sangre indígena, y que cuando el encomendero se mostró ofendido Beltrán exprimió una tortilla y le sacó sangre. San Pedro Claver fue un jesuita de origen catalán que se estableció en Cartagena en el siglo XVII y dedicó toda su vida al servicio de los esclavos. Su lema era "por siempre siervo de los etíopes". Celebraba banquetes en los que los invitados de honor eran los africanos más pobres. En la calle, saludaba respetuosamente a los esclavos y los pobres; pero cuando un dueño de esclavos se acercaba, Claver cruzaba la calle para no tener que saludarle.

La colonización portuguesa, y las misiones que resultaron de ella, fueron muy diferentes de las españolas. Aunque Portugal se lanzó a las exploraciones marinas bastante antes que España, sus esfuerzos no tuvieron los mismos resultados. A la postre, se establecieron colonias y misiones portuguesas en África, Asia y Brasil.

Bastante antes de la empresa colombina, los portugueses habían comenzado un largo intento de circunnavegar el África para así llegar a las riquezas del Oriente. Por ello, cuando a raíz de los viajes de Colón el papa les encargó la labor de evangelización y colonización a los dos reinos ibéricos, a España le tocó navegar hacia el Occidente, y a Portugal navegar hacia el sur y el oriente.

Los vientos y corrientes prevalecientes en la costa oriental de África se dirigen hacia el norte, y por tanto les tomó largo tiempo a los portugueses descubrir cómo navegar en dirección contraria. En el 1483 llegaron a la desembocadura del Congo, y al principio se interesaron mucho en la región, pensando que navegando por ese río podrían llegar al antiguo reino cristiano de Etiopía. Pronto el Rey del Congo se hizo bautizar, un hermano suyo fue consagrado por León X como obispo del Congo, y hubo numerosas conversiones. Pero el interés de los portugueses estaba en continuar hacia las fabulosas tierras de Oriente y esto, unido al tráfico de esclavos y a los intereses comerciales de los colonos portugueses, hizo que la misión en el Congo perdiera impulso. Por la misma época, los portugueses llegaron a Angola, donde decidieron establecerse para evitar las tarifas que el rey del Congo cobraba por el tráfico de esclavos del interior. Pero la misión que allí se fundó tardó décadas en penetrar hacia el interior del país, y sufrió también por la baja calidad de su personal, pues los mejores recursos se dedicaban a continuar hacia el Oriente, y a las misiones en aquella otra región.

Por fin, en el 1488, los portugueses lograron rodear el Cabo de Buena Esperanza, y diez años más tarde llegaron a Mozambique. Al descubrir que los habitantes eran musulmanes, Vasco de Gama bombardeó primero a Mozambique y luego a Mombasa. Los portugueses entonces decidieron establecer su poderío en la región, y mandaron una gran escuadra para lograrlo. No fue sino en 1506 que llegaron los primeros misioneros, y por largo tiempo esos misioneros no penetraron más allá de las costas. Cuando, en 1534, se estableció el obispado de Goa, en la India, todo Mozambique quedó bajo su jurisdicción.

Luego, la empresa misionera portuguesa en África siempre sufrió por la escasez y mala calidad de su personal, por los desmanes causados por el tráfico de esclavos —que era la principal riqueza que los portugueses sacaban de la región— y por su condición de punto intermedio entre Portugal y las riquezas del Oriente.

Al llegar al Oriente mismo, resultó claro que los portugueses no podrían conquistarlo, como lo estaba haciendo España en América, pues aquellos países gozaban de altas civilizaciones y numerosísimos habitantes. Luego, la política de los portugueses consistió en hacerse fuertes en varios puntos que les permitieran retener el monopolio del tráfico con el Oriente, y luego establecer pequeñas colonias mercantiles en las cosas de países como la India —en Goa— y China —en Macao. Puesto que el interés de los portugueses estaba en el comercio, hicieron poco por la conversión de los naturales de aquellos países —aunque en Goa se convirtieron muchas personas de las castas más bajas, en parte como medio de librarse de su marginación.

La labor de fundar misiones en aquellas regiones les fue encomendada a los jesuitas, y en particular a Francisco Xavier, uno de los primeros compañeros de Ignacio, y también uno de los más distinguidos misioneros de todos los tiempos. Javier trabajó primero en Goa, y luego en la región conocida como Pesquería, también en la India. En el 1546, partió hacia Malaca —cuyo idioma aprendió— y de allí a las Molucas. Tras regresar por algún tiempo a Goa, salió de nuevo hacia Japón, donde trabajó por más de dos años. En 1552, emprendió su anhelado propósito de viajar a China. Pero las autoridades chinas no le permitieron entrar al país, de modo que murió en la isla de Sanchón, siempre anhelando ir a China.

Fue a principios del próximo siglo, en el 1601, que por fin los jesuitas pudieron asentarse en China. Aunque iban bajo auspicios portugueses, aquellos misioneros jesuitas eran italianos. El más distinguido entre ellos fue Mateo Ricci, quien gracias a su conocimiento del chino y de las costumbres chinas, así como de astronomía y otras ciencias, logró que se le permitiera llegar hasta Pekín, donde él y sus sucesores alcanzaron alto respeto así como buen número de conversos entre la aristocracia intelectual china.

Al Brasil, los portugueses llegaron casi por accidente. En el 1500, el marino portugués Pedro Alvares Cabral, en un viaje hacia el ser de África, se desvió hacia el oeste en búsqueda de vientos favorables. Allí encontró una tierra que se encontraba del lado portugués de la línea de demarcación establecida por el papa entre España y Portugal. Enterada de la existencia de estas tierras, la corona portuguesa les concedió "capitanías" a quince de sus favoritos, con derecho a explotarlas, particularmente cultivando caña de azúcar. Para ello esclavizaban a los indios. Cuando estos faltaron, empezaron a importar esclavos de África. El fracaso de varias de estas capitanías, y el desorden en todas, llevaron a las autoridades portuguesas a hacer de la región una colonia real. También allí, como en Paraguay, la mayor parte de la labor misionera cayó sobre hombros de los jesuitas. Pero, mientras en el Paraguay los jesuitas evitaban el "contagio" de los colonos, en Brasil asentaron sus misiones cerca de las plantaciones de los colonos, y se estableció un sistema en el que los colonos capturaban a los indios, les hacían vivir a la fuerza en las misiones, y luego —en recompensa por tan santa labor— hacían uso del trabajo de los indios en sus plantaciones de caña. Esto le dio origen a una religión mesiánica de inspiración católica, pero de espíritu rebelde, que por largo tiempo les causó dificultades tanto a los colonos como a los misioneros. El resultado fueron horribles matanzas de indios —entre ellas una en la que diez mil indios tamoyos perdieron la vida, y otros veinte mil fueron sometidos a esclavitud.

A pesar de todo esto —y en buena medida a causa de ello— también hubo en Brasil quienes protestaron contra los desmanes de los colones. El más notable de ellos fue el jesuita Antonio Vieira, quien dijo que la riqueza del Brasil era el "oro rojo" de la sangre indígena.

CAPÍTULO 8
Ortodoxia, racionalismo y pietismo o "era de los dogmas y las dudas"
(Siglos XVII y XVIII)

*L*os grandes conflictos religiosos no terminaron con el siglo XVI, sino que se recrudecieron en el XVII. Esto se manifestó tanto en la violencia armada como en nuevos movimientos teológicos que pretendían defender y solidificar las convicciones surgidas de los conflictos del XVI.

La violencia armada por cuestiones de religión se manifestó sobre todo en la Guerra de los Treinta años. Mientras en Alemania cada bando se fortalecía en preparación para el conflicto armado, este estalló en Bohemia, a raíz de la famosa "defenestración de Praga". Pero la guerra pronto involucró a Alemania, Dinamarca, Suecia, Francia y buena parte del resto de Europa. Cuando por fin el conflicto terminó con la Paz de Westfalia (1648) se decidió que cada cual podía decidir —dentro de ciertos límites— qué opción religiosa tomar. En lo político, el saldo fue el aumento del poderío de Francia y de Suecia, a costa de innumerables muertes tanto entre los militares como entre la población civil. En lo religioso, la guerra contribuyó a una actitud escéptica que contribuiría al auge del racionalismo.

En Alemania la casa de Austria, fuertemente aliada a los jesuitas, hacía todo lo posible por detener el avance del protestantismo, y hasta por extirparlo. A principios del siglo XVII, a consecuencia de un motín anticatólico en la ciudad de Donauworth, los católicos se posesionaron de la ciudad y obligaron a sus habitantes a hacerse católicos o emigrar. En respuesta, muchos de los líderes protestantes —pero no todos— formaron la Unión Evangélica, y en respuesta a ella se organizó la Liga Católica. Aunque todavía no había guerra abierta, no cabía duda de que el conflicto estaba a punto de estallar.

Mientras tanto, en Bohemia el protestantismo era fuerte, en buena parte debido a la herencia que había dejado Juan Huss. Cuando, gracias a la intervención del Emperador, un católico intransigente fue hecho rey de Bohemia, y empezó a tomar medidas contra los protestantes, estos resistieron. Por fin, en una audiencia ante el Consejo Real, cuando este se negó a escucharles, los protestantes se posesionaron de dos miembros distinguidos del Consejo y los echaron por la ventana —en el episodio que se conoce como la "defenestración", es decir, la "desventanización" de Praga. Los defenestrados no sufrieron daño físico, pues cayeron sobre un montón de basura. Pero ese hecho marcó el comienzo de la rebelión de los bohemios, quienes declararon destituido al Rey y en su lugar le dieron el trono a Federico V, elector del Palatinado y protestante convencido. Pero el Emperador acudió a la Liga Católica, invadió a Bohemia, y depuso a Federico, al mismo tiempo que la Unión Evangélica se deshacía. Comenzaron entonces fuertes represalias contra los protestantes, muchos de cuyos líderes fueron ejecutados, al tiempo que se forzaba a toda la población a hacerse católica, y en el Palatinado se seguía la misma política.

En parte por motivos religiosos, y en parte por temor al creciente poderío de la casa de Austria, Gran Bretaña, Holanda y Dinamarca formaron entonces una Liga Protestante. Dinamarca invadió a Alemania, pero fue derrotada y tuvo que retirarse de la contienda. Pero entonces intervino Suecia, cuyos ejércitos iban dirigidos personalmente por el rey y hábil general Gustavo Adolfo. Este derrotó repetidamente a los católicos, hasta que cayó herido de muerte en la batalla de Lutzen. Pero los suecos ganaron esa batalla, y pronto el emperador se vio en serias dificultades.

En el entretanto, el conflicto seguía creciendo con intervenciones de otros países, particularmente de Polonia y de Francia, y las motivaciones supuestamente religiosas se iban olvidando. Así, por ejemplo, Francia, a pesar de ser católica, intervino a favor de los protestantes a fin de debilitar a sus enemigos hereditarios, los Austria. Por fin, en el 1648, se firmó la Paz de Westfalia, en la que el Emperador perdió territorios que les fueron cedidos a Francia y Suecia, al tiempo que se fortalecía el poder de los príncipes alemanes de resistirle. A la larga, esta sería una de las razones por las que la unificación de Alemania tardó mucho más que la de otros países europeos. En cuanto a la religión, por primera vez se decretó cierta medida de tolerancia religiosa, pues se les permitía todos escoger su religión, sin importar cuál fuera la del gobierno. Pero los únicos cuerpos religiosos que la paz reconocía, y que por tanto gozarían de tal tolerancia, eran los católicos, luteranos y reformados.

La Guerra de los Treinta años contribuyó por un lado al anquilosamiento teológico —pues los teólogos de cada bando se dedicaron a reafirmar y refinar lo que las generaciones anteriores les habían legado— y por otro al escepticismo racionalista, que veían en la religión, no una fuente de virtud y de paz, sino más bien de conflicto fanático y fratricida.

También en Francia la violencia se desató tras la muerte de Enrique IV en el 1610. Poco después, bajo la dirección del cardenal Richelieu, se desató una campaña para destruir el poderío de los protestantes —también llamados "hugonotes" por alguna razón desconocida. Tras quebrantar el poder político de los hugonotes, Richelieu les concedió la tolerancia. Pero esta les fue negada más tarde por Luis XIV, quien obligó a los protestantes a convertirse al catolicismo o abandonar el país. El protestantismo francés se volvió entonces un movimiento clandestino y perseguido.

Enrique IV, el rey de Francia que repetidamente cambió de religión y por fin se hizo católico como requisito para llegar al trono, les había hecho serias concesiones a sus antiguos compañeros de armas, los hugonotes. De ellas la más importante era la posesión de varias plazas fuertes, de modo que los hugonotes tenían cómo defender sus derechos si estos se veían amenazados. Enrique fue asesinado por un católico fanático en el 1610, y poco más de diez años más tarde el cardenal Richelieu llegó al poder como consejero real. La política de Richelieu consistía en fortalecer la corona y la casa de Borbón contra todos sus enemigos, tanto externos como internos. Por ello, a pesar de ser cardenal de la Iglesia Católica, sus intervenciones en la Guerra de los Treinta Años fueron en apoyo de los protestantes, pues de ese modo debilitaba a la casa de Austria, rival de los Borbones. Y por la misma razón sentía la necesidad de despojar a los protestantes dentro de Francia de sus plazas fuertes, cuya existencia misma debilitaba el poder de la corona. Luego, Richelieu desató una campaña militar contra esas plazas fuertes. El sitio de la principal de ellas, La Rochelle, que duró más de un año y resultó en la rendición de los hugonotes, fue seguido por la toma del resto de las plazas fuertes protestantes.

Pero entonces, al parecer inesperadamente, Richelieu decretó la tolerancia hacia los protestantes, pues estos ya no podían ofrecerle resistencia militar a la corona, y Richelieu no quería que Francia se debilitara por conflictos internos.

Así siguieron las cosas durante el resto del reinado de Luis XIII y los primeros años del de Luis XIV. Este rey estaba decidido a centralizar todo el poder en la corona. Por ello defendió lo que llamaban las "libertades galicanas" —libertades que limitaban la ingerencia del papado en los asuntos de Francia. Y por la misma razón Luis XIV lanzó una campaña de persecución contra los protestantes. Aunque mucho se hicieron católicos, muchos otros se resistieron, y por fin, en el año 1685, Luis los expulsó del país mediante el Edicto de Fontainebleau.

Pero no todos los hugonotes abandonaron el país, ni todos los supuestamente convertidos al catolicismo dejaron de ser protestantes. Surgió así una iglesia clandestina —la "iglesia del desierto"— que se reunía en lugares secretos en los bosques, y a la que el estado perseguía tenazmente, condenando a sus líderes a las galeras o al cadalso. La persecución misma llevó a algunos a la rebelión armada. Estos rebeldes, llamados los "camisards", continuaron ofreciendo resistencia hasta que los últimos fueron ejecutados en el 1709. Pero esto no le puso fin a la iglesia del desierto, que continuó siendo perseguida por casi ocho décadas más, hasta que Luis XVI proclamó la tolerancia religiosa en el 1787.

Al igual que la Guerra de los Treinta Años, toda esta historia violenta, al tiempo que afirmó a algunos en su fe, hizo que muchos otros reaccionaran contra el dogmatismo y el fanatismo religioso, lo cual le dio origen a toda una corriente de pensamiento llevaría a la Revolución Francesa pocos años después del edicto de tolerancia de Luis XVI.

En Inglaterra, la violencia tomó la forma de la revolución puritana, que llevó a la ejecución del rey Carlos I, a la guerra civil, al "protectorado" de Cromwell, y por fin a la restauración de la monarquía bajo Carlos II. Pero las políticas religiosas de este rey y de su sucesor, Jaime II, llevaron al derrocamiento de la casa de Estuardo y a la declaración de la libertad religiosa en el 1689.

A la muerte de Isabel de Inglaterra, sin dejar heredero directo, le sucedió el rey Jaime VI de Escocia, hijo de María Estuardo que tomó en Inglaterra el nombre de Jaime (o Jacobo) I. Con él comenzó en Inglaterra la dinastía de los Estuardo. Bajo Jaime I, y sobre todo durante el reinado de Carlos I, hubo un creciente descontento por parte de los protestantes ingleses. Esto se debió en parte a que durante la Guerra de los Treinta Años la corona inglesa no les prestó gran ayuda a los protestantes, y en parte a cuestiones más directamente religiosas. La falta de apoyo a los protestantes en el Continente les parecía a muchos protestantes ingleses señal de que el rey Jaime, hijo de la católica María Estuardo, secretamente favorecía la causa de los católicos. Y lo mismo se dijo después de Carlos I. En cuanto a lo religioso, había muchos en Inglaterra que pensaban que la Reforma protestante no había ido suficientemente lejos en su país, pues era necesario purificar la iglesia de buen número de prácticas contrarias a las Escrituras. Por ese empeño en purificar la iglesia se les dio el nombre de "puritanos".

Los puritanos no concordaban en todo, pues algunos sostenían que el episcopado de la Iglesia de Inglaterra era una corrupción, y debía abolirse, mientras otros estaban dispuestos a aceptarlo, siempre que se reformara y que se reconociera que en el Nuevo Testamento se habla de diversos modos de gobernar la iglesia. Entre quienes querían abolir el episcopado, unos proponían una iglesia gobernada por "ancianos" o presbíteros, mientras otros —frecuentemente llamados "independientes"— proponían un sistema congregacional, en el que cada congregación se gobernara independientemente de los demás. Algunos entre los independientes, los "bautistas", rechazaban el bautismo de párvulos. Al tiempo que todos los puritanos concordaban en que era necesario guardar el "Día del Señor" con respeto y ocupaciones espirituales, unos pocos decían que ese día debía ser el sábado, y no el domingo. En resumen, había entre los puritanos una enorme variedad, pero todos concordaban en la necesidad de purificar la iglesia más de lo que se había hecho en tiempos de Isabel.

apoyaba al parlamento. Por su parte, este último declaró abolido el episcopado y convocó a una gran asamblea —la Asamblea de Westminster— que se declaró a favor del gobierno presbiteriano, a semejanza del que existía en Escocia.

Surgió entonces la figura del líder puritano Oliverio Cromwell, quien organizó una fuerza de caballería que cantaba salmos en medio de las batallas. Cuando por fin los puritanos derrotaron a las tropas reales, los puritanos encontraron pruebas de que el Rey conspiraba para que tropas católicas extranjeras invadieran el país. Pronto el Rey se vio obligado a huir y pedirles refugio a los escoceses, quienes lo entregaron como prisionero al parlamento inglés.

Pero las disputas entre los presbiterianos, particularmente fuertes en el parlamento, y los independientes, quienes contaban con la mayoría del ejército, llevaron a nuevas tensiones. El ejército impidió que la mayoría de los parlamentarios asistieran a las sesiones —por lo que el Parlamento Largo se convirtió ahora en el "Parlamento Rabadilla". Este parlamento estableció juicio contra el Rey, acusándole de alta traición, y haciéndole decapitar.

El caos reinaba. Los escoceses reconocían como rey a Carlos II, hijo de Carlos I. Los irlandeses se rebelaron, en parte en defensa de su fe católica. En Inglaterra, surgían grupos cada vez más extremistas, con visiones apocalípticas. Pero Cromwell se hizo cargo de la situación, aplastó la rebelión en Irlanda, obligó a los escoceses a abandonar a Carlos II, quien huyó al exilio, tomó el título de "Protector" de los reinos (1653), y por fin disolvió el Parlamento Rabadilla. En su lugar, Cromwell organizó un parlamento conjunto de los tres reinos de Inglaterra, Escocia e Irlanda.

El "protectorado" de Cromwell duró hasta el 1658, cuando se lo cedió a su hijo Ricardo poco antes de morir. Pero Ricardo no pudo retener el poder, y renunció al protectorado. A la postre, esto llevó a la restauración de los Estuardo en la persona de Carlos II, en el 1660. Pero las políticas religiosas de Carlos no fueron sabias. Aunque al principio pareció favorecer el presbiterianismo, durante su reinado se restauraron todas las antiguas prácticas de la Iglesia de Inglaterra, y se ordenó que el presbiterianismo fuera sustituido en Escocia por un régimen episcopal. El resultado fue la rebelión primero en Escocia y luego en Inglaterra. En el 1688, en lo que llamaron la "Gloriosa Revolución", los rebeldes invitaron a Guillermo de Orange a su esposa María, hija de Jaime, a ocupar el trono.

Frente a ellos, las autoridades anglicanas insistían en guardar la pompa tradicional del culto, y no daban la impresión de tener mucho interés en tomar en cuenta las opiniones de los puritanos. Por su parte, Jaime sostenía que el episcopado era de derecho divino, y que "sin obispos no hay rey". Su única concesión a los protestantes fue autorizar una nueva traducción de la Biblia, que se conoce como la "versión del rey Jaime" —o "del rey Jacobo".

Durante todo el reinado de Jaime, fue aumentando la tensión entre el Rey y el parlamento. Este último se inclinaba cada vez más hacia el puritanismo, y recelaba de las políticas de la corona. Puesto que solamente el parlamento podía votar nuevos impuestos, Jaime lo convocó varias veces, pero se vio obligado a disolverlo cuando el parlamento insistió en sus posturas puritanas.

Lo mismo sucedió durante el reinado de Carlos I, quien repetidamente convocó al parlamento para luego disolverlo. Pero en materia religiosa las políticas de Carlos fueron más extremas. En el 1633, el Rey hizo nombrar arzobispo de Canterbury a William Laud, famoso por su oposición al puritanismo y su apoyo al episcopado y a la pompa litúrgica. Los intentos por parte de Laud —con el apoyo del Rey— de imponer las prácticas y el sistema de gobierno de la Iglesia de Inglaterra en Escocia llevaron a la rebelión en ese país. El Rey convocó al parlamento para pedirle fondos para suprimir la rebelión en Escocia, pero este se negó y el Rey lo disolvió —por lo que se le conoce como el "Parlamento Corto". Empero ante las repetidas victorias de los escoceses Carlos se vio obligado a convocar de nuevo al parlamento, con lo cual comenzó el llamado "Parlamento Largo".

El Parlamento Largo, convocado en el 1640, se negaba a apoyar los esfuerzos del Rey contra los escoceses, pues sabía que tan pronto como cesara la amenaza escocesa el Rey lo disolvería. En el 1641, el parlamento pasó una ley que le prohibía al Rey disolverlo. Cuando los católicos irlandeses se rebelaron, los puritanos acusaron de haber alentado la rebelión a la Reina, quien era católica y a quien muchos puritanos llamaban "la nueva Jezabel". El parlamento comenzó procesos primero contra varios obispos, y luego contra la Reina misma. El pueblo de Londres se amotinó, y por fin el Rey se vio obligado a huir de su capital.

Comenzó así una guerra civil en la que la mayor parte de la nobleza apoyaba al Rey, mientras el pueblo y la creciente burguesía

Guillermo y María siguieron una política religiosa más afín con los deseos del pueblo. En Escocia, aceptaron y afirmaron el presbiterianismo como la religión del país. Y en Inglaterra se declararon dispuestos a tolerar a todos cuantos les jurarán fidelidad y afirmaran los Treinta y Nueve Artículos que la Iglesia de Inglaterra había promulgado más de un siglo antes, en el 1562.

Al igual que la Guerra de los Treinta Años en el Continente, en Gran Bretaña esta larga y cruenta lucha por motivos religiosos llevó a muchos a pensar que tales cuestiones eran reflejo de un fanatismo religioso oscurantista, y que por tanto el racionalismo era un camino más sabio que el de la religiosidad tradicional.

Al tiempo que todo esto sucedía en el campo de la política, en el campo de la teología cada uno de los principales partidos surgidos en el siglo XVI se dedicó a consolidar su posición, lo cual le dio origen a un fuerte énfasis en la ortodoxia, y a conflictos internos dentro de cada una de los principales tradiciones teológicas.

Dentro del catolicismo, esos conflictos se manifestaron sobre todo en el galicanismo, el jansenismo y el quietismo.

El Concilio de Trento terminó sus sesiones en el 1563, y sus decisiones marcarían el rumbo de la Iglesia Católica desde esa fecha hasta el Segundo Concilio del Vaticano, en el siglo XX. Esas decisiones, al tiempo que rechazaban el protestantismo, centralizaban el poder en la persona del papa.

Tal centralización, sin embargo, no era del agrado de todos, sobre todo porque por la misma fecha comenzaban a surgir las monarquías absolutas que por algún tiempo reinarían en Europa, y estas no se mostraban dispuestas a permitir que el papado usara la iglesia dentro de sus reinos para sus propios propósitos. Por ello en varios países hubo resistencia a los decretos de Trento. Esto fue particularmente cierto en Francia, cuyos reyes insistían en los privilegios que el país había obtenido cuando, siglos antes, el papado existía bajo la sombra de Francia. Tales privilegios recibían el nombre de "libertades galicanas", y la consiguiente resistencia a la centralización del poder eclesiástico en la persona del papa se llamó "galicanismo". Aunque su base estaba en Francia, las ideas galicanas se esparcieron por toda Europa. Un obispo de ideas galicanas que tomó el seudónimo de Justino Febronio publicó un tratado en el que resucitaba las antiguas ideas conciliaristas, y declaraba que el papa tiene autoridad directa solamente sobre la iglesia en Roma. En

Austria el Emperador colocó a la iglesia bajo su dominio, e hizo de ella un instrumento del estado.

Al mismo tiempo que esto sucedía, la casa de Borbón iba adueñándose de buena parte de Europa —Francia, España, Portugal, las Dos Sicilias. La casa de Austria, principal rival de los Borbones, iba perdiendo fuerza. Puesto que por largo tiempo los jesuitas habían apoyado a los Austria, la política de los Borbones fue decididamente contraria a los jesuitas. Uno tras otro, los reinos borbónicos fueron expulsando a los jesuitas de sus tierras, hasta que en el 1773, bajo intensa presión borbónica, el papa Clemente XIV suprimió la orden. Con esto se privaba al papado de uno de sus más formidables instrumentos, y por tanto las tendencias galicanas seguían aumentando y diseminándose.

Quienes se oponían al galicanismo recibieron el nombre de "ultramontanos" —es decir, los que miraban más allá de los montes (los Alpes) y hacia Roma. Aunque los ultramontanos le ofrecieron tenaz resistencia al galicanismo, no lograron imponerse sino en el 1870, en el Primer Concilio del Vaticano. Pero ya para esa fecha el papado y la Iglesia Católica habían perdido tanto poder, que las decisiones de ese concilio hicieron poco impacto en la política.

Los debates en torno a Agustín y sus doctrinas de la gracia y la predestinación, que habían sido tan fuertes durante el siglo XVI, continuaron en los siglos XVII y XVIII. El Concilio de Trento había rechazado la interpretación de San Agustín que los luteranos y calvinistas proponían. Pero hubo católicos, primero en Salamanca y luego en Lovaina, cuya interpretación de Agustín no coincidía con la doctrina sostenida por la iglesia. Aunque hubo varias obras semejantes, la que más se difundió fue el estudio de Cornelio Jansenio sobre Agustín, y por tanto estas doctrinas, con su fuerte énfasis en la gracia y la predestinación, recibieron el nombre de "jansenismo". En el 1643, varios años después de su muerte, Jansenio fue declarado hereje por el papa Urbano VIII. El movimiento continuó, sobre todo en Francia, donde contó con el apoyo del distinguido filósofo Blas Pascal. Pero poco a poco, en respuesta a la persecución de que era objeto, el jansenismo se fue tornando un movimiento más bien político que teológico, y fue perdiendo fuerza hasta que desapareció.

Por último, entre los retos teológicos a que el catolicismo se enfrentó durante este período, cabe mencionar el quietismo, originado por el español Miguel de Molinos —y por tanto llamado también "molinismo". Según esta doctrina, lo único que cabe ante Dios es la pasividad absoluta. Lo único que puede hacerse frente a Dios es esperar, y por tanto ni las prácticas espirituales y ascéticas, ni cualquier otro de los llamados "medios de gracia", nos acercan un ápice a la gracia de Dios. La discípula más famosa de Molinos fue la viuda francesa Madame de Guyon. Puesto que el distinguido obispo Fenelón le defendía, las enseñanzas de Madame de Guyon lograron numerosos adeptos. Por fin, el quietismo fue condenado, Madame de Guyon se retiró a la vida conventual, y Fenelón, tras apelar al Papa y fracasar en ese intento, aceptó las decisiones de las autoridades.

En resumen, durante todo este período, al tiempo que insistía en las decisiones del Concilio de Trento, y en las decisiones centralizadoras de ese concilio, el papado iba perdiendo influencia en la vida política de Europa, y se dedicó principalmente defender su autoridad, tanto política como doctrinal.

En las iglesias luteranas, surgieron conflictos entre los llamados "filipistas" —es decir, seguidores de Felipe Melanchthon— y los luteranos estrictos. Todo esto culminó en la ortodoxia luterana, que al tiempo que reafirmaba la doctrina de Lutero se apartaba bastante del espíritu del Reformador. En medio de todo eso, las propuestas de Jorge Calixto para buscar la unidad de la iglesia cayeron en oídos sordos, y llevaron a la acusación de "sincretismo".

El principal colaborador y más cercano amigo de Lutero había sido Felipe Melanchthon, quien concordaba con el Reformador en sus doctrinas de la gracia y la salvación, pero no llegaba a los mismos extremos de condenar el uso de la razón, y retuvo sus contactos con Erasmo y los humanistas aun después que Lutero rompió con ellos. Tras la muerte del Reformador, algunos luteranos estrictos comenzaron a acusar a Melanchthon de haberse apartado de las doctrinas de Lutero. Esto le dio origen al conflicto entre los "filipistas" y los luteranos estrictos, y llevó por fin a la Fórmula de Concordia, en el 1577, que vino a ser uno de los documentos centrales de la tradición luterana. Esa fórmula, al tiempo que buscaba posiciones intermedias entre los filipistas y sus contrincantes, en lo que se refería a la presencia de Cristo en la comunión adoptaba una postura de oposición radical a todo lo que pudiera parecer calvinismo.

Todo esto sirvió de base para la "ortodoxia luterana" o "escolasticismo luterano" —nombres que se le da a la teología luterana del período que estudiamos porque fue una teología esencialmente académica, que pronto adoptó metodologías y actitudes más semejantes a las de la Edad Media que a las de Lutero. Este escolasticismo luterano se caracterizó por su interés en sistematizar toda la doctrina cristiana, y en hacerlo con tanta extensión y atención a los detalles como fuera posible. Así, la teología publicada por Gerhardt contaba con veintitrés volúmenes, y la de Calov con doce. Al mismo tiempo, estos escolásticos luteranos se apartaron de Lutero en cuanto le daban un lugar importante en la teología a la filosofía aristotélica.

Uno de los temas más discutidos por esa teología —y su principal legado a las generaciones posteriores— fue la inspiración de las Escrituras. Esto se manifiesta hasta el día de hoy en discusiones acerca de la inspiración de la Biblia, y llegó al punto de afirmar categóricamente que las vocales que los rabinos judíos de la Edad Media le añadieron al texto hebreo fueron literalmente inspiradas por el Espíritu Santo.

El principal crítico de esta ortodoxia luterana fue Jorge Calixto. A pesar de estar firmemente convencido de que el luteranismo ofrecía la mejor interpretación de la Biblia, Calixto sostenía que no todo cuanto la Biblia dice es de igual importancia, y que por tanto no todos quienes no concuerdan con los luteranos han de ser declarados herejes. Están errados, pero no son herejes. Entonces, a fin de determinar lo que es esencial en la Biblia, Calixto proponía "el consenso de los primeros cinco siglos", arguyendo que lo que la iglesia no hubiera afirmado durante esos siglos no podía ser necesario para la salvación, y que por tanto solamente era hereje quien contradijera las doctrinas de esos cinco siglos, mientras que otras personas y doctrina, aun estando erradas, no debían ser declaradas heréticas.

Los teólogos de la ortodoxia luterana rechazaron la propuesta de Calixto, llamándola sincretismo, y afirmando que todo lo que hay en la Biblia, hasta la última letra, es de igual importancia.

Entre los reformados, surgieron conflictos en torno a la cuestión de la predestinación y el libre albedrío, sobre todo en los Países Bajos. Allí, en el Sínodo de Dordrecht, los calvinistas estrictos rechazaron el arminianismo, declarando cinco puntos de doctrina que a partir de entonces serían sello del calvinismo ortodoxo. Más tarde algo semejante sucedería en Inglaterra, con la Confesión de Westminster.

La controversia en los Países Bajos giró en torno a las doctrinas de Jacobo Arminio, profesor de teología en la Universidad de Leyden. Algún tiempo antes de ocupar esa cátedra en el 1603, Arminio se había dedicado al estudio de la gracia y la predestinación para refutar las opiniones de otro teólogo que parecía apartarse del calvinismo estricto. Pero sus estudios le convencieron de que ese otro teólogo tenía razón, y por tanto Arminio vino a ser el principal defensor de la doctrina que antes se había propuesto refutar. Arminio concordaba con los calvinistas estrictos al afirmar la predestinación. Pero decía que esa predestinación se debía a que Dios sabía de antemano quiénes aceptarían la salvación en Jesucristo, y quiénes no. Frente a él, los calvinistas más estrictos afirmaban que la predestinación era un decreto absolutamente soberano de Dios, y no el mero resultado de la presciencia divina.

Por fin en el 1618, varios años después de la muerte de Arminio, se convocó el Sínodo de Dordrecht, al que fueron invitados también teólogos calvinistas de Suiza, Alemania y Gran Bretaña. Ese sínodo afirmó cinco puntos que a partir de entonces fueron parte del calvinismo ortodoxo:

1. La predestinación incondicional —debida a un decreto soberano de Dios.
2. La expiación limitada —que Jesucristo murió solo por los electos.
3. La depravación total —que a consecuencia del pecado todo el género humano ha quedado corrompido al punto que no puede juzgar correctamente ni en materia religiosa ni en materia civil.
4. La gracia irresistible —los electos, por haber sido predestinados, no pueden rechazar la gracia de Dios.
5. La perseverancia de los santos —puesto que los santos son electos de Dios, no pueden caer de la gracia.

Casi treinta años más tarde, en el 1647, la Asamblea de Westminster, en Inglaterra, adoptó las mismas posturas.

A partir de entonces, "calvinista" sería solamente quien afirmara estos puntos doctrinales, mientras los "arminianos", a pesar de haber surgido dentro de la tradición reformada, no serían considerados calvinistas.

Como reacción a todo esto, el racionalismo se fue abriendo paso. El idealista francés Renato Descartes propuso un modo puramente racional de probar la existencia de Dios y del mundo físico. En Inglaterra se siguió un camino opuesto, el del empirismo, que sostenía que la base del conocimiento es la experiencia, y que pronto se alió al deísmo. Pero con la crítica primero de David Hume, y luego de Emanuel Kant, tanto el empirismo como el idealismo perdieron fuerzas.

Dada la violencia de las guerras de religión en Francia, de la Guerra de los Treinta Años en toda Europa, y de la revolución puritana en Gran Bretaña, y dada también la rigidez doctrinaria de las ortodoxias de la época, no ha de extrañarnos el que algunos optaran por el racionalismo. Este no era estrictamente heterodoxo, aunque sí pretendía fundamentar en la razón todo lo que se debía creer, y estaba generalmente dispuesto a desentenderse del resto.

Aunque el racionalismo tuvo largos antecedentes, su primera figura importante fue el francés Renato Descartes (1596-1650). En busca de la certeza absoluta, Descartes se propuso seguir un método en el que dudaría de todo, salvo aquello que fuera absolutamente innegable. Comenzó así con su famoso "pienso, luego existo" —es decir, puesto que no puedo dudar que dudo y que pienso, tampoco puedo dudar que existo. A partir de ese punto, basándose no en los sentidos, sino en el pensamiento, Descartes ofrece pruebas, primero, para la existencia de Dios y, luego, para la existencia del mundo físico así como de su propio cuerpo. Sobre esa base, declara que hay en él dos realidades, la res cogitans —la "cosa que piensa"— y la res extensa —es decir, el cuerpo. Su filosofía se conoce entonces como "idealista", porque se fundamenta, no en los sentidos o las realidades físicas, sino en las ideas mismas y en los procesos mentales.

Descartes se consideraba a sí mismo fiel católico, y parte de su propósito era fundamentar la doctrina católica, no en la fe, sino en la razón. Pero ese mismo propósito era una negación de la autoridad de la iglesia, y por ello pronto tanto Descartes como muchos de sus seguidores se vieron en dificultades con las autoridades eclesiásticas.

Algún tiempo después de Descartes, surgió en Inglaterra el "empirismo". En su esencia, esta postura filosófica, en contraste con la de Descartes, afirmaba que todo el conocimiento nos viene por la experiencia —la experiencia tanto de cosas externas como de otra internas, tales como los sentimientos. Generalmente se señala como punto culminante del empirismo la obra de John Locke, Ensayo sobre el entendimiento humano (1690).

El empirismo inglés vino a apoyar el "deísmo", doctrina que buscaba una religión racional, y que por tanto rechazaba tanto el ateísmo como el dogmatismo de buena parte de los teólogos. El ideal de los deístas era una religión a tal grado racional, que pudiera ser aceptada por cualquier persona en cualquier parte del mundo. Sus puntos fundamentales, y supuestamente puramente racionales, eran la existencia de Dios, la necesidad de adorarle, la vida ética, el arrepentimiento, y el justo castigo y recompensa, si no en la vida presente, al menos en la venidera. A esto llamaban "religión natural", y sobre esa base los deístas ingleses afirmaban lo que llamaban "el verdadero cristianismo", que no era sino esa religión natural, "tan antigua como la creación", y que no necesitaba de la revelación para ser creída.

Pero el racionalismo mismo llevó a la crítica del empirismo, y con él del deísmo. Esto fue obra principalmente del escocés David Hume (1711-1776) y del alemán Emanuel Kant (1724-1804). Hume demostró que el empirismo aceptaba ideas que la experiencia misma no conoce, sino que da por sentadas. Tal es, por ejemplo, la idea de causa y efecto, pues aunque vemos que unas cosas parecen resultan de otras porque siempre van acompañadas, lo que vemos son esas cosas, y no su conexión. Kant llevó esto más lejos, llegando a la conclusión de que le mente misma tiene estructuras que determinan lo que puede conocer. Así, cuestiones tales como el tiempo, el espacio, la causalidad y la substancia no son realidades empíricas, sino estructuras mentales según las cuales organizamos los datos de los sentidos.

Esta crítica puso en duda todo el racionalismo tradicional, y también el deísmo, que se basaba en ese racionalismo empirista. Pero también puso en entredicho el idealismo tradicional, puesto que las estructuras de la mente carecen de contenido sin los datos de los sentidos.

Paralelamente, la ilustración francesa criticaba la ortodoxia y proponía nuevas opciones, tanto religiosas como políticas.

Al mismo tiempo que en Gran Bretaña florecía el deísmo, en Francia se iba desarrollando la "ilustración", cuyo gran personaje fue Voltaire, y que, al igual que el deísmo, resistía todo fanatismo o dogmatismo religioso. Fue entre los seguidores de la ilustración que se fueron forjando las ideas que a la postre llevarían a la Revolución Francesa.

En reacción a todo esto, algunos optaron por una religión puramente "espiritual". Entre ellos se distinguieron Jacobo Boehme, Jorge Fox y Emanuel Swedenborg.

Otra reacción a la violencia e intolerancia religiosa, así como al dogmatismo minucioso de los teólogos de la ortodoxia, fue el espiritualismo. Se le da este nombre a una gran variedad de movimientos que buscaron solaz en una religión "espiritual", con pocas ataduras a las iglesias existentes, y con gran énfasis en la vida interior. Dentro de esa variedad de movimientos, se distinguieron los fundados por Boehme, Fox y Swedenborg.

Boehme fue un humilde zapatero alemán que desde joven se sintió decepcionado por la fría predicación de entonces, dedicada a minucias teológicas, y empezó a tener visiones. Tales visiones le crearon serios problemas, pues el zapatero con quien servía de aprendiz le despidió. Pero Boehme encontró el modo de continuar viviendo como zapatero, hasta que alguien le hizo llegar al pastor de la ciudad el libro Brillante amanecer, que Boehme había escrito acerca de sus visiones, pero no tenía intención de publicar. A la postre, se vio obligado a partir al exilio, y cuando murió en el 1624 los teólogos de Sajonia estaban perplejos en cuanto a qué decir de sus doctrinas, pues su vocabulario era novedoso, confuso y ambiguo. Pero no cabe duda de que la suya era una religión de la revelación interna, y que llegó a decir que no necesitaba de libro alguno, ni siquiera de la Biblia, porque tenía el Espíritu de Cristo.

Jorge Fox nació el año en que murió Boehme, y fue también aprendiz de zapatero. Por fin dejó esa profesión para dedicarse a deambular por Inglaterra visitando iglesias, para por fin llegar a la conclusión de que todas ellas dejaban mucho que desear, y que las supuestas ayudas que ofrecían —los sacramentos, la predicación, las doctrinas— no eran sino un impedimento a la vida espiritual, pues ocultaban la "luz interna" que todo ser humano posee. Cuando por fin reunió en torno suyo a un grupo de seguidores, les llamó "amigos", pero el pueblo les dio el nombre de "cuáqueros" —palabra derivada del inglés que quiere decir "tembladores". Puesto que Fox no veía el valor de la predicación ni de los sacramentos, los cultos de los amigos tenían lugar en silencio, hasta que alguien —varón o mujer— se sentía movido por el Espíritu a decir algo.

Sin embargo, Fox difería de la mayoría de los espiritualistas de su tiempo en cuanto siempre subrayó la necesidad de la comunidad de fe para la vida religiosa. Además, llevó este énfasis comunitario al ámbito de la sociedad en general, predicando y practicado el amor y un pacifismo absoluto. Por esto, las autoridades le consideraban subversivo, y Fox fue encarcelado repetidamente. Sus seguidores también sufrieron persecución, y buen número de ellos murieron como mártires.

El más influyente de los seguidores de Fox fue William Penn, quien fundó la colonia de Pennsylvania en Norteamérica con el propósito de que en ella se siguiera la tolerancia religiosa y se practicara el amor hacia todos —incluso hacia los indios de la región— que Fox predicaba. Por ello nombró a su ciudad capital "Filadelfia", es decir, "amor fraternal".

Emanuel Swedenborg nació en Suecia tres años después de la muerte de Fox. A diferencia de Boehme y de Fox, era de origen aristócrata, y no tuvo gran inclinación religiosa en su juventud, sino que se dedicó a los estudios científicos. Por fin tuvo una visión que le llevó por nuevos rumbos en los que se mezclaban las doctrinas cristianas con la teosofía. Según Swedenborg, esa visión era tan importante, y de tal modo abría el camino hacia el futuro, que era la segunda venida de Cristo. La ambigüedad de tal expresión hizo que tuviera pocos seguidores. Pero unos años después de su muerte esos seguidores organizaron la Iglesia de la Nueva Jerusalén, que se dedicó a hacer circular los escritos de Swedenborg.

También en reacción tanto al racionalismo como al énfasis excesivo en la ortodoxia surgieron otros movimientos que se pueden llamar "pietistas". En el sentido estricto, el "pietismo" es el movimiento que se originó entre los luteranos alemanes bajo la dirección de Felipe Jacobo Spener y de su seguidor Augusto Germán Francke. Pero el mismo espíritu se ve también entre los moravos y su líder, el conde Zinzendorf. En Inglaterra, el espíritu pietista se manifestó sobre todo en el metodismo, surgido bajo el liderato de Juan Wesley.

El pietismo fue una reacción tanto contra el dogmatismo frío y detallado de la ortodoxia protestante como contra el racionalismo y su congénere, el deísmo. Los pietistas buscaban y proclamaban una fe ortodoxa, pero al mismo tiempo ardiente y personal, convencida de la necesidad de transformar la vida y de dar testimonio de Jesucristo. Esa fe tenía su fundamento en la revelación de Dios, y no en la razón humana, como era el caso del racionalismo.

El nombre de "pietista" surge del título del libro de Spener, Deseos píos. Como pastor luterano en Francfort, Francke había fundado los "colegios de piedad", que eran grupos de creyentes que se reunían para cuidar mutuamente de sus vidas espirituales y para practicar la devoción y el estudio de la Biblia. Fue sobre la base de esa experiencia que poco después Spener publicó sus Deseos píos. El primero de estos deseos píos era la formación de "colegios de piedad" que deberían funcionar como pequeñas iglesias dentro de la iglesia misma, y que debían dedicarse al estudio de la Biblia y a la preparación de sus miembros para participar en el sacerdocio universal de los creyentes. Todo esto debía llevar a la práctica del cristianismo en la vida cotidiana, transformada mediante la fe y la devoción. Al tiempo que afirmaba la importancia de las doctrinas, Spener sugería que los debates teológicos debían conducirse en un contexto de amor cristiano, que las escuelas teológicas debían subrayar más la práctica ministerial y menos los detalles teológicos, y que la predicación debía ir dirigida a la práctica de la vida cristiana, en lugar de las tediosas disquisiciones teológicas que eran práctica común.

Uno de los más famosos seguidores de Spener fue Francke, quien hizo de la Universidad de Halle, donde enseñaba, un centro de pietismo. Al mismo tiempo le dio al pietismo un giro hacia las misiones internacionales, de modo que la Universidad de Halle se volvió un centro de donde partieron misioneros, primero hacia la India, y luego a otras regiones.

Pero el impacto de Spener y del pietismo también se hizo sentir a través de su ahijado, el conde de Zinzendorf, quien estudió en Halle bajo Francke. Cuando conoció un grupo de husitas que venían huyendo como refugiados de Moravia, Zinzendorf les dio asilo en sus tierras, donde fundaron una comunidad. Pronto, bajo el liderato de Zinzendorf, esa comunidad fue tomando características pietistas. Cuando Zinzendorf conoció en Copenhague a unos esquimales, regresó a los moravos que vivían en sus tierras y les retó a emprender obra misionera. El resultado fue extraordinario, pues aquella comunidad de unos pocos centenares de miembros llegó a tener más de cien misioneros en el Groenlandia, Norte y Sudamérica, África e India.

Pero el más influyente de todos estos movimientos de carácter pietista fue el metodismo, fundado por Juan Wesley y su hermano Carlos. Cuando eran estudiantes en Oxford, los Wesley y varios compañeros se habían unido en un "Club Santo", en el que se comprometían a la oración, el estudio de las Escrituras, la visitación a los presos y otras obras de caridad, y la ayuda mutua en la búsqueda de la santidad. En son de burla por el carácter metódico de su vida, los compañeros de los miembros del Club Santo dieron en llamarles "metodistas". Años más tarde, Juan Wesley, ahora sacerdote anglicano de tendencias bastante conservadoras, fue como capellán a la recién fundada colonia de Georgia, en Norteamérica. En la travesía del Atlántico, una tormenta estuvo a punto de hacer zozobrar el navío, y la fe de unos moravos que viajaban con él dejó profunda huella en Wesley. En Georgia, su ministerio resultó un fracaso y Wesley, desilusionado tanto por ese fracaso como porque su fe le parecía débil e insuficiente, regresó a Inglaterra. Allí, en mayo del 1738, tuvo una profunda experiencia espiritual en una reunión morava en la que se leía el prefacio de Lutero a Romanos.

Poco antes, otro de los antiguos miembros del Club Santo, George Whitefield, había tenido una experiencia notable, y comenzó a predicarles a los mineros y otros desarraigados por la revolución industrial. Cuando la labor fue mucha, Whitefield invitó a Wesley a ir a la ciudad de Bristol, y ayudarle allí con la predicación. La experiencia de Wesley al ver el efecto que su predicación hacía entre aquellos mineros fue tal, que bien puede hablarse de una nueva conversión —en este caso una conversión a la tarea de reavivar la fe de las multitudes que se habían apartado de la iglesia. La predicación de Wesley pronto alcanzó a multitudes, al tiempo que aumentaban también sus fricciones con la jerarquía eclesiástica, que no gustaba de su interferencia en los territorios de las parroquias establecidas. Siguiendo el ejemplo tanto del Club Santo como de los colegios de piedad, Wesley organizó a sus seguidores en "clases" cuyo propósito era apoyarse mutuamente y a la vez recolectar un penique por persona para dedicarlo a las obras de benevolencia. En esas clases, los laicos, incluso las mujeres, predicaban y enseñaban. Al mismo tiempo, Carlos Wesley escribía himnos tales que pronto vinieron a ser marca distintiva del metodismo —aunque pronto se fueron popularizando entre otros grupos cristianos.

Wesley no tenía intención alguna de fundar otra iglesia. Para él, el centro del culto cristiano era la comunión, y lo que él hacía en sus clases y con su predicación era ayudar a las personas a prepararse para participar de ese culto en sus respectivas iglesias. Por ello rechazó repetidamente el llamado de algunos de sus seguidores a apartarse de la Iglesia de Inglaterra y fundar otra. A pesar de ello, la ruptura resultó inevitable cuando, a raíz de la independencia norteamericana, y ante la falta de clérigos para servir entre la población de la nueva nación —a cuya independencia Wesley se oponía— Wesley dio el paso drástico de ordenar a dos líderes metodistas para que fueran a servir en los Estados Unidos. Según él entendía las cosas, en la iglesia antigua los presbíteros eran también obispos, y por tanto él, como presbítero ordenado de la Iglesia de Inglaterra, tenía poder de ordenación. Aun entonces, Wesley insistía en no separarse de la Iglesia de Inglaterra, de la cual fue sacerdote hasta su muerte. Pero ya se había fundado en los Estados Unidos la Iglesia Metodista Episcopal, y poco después los metodistas británicos también se apartarían de la Iglesia de Inglaterra.

El impacto del metodismo fue enorme, pues pronto hubo predicadores y misioneros metodistas en diversas regiones del mundo. Además, fue principalmente de raíces metodistas que más tarde saldrían las llamadas "iglesias de santidad", y luego el pentecostalismo.

La violencia e intolerancia religiosas, junto al deseo de asentarse en nuevas tierras, llevaron a muchos europeos —principalmente británicos, pero también alemanes y otros— a establecerse en Norteamérica, donde se fundaron varias colonias que a su vez siguieron diversas políticas religiosas. Hacia el fin de este período, en lo que se llamó el "Gran Avivamiento", esas colonias comenzaban a estrechar vínculos entre sí.

La hegemonía marítima de España, que marcó casi todo el siglo dieciséis, entró en franca decadencia en el 1588, cuando la supuesta "Armada Invencible", que se proponía invadir a Inglaterra, fue destruida por los elementos y por los ingleses. Esto le puso fin al monopolio que los españoles reclamaban sobre las tierras de América, y abrió el camino para la fundación de colonias británicas en Norteamérica, además de la conquista de varias islas del Caribe por potencias tales como la misma Gran Bretaña, Francia y, en menor grado, Dinamarca y Holanda. Puesto que la mayoría de estas potencias eran protestantes, esto llevó a una expansión del protestantismo.

La colonización británica en Norteamérica, de manera semejante a la de los españoles en el Caribe y en Sudamérica, tenía motivaciones económicas, políticas y religiosas. En lo económico, al principio se pretendía establecer comercio con los habitantes de la región, pero pronto se optó por tomar sus tierras y dedicarlas a la agricultura, cuyos productos se exportaban a Europa. En lo político, estas colonias servían varios propósitos: por una parte, eran una valla que detenía el avance de los españoles hacia el norte; por otra, servían de válvula de escape a donde podían ir los descontentos, los empobrecidos y los reos. En lo religioso, fueron lugar donde diversos grupos buscaban refugio de las persecuciones y presiones sociales, así como lugar donde esos grupos podrían tratar de establecer comunidades santas, libres de los contagios del viejo mundo.

La primera colonia británica en Norteamérica fue Virginia, cuya colonización comenzó en el 1607 —después de un intento fallido en el 1584. Allí los primeros colonos fundaron la ciudad de Jamestown —nombrada en honor del rey Jaime I, quien a la sazón gobernaba en Inglaterra. La colonia fue fundada y gobernada por la Compañía de Virginia, que esperaba obtener ganancias del comercio con los naturales del país. Cuando esto no dio resultado, la colonia pasó por tiempos difíciles, hasta que por fin el cultivo del tabaco comenzó a enriquecerla. Puesto que ese cultivo requería mano de obra barata, y los indios sencillamente se habían retirado hacia el interior del país, pronto se comenzó a traer esclavos de África, con lo cual se estableció el régimen de plantaciones y de esclavitud que por largo tiempo caracterizó tanto a Virginia como a las colonias más al sur. En vista del éxito de aquella colonia, algún tiempo después el rey Carlos I fundó una nueva colonia a la que nombró Maryland, y se la concedió a un católico. Así, al tiempo que en Virginia el anterior anglicanismo de tendencias puritanas se iba volviendo más tradicional y aristocrático, en Maryland la religión dominante era la católica. Pero en ambas colonias pronto hubo representantes de los diversos grupos que por entonces pululaban en Inglaterra. Más al sur, se fundaron las colonias de Carolina del Norte y del Sur, ambas semejantes a la de Virginia, que pronto se volvieron también aristocracias agrícolas basadas en la esclavitud. Más al sur, Georgia fue al principio una colonia penal que tenía también el propósito de detener el avance español. La fundación de esta colonia para reos fue en parte resultado de los esfuerzos de cristianos británicos por mejorar las condiciones de vida de los penados. Pero pronto Georgia siguió el patrón de las Carolinas y de Virginia, aunque con mayores dificultades económicas y mayor pobreza.

En contraste con estas colonias del sur, fundadas principalmente por elementos cercanos al poder y —excepto en el caso de Maryland— pertenecientes a la Iglesia de Inglaterra, más al norte —en lo que recibió el nombre colectivo de Nueva Inglaterra— surgieron colonias cuyo propósito incluía, además de mejorar las condiciones de vida de los colonizadores, crear ambientes en los que grupos disidentes y por tanto marginados en Inglaterra pudieran gozar de mayores libertades —lo cual no siempre incluía libertades para quienes no concordaban con las ideas del grupo fundador.

La primera de esas colonias fue fundada por un grupo separatista que había emigrado de Inglaterra a Holanda, y desde allí había hecho contrato para asentarse en la colonia de Virginia. Pero en la travesía se descarriaron, llegando por fin a Massachusetts, donde se establecieron. Estos fueron los llamados "peregrinos", en torno a los cuales se ha tejido toda una serie de leyendas y tradiciones sobre los orígenes de los Estados Unidos.

Más tarde, varios grupos puritanos que huían de las persecuciones y dificultades que los puritanos sufrían en Inglaterra antes de rebelarse contra la corona se asentaron en lugares cercanos, hasta que a la postre estas diversas colonias se consolidaron en dos, la de Massachusetts y la de Connecticut. Debido a su inspiración religiosa, varios de estos colonos emprendieron misiones entre la población nativa. Pero lo que caracterizó la vida religiosa de aquellas colonias fue su puritanismo estricto, al punto de no tolerar disidentes. El caso más triste que ilustra el ambiente que reinaba fue el de los brujos de Salem, cuando unas niñas, al parecer por el solo gusto de entretenerse, hicieron circular rumores y acusaron a varias personas de brujería. El resultado fue una histeria colectiva en la que catorce mujeres y seis hombres fueron procesados por brujería y ahorcados. Por fin, cuando las acusaciones empezaron a dirigirse contra algunas de las personas más pudientes, se tomaron medidas contra la histeria colectiva, y los procesos por brujería cesaron.

Una de las consecuencias de la intolerancia religiosa en las colonias puritanas fue que algunos las abandonaron para ir a asentarse en otros lugares. El más notable de ellos fue Roger Williams, quien pronto se hizo persona no grata en esas colonias, principalmente por dos razones: En primer lugar, porque Williams declaraba que las tierras de los colonos les habían sido robadas a los indios, sus legítimos poseedores. Y, en segundo lugar, porque Williams insistía en que, puesto que la fe requiere decisión personal, el cristianismo mismo exige la libertad religiosa, a fin de que se pueda tomar tal decisión. Abandonando las colonias puritanas, Williams les compró a los indios tierras donde fundó la colonia de Providence (conocida después como Rhode Island), en la que existiría plena libertad religiosa y la iglesia estaría separada del poder civil. Más tarde obtuvo del gobierno inglés el reconocimiento de su colonia, a donde acudían disidentes de todas clases. Muchos de estos eran bautistas, y el propio Williams se declaró bautista —aunque más tarde adoptó ideas religiosas cada vez más extremas que tendían a marginarle, aun en la colonia que él mismo había fundado.

Más al sur de Nueva Inglaterra, en lo que es hoy Nueva York, los suecos establecieron una colonia que luego los holandeses conquistaron, hasta que ellos a su vez fueron derrotados por los ingleses. Fue así que aquella colonia, antes llamada Nueva Amsterdam, vino a ser Nueva York, y que el cristianismo de esa región, antes mayormente reformado, vino a ser anglicano.

De las demás colonias que surgieron entre Nueva York y Maryland, la más interesante fue Pennsylvania, que —como ya hemos dicho— fue fundada por el cuáquero William Penn. Este insistió en comprarles a los indios las tierras que la corona inglesa supuestamente le había concedido, y estableció en ellas una colonia que desde el principio se distinguió por su libertad religiosa.

Cada una de estas colonias seguía su propio curso, y todas se relacionaban más directamente con Inglaterra que entre sí. El primer movimiento que empezó a unirlas fue el "Gran Avivamiento", que empezó en Massachusetts en el 1734. Allí, sin que nadie supiera por qué, la predicación del pastor congregacionalista Jonathan Edwards, quien había encontrado inspiración en los pietistas alemanes, comenzó a producir resultados sorprendentes, pues muchas personas se conmovían, lloraban, y declaraban haberse encontrado con Jesucristo. Edwards no era un predicador fogoso ni emotivo, sino todo lo contrario —sus largos sermones hoy nos parecen tratados teológicos más bien que sermones. Pero un buen día, el avivamiento comenzó. Poco después llegó a la región el famoso predicador Whitefield —el compañero de Wesley a quien ya hemos mencionado— y su predicación le dio mayor ímpetu al avivamiento. Este se extendió rápidamente a las colonias vecinas, y después al resto de las colonias británicas, y los historiadores señalan que este fue el primer vínculo que comenzó a unir a las Trece Colonias que unas décadas más tarde se rebelarían contra Inglaterra para darles nacimiento a los Estados Unidos. Pero esa rebelión ha de quedar para nuestro próximo capítulo.

CAPÍTULO 9

Hacia un cristianismo sin cristiandad

(Desde fines del siglo XVII hasta el presente)

Los últimos años del siglo XVIII, y los primeros del XIX, fueron un tiempo de enormes cambios políticos tanto en Europa como en las Américas y, en menor grado, en otras regiones del mundo. Estos cambios, unidos al gran movimiento misionero del siglo XIX, afectaron el mapa del cristianismo de tal modo que ya no es posible hablar de territorios llamados "la cristiandad".

Cuando los miramos con perspectiva histórica, lo más notable de estos años en la vida de la iglesia ha sido el cambio que ha tenido lugar en el mapa del cristianismo. Al principio del período, era posible trazar un mapa en el que se distinguieran los países cristianos de los que no lo eran —y los primeros estaban casi exclusivamente en Europa y en las Américas. Al final del período, no se puede hacer tal distinción, pues los viejos centros se han vuelto territorio de misión, al tiempo que el cristianismo se ha establecido y hasta ha florecido en lo que antes fueron territorios misioneros. Es por ello que bien puede decirse que el resultado de este período ha sido un "cristianismo sin cristiandad".

Primero fue la independencia de las trece colonias británicas en Norteamérica, de la cual surgieron los Estados Unidos.

La colonias británicas en Norteamérica se rebelaron por una serie de razones entre las que se contaban los impuestos que la corona británica imponía sobre ellas y el deseo por parte de los colonos de ocupar tierras que todavía pertenecían a sus habitantes originales —lo cual Gran Bretaña prohibía.

Como hemos visto, el Gran Avivamiento fue uno de los factores que comenzaron a establecer vínculos entre esas colonias, y por tanto la fe cristiana se encontraba en la raíz misma del nuevo país. Pero una serie de factores —entre los que cabe mencionar la diversidad de denominaciones cristianas, y la enemistad entre ellas— también había fuertes corrientes semejantes al deísmo que ya hemos visto en Gran Bretaña. Estas corrientes llevaron por una parte a una "religiosidad básica" o un "cristianismo esencial" de carácter eminentemente racionalista, y auspiciado por varios de los fundadores del país, y por otra al movimiento "unitario", que se constituyó en una denominación que rechazaba buena parte de las doctrinas esenciales tradicionales —la Trinidad, la encarnación, la revelación, etc.

En cuanto a las iglesias ya existentes, estas tuvieron que enfrentarse a los cambios que la nueva condición política requería. Los anglicanos, tradicionalmente aliados a la corona británica, afirmaron su independencia de la Iglesia de Inglaterra en el 1783, al crear la Iglesia Protestante Episcopal. Los metodistas —a pesar de la oposición de Juan Wesley tanto a la independencia norteamericana como a la creación de una nueva iglesia aparte de la anglicana— se constituyeron en iglesia independiente en el 1784. Asimismo, otras iglesias se independizaron de sus raíces británicas, ajustándose a las nuevas condiciones del país.

Esa nueva nación, cuyo territorio originalmente se limitaba a una franja en la costa del Atlántico, pronto creció tanto en población como en extensión. El crecimiento poblacional se debió principalmente a la inmigración, tanto europea como africana. La primera era mayormente voluntaria, por parte de quienes veían en la nueva nación oportunidades que no tenían en Europa. La segunda se debió al tráfico de esclavos.

Desde sus orígenes, las colonias fueron pobladas por inmigrantes, principalmente británicos, pero después alemanes y otros. Pero hacia fines del siglo XVIII, y principalmente a partir del XIX, hubo grandes oleadas de inmigrantes de toda Europa. Lo que les impulsaba a abandonar sus países nativos eran las nuevas condiciones producidas por la revolución industrial, el acaparamiento de tierras por grandes terratenientes, los regímenes tiránicos y los descalabros de las guerras napoleónicas. Lo que les atraía en los Estados Unidos eran las vastas tierras aparentemente listas para la colonización y las libertades que la nueva nación garantizaba. Esto produje gran crecimiento en las iglesias y tradiciones religiosas que los inmigrantes traían consigo —el catolicismo romano, el luteranismo, el presbiterianismo, el anabaptismo menonita, la ortodoxia oriental, etc. Muchos llegaban con el propósito de establecer nuevas comunidades de inspiración cristiana, y así surgieron nuevas comunidades como las de Oneida y de los Shakers —tembladores. Pero esas comunidades, que florecieron en el siglo XIX, en el XX comenzaron a decaer, al punto que muchas desaparecieron.

La otra fuente de aumento demográfico fue la importación de esclavos, algunos traídos directamente de África y otros procedentes del Caribe. La economía agrícola de las grandes plantaciones del sur del país requería mano de obra barata, y por ello se importaban esclavos para proveerla. Algunos entre la población de origen europeo pensaban que no se debía cristianizar y bautizar a los esclavos, lo que les haría hermanos de sus amos. Pero otros sí se dedicaron a la evangelización de los esclavos, entre los cuales se fueron creando tradiciones religiosas y versiones del cristianismo que servían de medio de identidad y de secreta resistencia frente a las consecuencias de la esclavitud. Más adelante, la "iglesia negra" proveería buena parte del liderato en los movimientos en pro de los derechos civiles y de la reivindicación de los descendientes de esclavos.

En cuanto a la expansión territorial, esta se debió tanto a la presión de los inmigrantes europeos, que buscaban nuevas tierras, como a la idea de que la nueva nación tenía el "destino manifiesto" de llevar la civilización y la democracia al menos hasta las costas del Pacífico. El episodio más notable en esa expansión fue la invasión de México y la ocupación de buena parte de su territorio.

Desde sus inicios, la nueva nación surgió sobre la premisa de que las tierras al oeste de las viejas colonias debía estar disponible para la colonización por parte de la población de origen europeo. Luego, los nuevos inmigrantes que iban llegando soñaban con establecerse en lo que hasta entonces fueron "territorios indios". Esto provocó la constante expansión de la nación hacia el occidente, así como constantes guerras contra los indios, y después contra México.

A ello iba unida la idea de que la nueva nación había sido creada por la providencia divina con el propósito de crear un nuevo orden de libertad, no solo en sus propios territorios, sino también en el resto de las Américas. Por ello, en el 1823 el presidente James Monroe promulgó su famosa "doctrina de Monroe", que se oponía a todo intento por parte de las potencias europeas de restaurar el sistema colonial en las Américas. Y no faltaba quien pensara que a la postre todo el Hemisferio Occidental sería una gran nación bajo la tutela y dirección de los Estados Unidos. En el 1845, se propuso la frase "destino manifiesto" para referirse al proyecto histórico de los Estados Unidos, que incluía llevar su poderío y sus libertades al menos hasta las costas del Pacífico. Aun antes de esa fecha, el expansionismo norteamericano había llevado a la creación de la República de Texas, que más tarde vino a ser un estado más de la unión norteamericana —proceso auspiciado por elementos esclavistas, pues México había abolido la esclavitud en el 1829, y Texas venía a ser un estado más a favor de la continuación de la esclavitud en los Estados Unidos. Por fin, los Estados Unidos invadieron a México, y sus tropas penetraron hasta la misma capital del país, que a la postre tuvo que cederles más de la mitad de sus territorios a los Estados Unidos (tratado de Guadalupe-Hidalgo, en el 1848). En el campo de lo religioso, esto aumentó el número de católicos en el país —aunque los "buenos" católicos pensaban que el catolicismo mexicano no era lo que debía ser, sino que debía "americanizarse".

La expansión territorial del país y la constante inmigración produjeron cambio fértil para una religiosidad que encontró su más típica expresión en el "Segundo Gran Avivamiento", pero también en luchas sociales, sobre todo respecto a la esclavitud.

El Segundo Gran Avivamiento no fue al principio el movimiento emotivo que después llegó a ser, sino que surgió entre los elementos intelectuales de Nueva Inglaterra. De él surgieron organizaciones tales como la Sociedad Bíblica Americana, la Junta de Comisionados para las Misiones Extranjeras y la Sociedad Americana para la Promoción de la Temperancia —es decir, contra el uso indebido del alcohol. Puesto que buena parte del liderato en la campaña contra el uso del alcohol eran mujeres, bien puede decirse que entre las raíces del feminismo norteamericano se encuentran el Segundo Gran Avivamiento y el movimiento en pro de la temperancia.

Pero pronto, según se iba moviendo hacia el oeste, el avivamiento tomó nuevas características. Entre los colonos de esas regiones más remotas, donde la educación era mínima y había pocas oportunidades para relacionarse con otros colonos, los "avivamientos" se volvieron grandes ocasiones sociales en las que cientos de colonos procedentes de un amplio radio se reunían por varios días, para allí escuchar sermones por predicadores fogosos —en ocasiones varios de ellos a la vez, cada uno en una parte diferente del gran campamento que se congregaba— y para establecer vínculos sociales con vecinos con quienes rara vez se reunían. En consecuencia, el "avivamiento" vino a ser parte constitutiva de la religiosidad norteamericana, de modo que al menos hasta bien adentrado el siglo XXI, sobre todo en las regiones rurales, muchas de las iglesias organizaban "avivamientos" anuales para los cuales invitaban predicadores famosos y fogosos.

Poco más de medio siglo después de su independencia, los Estados Unidos se vieron divididos por una cruenta guerra civil en torno a la cuestión de la esclavitud. Esto también tuvo consecuencias para la vida religiosa, pues en las principales iglesias se produjeron cismas que continuaron por largo tiempo después de la guerra misma.

La esclavitud siempre fue cuestión debatida en las colonias norteamericanas, pues chocaba con las posturas religiosas de muchos de los colonos. Tal era el caso, por ejemplo, de los cuáqueros, quienes en el 1776 expulsaron del movimiento a toda persona que poseyera esclavos. Juan Wesley se había opuesto a ella, y por tanto la postura tradicional de los metodistas era paralela a la de los cuáqueros. Pero con el correr del tiempo, y sobre todo después que, gracias a nuevos modos de procesarlo, el algodón se volvió una cosecha que producía grandes ganancias, los ideales antiesclavistas fueron perdiendo terreno, sobre todo en el sur, donde el cultivo del algodón y del tabaco se basaba en mano de obra esclava.

En el 1861, el país se vio dividido con la creación de los Estados Confederados de América, en la que los estados del sur se separaron del resto del país. Esto llevó a la guerra civil. Pero desde mucho antes las iglesias mismas se habían ido dividiendo en torno al tema de la esclavitud. La iglesia Metodista, por ejemplo, se dividió en el 1845. Lo mismo sucedió pronto con los bautistas, y en el 1861 con los presbiterianos. La única de las principales iglesias que no se dividió fue la católica. La Iglesia Episcopal logró subsanar su división poco después de terminado el conflicto bélico. Pero la mayoría de las divisiones persistirían por largo tiempo después de terminada la guerra civil —las de los metodistas y presbiterianos, hasta el siglo XX, y la de los bautistas, al menos hasta inicios del XXI.

En ese contexto, y en de los retos de la modernidad que se discutirán más adelante, el protestantismo norteamericano se dividió entre "liberales" y "fundamentalistas". Ese debate giraba esencialmente en torno a las Escrituras, que según los fundamentalistas debía tomarse al pie de la letra y de tapa a tapa, pero según los liberales debía interpretarse a la luz de los conocimientos y las condiciones modernas.

En medio de ese debate, surgió el dispensacionalismo, cuyo más famoso promotor fue Cyrus Scofield. Scofield sostenía que la Biblia no contenía error alguno, pero que para entenderla eran necesarias ciertas claves. Luego su sistema fue uno de muchos que aparecerían a partir de entonces, que tomarían la Biblia como un misterio que descifrar más bien que como una revelación que aceptar. Puesto que Scofield dividía la historia humana en siete "dispensaciones", su sistema recibió el nombre de "dispensacionalismo". Gracias a su Biblia comentada, el sistema de Scofield fue aceptado por muchos fundamentalistas, aunque se manera de leer la Biblia como un misterio que había que descifrar difería del fundamentalismo original.

Al mismo tiempo, surgieron también en el país nuevas religiones como el mormonismo, los Testigos de Jehová y la Ciencia Cristiana.

El mormonismo fue fundado por Joseph Smith, quien publicó el Libro de Mormón en el 1830. Según él, este libro le había sido dado por el ángel Moroni en unas tabletas de oro, y después que Smith las tradujo, el ángel se las llevó. En Illinois, Smith se proclamó rey del Reino de Dios, y llegó a declararse candidato a la presidencia de los Estados Unidos, cuando una multitud de vecinos enfurecidos le asesinó. Le sucedió Brigham Young, quien guió a los mormones en una larga peregrinación hasta el Lago Salado, en Utah, donde primero fundó una ciudad y luego estableció la poligamia. En el 1857, hubo una guerra entre los mormones y los ejércitos federales. Pero paulatinamente los mormones fueron logrando cierta medida de aceptación —sobre todo después de abolir la poligamia en el 1890, aunque algunos continuaron practicándola en secreto.

Los Testigos de Jehová fueron fundados por Charles Russell, quien —como muchos otros en su tiempo— leía las Escrituras como un libro misterioso, pensando que descubriendo la clave de sus secretos se podría saber cuándo sería el retorno de Cristo —cuya divinidad Russell negaba, como negaba también la doctrina de la Trinidad. Russell declaró que esto sucedería en el 1872, y cuando su profecía no se cumplió trasladó la fecha al 1914. Después de esa fecha, mediante una reinterpretación de la Segunda Venida, los seguidores de Russell pudieron declarar que la profecía se había cumplido, y continuaron una vasta labor misionera que esparció sus creencias por todo el mundo.

La Ciencia Cristiana fue fundada por Mary Baker Eddy, quien sostenía que la Segunda Venida ya había tenido lugar, pues consistió en la revelación de su libro La ciencia y la fe, con una clave para las Escrituras. En sus servicios religiosos, en lugar de la predicación, se debía leer este libro, para así asegurarse de que todo lo que se dijera había sido inspirado por Dios. Según esta religión, que tiene matices del antiguo gnosticismo, el sufrimiento no es real, sino que es producto del "magnetismo animal", y por tanto puede curarse mediante la fe y el pensamiento positivo. La materia no es sino una ilusión, ya que solamente lo espiritual es real. (Irónicamente, la propia Sra. Eddy llegó a sufrir de dolores tales que solo podían aliviarse con morfina.)

La Revolución Francesa tuvo lugar poco después de la independencia norteamericana, y le causó enormes dificultades a la Iglesia Católica, no solamente en Francia, sino en todo el resto de Europa. A esto se unió la revolución industrial, que primero se hizo sentir en Gran Bretaña, y que produjo dislocaciones sociales y económicas que a su vez llevaron a la emigración hacia el Hemisferio Occidental, así como hacia Australia, Nueva Zelandia y el sur de África.

La burguesía que había surgido como aliada de la corona frente al poder de la nobleza feudal se volvió ahora, no solo contra esa nobleza, sino también contra la corona, con el resultado de que Luis XVI vino a contarse entre los muchos ejecutados por la revolución. Llevada cada vez a posiciones y políticas más extremas, Francia se vio sumida en el caos e invadida por potencias extranjeras. Tras complicadas idas y venidas, el poder quedó en manos de Napoleón, cuyas fuerzas parecieron invencibles y se posesionaron de casi toda Europa, hasta que por fin Napoleón fue derrotado por una combinación de su fracaso en la invasión de Rusia, la rebelión española y la marina y el ejército británicos.

Al principio, los revolucionarios se limitaron a reclamar autoridad sobre la iglesia, y a dictar medidas reformadoras. Cuando el papa Pío IV declaró que quienes aceptaran la autoridad del gobierno por encima de la iglesia sería considerado cismático, el gobierno revolucionario decretó que todo funcionario eclesiástico que se negara a aceptar su autoridad sería depuesto. A partir de entonces, las relaciones entre la iglesia y el estado revolucionario se fueron haciendo cada vez más tensas, sobre todo por cuanto varios de los principales líderes revolucionarios pensaban que toda religión no era sin superstición, y que con la revolución comenzaba una nueva edad de la razón. Por fin se declaró que la religión oficial del estado era el "culto a la razón", y se construyeron templos para ese culto. Al tiempo que supuestamente se mantenía la libertad de culto, se acusaba a los sacerdotes que no aceptaban el culto a la razón de ser opositores de la revolución, y se les enviaba a la guillotina.

En eso estaban las cosas cuando Napoleón Bonaparte ascendió al poder. En el 1801, se llegó por fin a un concordato entre el gobierno francés y el papado, y tres años más tarde, en una ceremonia presidida por Pío VII, Napoleón era coronado como emperador. Pero este acurdo no perduró. Las tropas napoleónicas invadieron a Italia e hicieron prisionero al Papa, quien no recobró la libertad sino después de la caída de Napoleón.

Fue en parte por razón de esas experiencias que el papado adoptó una postura más conservadora que antes, oponiéndose a todo cuanto pareciera, no solo revolución, sino también libertad de culto y de pensamiento, enseñanza laica, el estado laico, y otros principios que la modernidad propugnaba.

Aunque en el resto de Europa los acontecimientos no fueron tan dramáticos como en Francia, todo el continente sufría también grandes cambios. Por un tiempo hubo paz. Pero el conflicto entre los intereses de la burguesía y los de la corona, que en Francia llevaron a la revolución, existían también en otros países. Mientras los monarcas insistían en su poder absoluto, los capitalistas burgueses defendían el libro comercio —el laissez faire— que según ellos era el mejor modo de regular la economía. Por otra parte, al tiempo que Alemania e Italia buscaban la unidad nacional otros intereses la impedían. En el 1848 hubo una serie de revueltas violentas mayormente en Alemania, pero también en Italia, Bélgica y otros países.

El resultado de todo esto fue que en los países católicos el papado, que temía las consecuencias de la revolución, apoyaba el poder absoluto de las monarquías, mientras en los protestantes —Gran Bretaña, Holanda y partes de Alemania— se seguía el ejemplo norteamericano, y por tanto se promovía la separación entre la iglesia y el estado.

En Gran Bretaña, el impacto de la revolución industrial se hacía sentir en mayor riqueza para el país, pero también mayor pobreza para la mayoría de la población. Muchos de quienes perdían sus tierras emigraban hacia Canadá, los Estados Unidos, Australia y Nueva Zelandia. Esto llevó a las iglesias a buscar modos de reformarse, así como de reformar la sociedad y responder a sus males. La Iglesia de Inglaterra produjo por una parte un ala "evangélica", influida por el pietismo y el metodismo, y otra ala "anglo-católica". Empero fue principalmente entre las iglesias disidentes, no apoyadas por el estado, que surgieron movimientos de reforma social que incluían asociaciones de jóvenes cristianos, tanto varones (YMCA) como mujeres (YWCA), hogares para desamparados y fuertes campañas en pro de los sindicatos obreros y contra la esclavitud.

En parte como resultado de la Revolución Francesa y de las guerras napoleónicas, casi todas las colonias ibéricas en el Hemisferio Occidental se declararon independientes a principios del siglo XIX. Esto a su vez trajo nuevas condiciones para el catolicismo en la región, y abrió las puertas para la entrada del protestantismo.

Aunque los conflictos entre criollos y peninsulares se habían ido fraguando por algún tiempo, fueron las guerras napoleónicas lo que les permitió a los criollos alcanzar el poder y a la postre proclamar la independencia. Cuando Napoleón invadió la Península Ibérica, depuso a Fernando VII de España e hizo huir a João VI de Portugal, quien se refugió con su corte en Brasil. Las colonias españolas, por su parte, se negaron a reconocer la autoridad de José Bonaparte, hermano de Napoleón, a quien este había hecho rey de España. En su lugar se establecieron gobiernos provisionales en representación de Fernando. Pero cuando este fue restaurado, tras la derrota de Napoleón, se negó a refrendar las libertades —sobre todo libertades mercantiles—que los gobiernos provisionales habían concedido. El resultado fue la rebelión e independencia de todas las colonias españolas en américa, excepto Cuba y Puerto Rico —colonias que retuvo hasta la guerra con los Estados Unidos, en el 1898.

Al igual que en Norteamérica y en los orígenes de la Revolución Francesa, los líderes independentistas eran por lo general representantes de la nueva clase mercantil que había ido surgiendo en los siglos anteriores. Si interés estaba principalmente en el libre comercio y la libre empresa, libertades económicas que iban adosadas a otras libertades —de pensamiento, de culto, de asamblea, de palabra. Por ello, en la mayoría de las nuevas naciones las poblaciones indígenas quedaron tan olvidadas como antes, al tiempo que los conflictos políticos tenían lugar principalmente entre la vieja aristocracia de la tierra —los conservadores— y la nueva aristocracia del comercio — los liberales.

En materia de religión, los primeros años tras la independencia se vieron marcados por el conflicto con el papado por el derecho de patronato. Puesto que las nuevas repúblicas se consideraban herederas de todas las posesiones y derechos de la corona, reclamaban para sí el patronato nacional como continuación del antiguo patronato real. Pero España no reconocía la independencia de sus antiguas colonias, y por tanto reclamaba el mismo derecho. El resultado fue que en varias de las repúblicas no hubo obispos para algún tiempo. A falta de obispos, tampoco podía haber sacerdotes. Y a falta de sacerdotes, no se podía celebrar la misa. En consecuencia, se fueron fortaleciendo los rituales que el laicado podía celebrar y dirigir, tales como el rosario y las novenas.

Aunque a la postre eses conflictos se resolvieron, siempre quedaron sentimientos anticlericales, además de resentimiento por las riquezas que la iglesia acumulaba en medio de poblaciones empobrecidas. Tales sentimientos saldrían a la superficie repetidamente, sobre todo en el contexto de revoluciones tales como la mexicana en el 1910, y la cubana en el 1959.

Por otra parte, los gobiernos liberales en Latinoamérica favorecían la inmigración europea, sobre todo la procedente de Gran Bretaña y Alemania. Esto trajo una fuerte presencia protestante a aquella vasta región en que los protestantes habían sido escasísimos.

Todos esos movimientos políticos iban unidos al auge de la modernidad, en la que el racionalismo de los siglos anteriores llegó a su apogeo. Aunque hubo quien siguió caminos opuestos, la mayoría de los teólogos protestantes —sobre todo en Europa— se esforzó en mostrar la compatibilidad y hasta coincidencia entre la modernidad y el protestantismo. Por ello puede decirse que buena parte de la teología protestante de la época fue apologética, como bien puede verse en la obra de Schleiermacher y de varios otros teólogos. Por un tiempo, el hegelianismo pareció dominar la escena teológica. La principal voz de protesta contra todo esto fue la del danés Søren Kierkegaard.

La modernidad se caracterizó, no solo por el racionalismo, sino también por su confianza en el progreso. Los adelantos tecnológicos que facilitaban las comunicaciones y el comercio, aumentaban la producción y producían nuevos métodos de tratamiento médico llevaban a pensar que el progreso era inevitable e ilimitado. Los descubrimientos e inventos se sucedían unos a otros. Lo nuevo era necesariamente mejor que lo antiguo. Según las teorías de Darwin, las especies evolucionaban mediante un proceso de selección natural. Según las de Marx, el progreso social era inevitable, hasta llegar a una sociedad sin clases. Según el francés Auguste Compte, el progreso de la humanidad le llevaba por tres etapas: primero, la teológica, luego, la metafísica y, por último, la científica. Tal ambiente se hizo sentir también en el campo de la religión, que parecía no ser sino un vestigio de tiempos antiguos de crédula superstición.

Al tiempo que muchos se apartaban de la iglesia y de la fe cristiana porque les parecían obsoletas y oscurantistas, hubo toda una generación de teólogos protestantes, sobre todo en Alemania, que se dedicaron a probar que, lejos de ser una reliquia de la antigüedad, el cristianismo —es decir, el cristianismo protestante— tenía un lugar importante y hasta necesario en la vida moderna. Fue con ese propósito que el famoso predicador y profesor Friedrich Schleiermacher produjo sus Discursos sobre la religión para las personas cultas que la desprecian. En ellos y en su posterior obra sistemática, La doctrina de la fe, Schleiermacher proponía que el asiento de la religión en el ser humano no está en la acción —o la moral— ni en la razón o el conocimiento, sino en el sentimiento —específicamente, en el sentimiento de dependencia que nos lleva a creer en Dios. Sobre la base de ese sentimiento en sus diversas manifestaciones, Schleiermacher proponía entonces que el nivel más alto de la religión se encuentra en el cristianismo, y particularmente en el cristianismo protestante.

Algo más tarde, en el siglo XIX, G.W.F. Hegel propuso un sistema según el cual toda la historia es el desenvolvimiento del "espíritu" o de la razón. La historia, al igual que la razón, avanza mediante un proceso en el cual una tesis choca una antítesis, dando por resultado una síntesis. Esa síntesis a su vez se vuelve una nueva tesis que choca con una nueva antítesis para producir una nueva síntesis. Así, el pensamiento va adelantando. Y también así la historia se mueve, hasta llegar a la modernidad y al protestantismo liberal, que representa el grado más alto del pensamiento y de su evolución.

Fue frente a Hegel que Kierkegaard propuso una perspectiva "existencialista" —es decir, una visión de la realidad basada en la existencia humana, más bien que en la esencia de las cosas. Burlándose de él Kierkegaard llamaba al hegelianismo "el Sistema", y comentaba que "si no está completo todavía, lo estará para el domingo que viene". Frente al racionalismo de Hegel y de buena parte de sus contemporáneos, Kierkegaard proponía un cristianismo y toda una vida fundamentados sobre la fe —sobre una fe a la cual no se llega mediante la razón, sino a través de un salto que confía en Dios, como el de un niño que se lanza al vacío sabiendo que su padre le sostendrá.

Pero la crítica de Kierkegaard no hizo gran impacto en el siglo XIX, de modo que la mayoría de los teólogos protestantes continuaron dedicados a la tarea de mostrar la compatibilidad del protestantismo con la modernidad.

Por su parte, la Iglesia Católica tomó el camino opuesto, resistiendo y condenando todo lo que fuera modernidad. Esto se debió en parte al trauma producido por la Revolución Francesa, y en parte a la amenaza que el creciente liberalismo tanto político como religioso parecía ser, y llegó a su punto culminante bajo el pontificado de Pío IX, durante el cual el Primer Concilio del Vaticano promulgó la infalibilidad del papa. En mayor o menor grado, todos los papas del siglo XIX y de la primera mitad del XX siguieron la misma línea de pensamiento.

El catolicismo había sufrido rudos embates de la modernidad, y particularmente de la Revolución Francesa. Además, en parte debido a su propio énfasis en la autoridad de la tradición, el catolicismo siempre había sostenido que en materia de fe lo antiguo es mejor que lo nuevo. Y su sistema de gobierno era monárquico y jerárquico, dejando poco lugar para las opiniones privadas, el libre juicio o el desacuerdo teológico. Luego, no ha de extrañarnos el que por largo tiempo la Iglesia Católica adoptara ante la modernidad una actitud diametralmente opuesta a la de los teólogos protestantes.

El papa que caracterizó todo el período anterior al Segundo Concilio del Vaticano fue Pío IX, cuyo pontificado fue también el más largo en toda la historia de la iglesia (1846-1878). Escasamente había comenzado ese pontificado, cuando Europa se vio sacudida por los motines y revoluciones del 1848 —lo que le hizo ver que las amenazas de la Revolución Francesa no habían desaparecido. Además, durante buena parte de su pontificado Italia se fue unificando bajo el liderato del Reino de Piamonte, y en desmedro del poder temporal del papado, hasta que hacia fines del 1870 las tropas de la nueva nación se posesionaron de los estados pontificios, dejándoles a los papas solamente el pequeño territorio del Vaticano que todavía gobiernan.

Pío IX se enfrentó a esas amenazas resueltamente, defendiendo la autoridad pontificia con más vigor por cuanto más se dudaba de ella. Así, en el 1854 proclamó el dogma de la Inmaculada Concepción de María —el primer dogma proclamado por un papa sin la asistencia de un concilio. Y diez años más tarde, en el 1864, promulgó un Sílabo de errores en el que se condenaba buena parte de las ideas modernas acerca de la democracia y del carácter del estado. Entre otras cosas, ese sílabo condenaba la defensa de la libertad religiosa, la separación entre la iglesia y el estado y la educación en manos del estado laico. Al mismo tiempo, se reafirmaba el derecho del papado a recurrir a la fuerza para instaurar la sana doctrina.

Por último, fue durante el pontificado de Pío IX que se reunió el Primer Concilio del Vaticano, cuya principal acción fue definir y proclamar el dogma de la infalibilidad pontificia.

Significativamente, mientras siglos antes varias naciones europeas se habían negado a hacer circular los edictos del Concilio de Trento, ahora ninguna de ellas le prestó especial atención ni se opuso al nuevo dogma. Ello era índice de que, al tiempo que el papado reclamaba cada vez más autoridad, esa misma autoridad se iba perdiendo. Y, como señal de las nuevas condiciones, fue precisamente en ese mismo año de 1870, cuando fue declarado infalible, que el papa perdió el control temporal sobre los antiguos territorios papales.

Entre los sucesores de Pío IX en el siglo XIX, el más notable fue León XIII, quien —a pesar de declarar que el catolicismo era incompatible con la democracia— trajo al catolicismo cierto grado de liberalización en cuanto a la doctrina social. En su encíclica *Rerum novarum* (1891), León se enfrentó al problema de la explotación de los obreros. Lamentando la concentración de las riquezas en manos de unos pocos, mientras las masas padecían hambre, León afirma el derecho de los obreros a un salario que sea suficiente para sostener a sus familias y vivir dignamente. Al tiempo que propone la formación de sindicatos obreros, también afirma que tales sindicatos han de ser católicos, y que han de ser guiados por los mismos principios de religión que han guiado a los obreros en tiempos pasados.

Pío X, el sucesor de León XIII, fue bastante más conservador, y dirigió un intento de volver a las políticas de Pío IX. Inspirado por el Papa, el Santo Oficio condenó a todo aquel que les aplicara los métodos modernos de investigación a las Escrituras o a la teología —particularmente a los llamados "modernistas". Benedicto XV reinó durante la Primera Guerra Mundial y, aunque buscó promover la paz, su éxito fue escaso. Le siguió Pío XI, quien mostró estar más preocupado por las amenazas del socialismo que por las del fascismo que se iba posesionando de buena parte de Europa —incluso de Italia. Pío XII reinó durante la Segunda Guerra Mundial, en la que intentó mantener la neutralidad. Por ello se negó a condenar las atrocidades cometidas or los nazis contra los judíos —aunque sí condenó el maltrato de los católicos en Polonia. Y también favoreció el régimen fascista en España, donde ese régimen apoyaba los intereses de la Iglesia Católica. Siguiendo las tendencias del Concilio de Trento, buena parte de su labor administrativa se dedicó a buscar la centralización del poder en manos del papado. A su muerte parecía que, salvo unas pocas excepciones, la Iglesia Católica seguiría rechazando todo cuanto representara la modernidad.

Fue bajo el pontificado de Juan XXIII, e impulsado por el Segundo Concilio del Vaticano, que la actitud de la Iglesia Católica hacia la modernidad comenzó a suavizarse —aunque siempre con fuerte resistencia por parte de ciertos elementos dentro del catolicismo mismo.

A la muerte de Pío XII, en el 1958, los cardenales eligieron a uno de los ancianos entre ellos, aparentemente porque no podían ponerse de acurdo y les pareció bien elegir un "papa de transición" hasta tanto surgiera un nuevo candidato. Pero el anciano cardenal Roncalli, quien tomó el nombre de Juan XXIII, dejaría una huella indeleble. Tres meses después de su elección anunció su propósito de convocar a un concilio ecuménico. Tras tantos años de centraliza-

ción, y especialmente tras la proclamación de la infalibilidad pontificia, muchos se preguntaban por qué o para qué era necesario un
concilio. El Papa sencillamente respondió que era necesario "poner
la iglesia al día" —lo que en italiano llamó un *aggiornamento*. Así se
reunió el Segundo Concilio del Vaticano (1962-1965), que le puso fin
a la iglesia tridentina y tomó nuevos rumbos. En ese concilio había
una fuerte representación de las iglesias del "Tercer Mundo", y además se permitió que voces católicas que habían sido silenciadas durante las décadas anteriores se hicieran escuchar. El concilio rechazó
los documentos preparados de antemano por la curia romana, y siguió un proceso que les concedía mayor autoridad a los obispos y a
las conferencias nacionales y regionales de obispos. Se autorizó la celebración de la misa en el idioma vernáculo de cada región, y su
adaptación a las diversas culturas de los creyentes. Se proclamó la
libertad religiosa como principio que la Iglesia Católica apoyaría,
incluso en aquellos países cuya población fuera mayormente católica. Se condenaron los prejuicios contra los judíos. Pero sobre todo
se procuró mostrar que el catolicismo era parte del mundo moderno
y que, como decía el más extenso documento jamás producido por
un concilio (Gaudes et spes), "las alegrías y esperanzas, los dolores
y angustias" de la humanidad son también "las alegrías y esperanzas, los dolores y angustias" de la iglesia.

Juan XXIII murió antes de concluir el concilio. Con su sucesor,
Paulo VI, comenzó toda una serie de papas —desde Paulo VI hasta
Benedicto XVI— quienes, al tiempo que afirmaban parte de lo hecho
por el concilio, procuraban evitar sus consecuencias más drásticas,
buscando lo que les parecían políticas más moderadas. Esto se les
hacía difícil, pues, al tiempo que buena parte del pueblo católico
afirmaba los cambios decretados por el concilio, había otros que se
oponían a ellos —particularmente el movimiento llamado Opus Dei.
Pero a pesar de ello resultaba claro que el Segundo Concilio del Vaticano había desatado fuerzas y alentado esperanzas que no eran
fáciles de ahogar.

Al tiempo que todo esto sucedía, el siglo XIX y los primeros años
del XX también vieron una sorprendente expansión misionera por
parte del cristianismo —sobre todo por parte del protestantismo. Frecuentemente impulsados por el creciente colonialismo europeo, los
misioneros y misioneras —pues buena parte del liderato misionero
era femenino— establecieron iglesias en todo el resto del mundo.

El siglo XIX se caracterizó por una vasta expansión del colonialismo europeo, al punto que al comenzar el XX había pocas regiones del mundo que no estuvieran de algún modo sujetas o al menos afectadas por ese colonialismo. Como siempre sucede con toda empresa imperialista, el colonialismo del siglo XIX se justificaba a sí mismo afirmando que las potencias europeas le estaban llevado las ventajas de la modernidad a un mundo plagado de ignorancia y miseria. Como también sucede en tales justificaciones, había algo de verdad en tal reclamo, pues los adelantos médicos y tecnológicos de la modernidad bien podían mejorar la vida en los territorios colonizados. Pero la verdadera motivación era explotar las riquezas del mundo colonizado.

Entre los cristianos de Europa y Norteamérica muchos expresaron fuertes críticas contra el colonialismo, o al menos contra algunos de sus aspectos. Pero el colonialismo mismo contribuyó al movimiento misionero, por una parte, despertando el interés de la cristiandad en el resto del mundo, y, por otra, facilitando la labor de los misioneros mismos —aunque en muchos casos las autoridades coloniales se oponían a la empresa misionera.

En el Oriente, la primera notable expansión colonial ocurrió en el subcontinente indio. Fue allí que se estableció en 1793 el bautista británico Guillermo Carey, a quien comúnmente se llama el fundador de las misiones modernas. Aunque Carey no logró muchas conversiones, sí tradujo la Biblia a varios idiomas de la India, y quienes le siguieron vieron numerosas conversiones, particularmente entre la población marginada por el sistema de castas. Algo semejante sucedió en Birmania bajo el liderato del norteamericano Adinoram Judson.

La historia de la presencia misionera en China incluye el bochornoso episodio de la Guerra del Opio (1839-1842), en el que los británicos atacaron a China en defensa del tráfico en opio, en extremo lucrativo para los comerciantes británicos. Aunque las iglesias criticaron la guerra y sus motivos, cuando por fin China se vio obligada a hacerles varias concesiones a los británicos, sí hubo quienes vieron en todo esto una "puerta" que el Señor abría a la empresa misionera. A partir de entonces, esa empresa aumentó en China, hasta que hubo varios millares de misioneros en el país. Muchos de ellos trabajaban bajo los auspicios de la China Inland Mission, en la que misioneros procedentes de diversas tradiciones protestantes trabajaban en conjunto. A mediados del siglo XIX, estalló la gran rebelión del Reino celestial de la gran paz, o Taiping, inspirada en parte por principios cristianos. Los rebeldes se posesionaron de buena parte del territorio chino, hasta que las potencias coloniales intervinieron y fueron derrotados. Al fin del siglo hubo otra gran rebelión —la de los Boxers— en la que el pueblo chino se alzó contra la creciente presencia y poder de los extranjeros en el país. Fueron muchos los misioneros y otros cristianos que murieron en esa rebelión. Pero tras la rebelión las iglesias siguieron creciendo, hasta que los misioneros se vieron forzados a abandonar el país cuando este quedo bajo el gobierno comunista de Mao-Tse-Dung. A esto siguieron períodos difíciles, sobre todo en tiempos de la "Revolución cultural". Pero cuando por fin China volvió a abrirse a contactos con el Occidente se descubrió que las iglesias habían continuado creciendo rápidamente.

En el África meridional —es decir, la región al sur del Sahara— también se hicieron presentes tanto el colonialismo como las misiones. El movimiento antiesclavista en Gran Bretaña y en los Estados Unidos llevó a la fundación de Sierra Leona y Liberia. En el sur se establecieron tanto los holandeses como los británicos. A partir de allí, David Livingstone y otros fueron penetrando el "continente desconocido". Al terminar el siglo, toda la región —excepto Liberia y Etiopía— se encontraba bajo el régimen colonial.

En América Latina, el protestantismo penetró por la doble vía de la inmigración y de las misiones. Como un modo de contrarrestar el poder de los conservadores, los gobiernos liberales fomentaban la inmigración europea —buena parte de ella protestante— y la labor misionera de los protestantes, muchos de los cuales abogaban por la libertad de pensamiento y de religión. Aunque estos misioneros no lograron gran número de conversos, sí le abrieron el camino al protestantismo mediante la fundación de escuelas, hospitales, asilos para huérfanos y otras instituciones semejantes.

Las necesidades de esa obra misionera fueron una de las principales raíces del movimiento ecuménico —entonces mayormente entre protestantes, pues la Iglesia Católica se negaba a toda colaboración con el protestantismo.

Los misioneros protestantes se veían en la necesidad de evitar competencia entre sí, y además de distinguir entre lo que era parte de las doctrinas fundamentales del cristianismo y lo que eran énfasis confesionales o denominacionales. Por ello, Guillermo Carey propuso que en el 1810 se reuniera una gran conferencia misionera mundial en la que se discutirían modos y planes de colaboración. Aquello no pudo hacerse, y en su lugar hubo una larga serie de conferencias regionales, hasta que eh el 1910 se reunió en Edimburgo la Primera Conferencia Misionera Mundial, que a la postre llevó a la fundación del Consejo Internacional Misionero —el cual más tarde se uniría al Consejo Mundial de Iglesias.

Pero la contraparte de esa sorprendente expansión fue también una serie de crisis en los antiguos centros de la cristiandad. En Europa occidental las dos guerras mundiales y otras circunstancias produjeron una seria crisis, de modo que hacia principios del siglo XXI la mayoría de los europeos no participaba activamente de la vida de la iglesia.

Europa se presentó ante el siglo XX en medio del optimismo que la caracterizó en el siglo anterior, convencida de que el progreso era inevitable, y que la condición humana mejoraría de día en día. Pero entonces vinieron dos guerras mundiales, el protestantismo liberal de las décadas anteriores se vio en crisis. Esto llevó a una renovación teológica que volvía a subrayar los principios tradicionales de la fe cristiana, y sobre todo el poder del pecado y la necesidad de la revelación de Dios. La figura predominante en esta renovación teológica fue Karl Barth, cuyo Comentario a Romanos, publicado en el 1919, marca el inicio de aquel movimiento. Cuando Hitler ascendió al poder, Barth fue uno de los líderes en la Confesión de Barmen, que insistía en la soberanía de Cristo y declaraba que buena parte de lo que el nazismo exigía era idolatría. Más adelante, entre los seguidores de Barth se contaba el joven teólogo Dietrich Bonhoeffer, quien murió ahorcado por los nazis. Luego, no cabe duda de que había una vitalidad profunda en el protestantismo europeo.

Esa vitalidad no llegaba siempre a las masas, cada vez más secularizadas. En países en los que la iglesia había estado fuertemente atada al estado, esos vínculos se iban debilitando, con el resultado de que la iglesia aparecía dada vez más marginada. La asistencia al culto comenzó a decaer, y pronto decayó también el número de personas que se declaraban cristianas. Hacia fines del siglo XX, mucho en Europa hablaban de una Europa "post-cristiana".

En los Estados Unidos hubo crisis semejantes dentro del contexto, primero, de la Primera Guerra Mundial, luego, de la Gran Depresión y después de la Segunda Guerra Mundial, la guerra fría, el conflicto con el islamismo radical y el sentimiento de que el país iba perdiendo la hegemonía de que antes había gozado.

La Primera Guerra Mundial no tuvo en los Estados Unidos los resultados desastrosos que tuvo en Europa, pues el país entró en el conflicto a última hora, y su territorio nunca fue campo de batalla. Lo que sí aconteció fue una fiebre de patriotismo radical al que muchos de los líderes de las iglesias se unieron —algunos llegando hasta a declarar que se cumplan las profecías de los últimos días, y que era necesario exterminar al pueblo alemán. Esto contribuyó a una corriente que continuaría existiendo hasta el siglo XXI, y que veía en los Estados Unidos la gran nación protestante, llamada a defender la fe ante todos los embates del error, del ateísmo y de la incredulidad, así como contra toda contaminación procedente del exterior. Como parte de esa corriente, hubo fuertes ataques —incluso ante los tribunales— contra la teoría de la evolución y quienes la afirmaban, un énfasis en la pureza moral que llevó a la prohibición del alcohol —y en consecuencia al aumento de los gangsters— y un sentimiento xenofóbico cuya expresión más extrema era el Ku Klux Klan —cuyo líderes se declaraban fieles cristianos.

Pero también en los Estados Unidos se comenzaba a poner en duda el optimismo de las décadas anteriores. La Gran Depresión puso al descubierto las injusticias del orden social. La Segunda Guerra Mundial llevó a la guerra fría y a la carrera armamentista. En medio de esas circunstancias, la teología de Karl Barth, que antes no había hecho mucho impacto en el país, comenzó a abrirse paso, sobre todo a través de la obra de los hermanos H. Richard y Reinhold Niebuhr.

Por otra parte, el período de la posguerra y de la guerra fría resultó en un aparente florecimiento en las iglesias —en parte porque la guerra fría llevó a fuertes sentimientos anticomunistas, en parte porque la caza de supuestos "comunistas" hizo que muchos si unieran a las iglesias para apartarse de toda sospecha, y en parte porque la prosperidad económica de aquellos años hizo posible la construcción de nuevas iglesias e instituciones eclesiásticas.

Bajo aquella superficie se movían otras fuerzas, tanto positivas como negativas. Por el lado negativo, la clase media se iba mudando de los centros urbanos hacia los suburbios, y las iglesias más tradicionales le seguían, con el resultado de que la presencia de la iglesia en los centros urbanos disminuía. Aunque algunas de las llamadas "iglesias de santidad" —surgidas principalmente del metodismo— trataban de llenar ese vacío, fueron muchas las personas que perdieron todo contacto con la fe cristiana. El movimiento feminista, surgido originalmente entre los elementos evangélicos, pero frecuentemente rechazado por las iglesias, se iba secularizando, y varias de sus figuras más conocidas declaraban que el cristianismo era instrumento de opresión contra las mujeres. La inmigración de personas de otras religiones —principalmente islámicas y budistas— complicaba el cuadro religioso del país. Puesto que parecía que los Estados Unidos iban perdiendo su antigua posición hegemónica sobre el resto del mundo, mucho cristianos de tendencias fundamentalistas conjugaban su fe con un nacionalismo conservador, y esto a su vez daba la impresión de que la fe cristiana era cuestión de personas retrógradas.

En cuanto a lo positivo, fue principalmente entre la población de raza negra que las iglesias mostraron mayor vitalidad, pues fueron ellas las que proveyeron buena parte de los líderes de la lucha en pro de los derechos civiles —entre ellos, el pastor bautista Martin Luther King.

Empero aquellos tiempos de crisis también trajeron nueva vitalidad. Esto se manifestó en el movimiento pentecostal que comenzó a principios del siglo XX, y que un siglo más tarde se había hecho fuerte en buena parte del mundo.

Aunque en realidad el movimiento carismático apareció casi simultáneamente en varios lugares, tanto en Europa como en los Estados Unidos, y aunque hubo otros líderes pentecostales antes de esa fecha, normalmente se señala como el principal punto de origen del pentecostalismo el avivamiento que comenzó en una misión en la calle Azusa, en Los Angeles, en 1906. La mayoría de sus primeros adherentes provenían de las "iglesias de santidad" —iglesias de origen metodista que se habían apartado del movimiento metodista porque no les parecía que este subrayaba suficientemente el llamado a la santidad. Puesto que en la misión de Azusa había personas tanto de raza blanca como negra, el avivamiento pronto se abrió camino entre iglesias de ambas razas. Como parte de él, las Asambleas de Dios se organizaron en el 1914. Pero desde antes el pentecostalismo había penetrado en otros países —por ejemplo, en Chile, donde surgió de en medio del metodismo en el 1909. Pronto el movimiento se expandió por el resto del mundo, logrando numerosos adherentes, tanto procedentes de otras iglesias como de otras religiones.

La misma vitalidad se vio en el crecimiento de las llamadas "iglesias jóvenes" en lugares tales como Asia, África y América Latina.

Ese crecimiento tuvo lugar en parte entre los católicos, y en parte en las iglesias que los misioneros y misioneras habían fundado durante el siglo XIX —bautistas, anglicanas, metodistas, presbiterianas, etc. Un caso notable de tal crecimiento tuvo lugar en Corea, donde los presbiterianos y metodistas llegaron a tener congregaciones enormes. En el curso del siglo XX, muchas de esas iglesias se declararon independientes de las iglesias en sus países de origen, produciendo su propio liderato nativo y encarnándose más profundamente en sus propias culturas —aunque en lo económico muchas de ellas seguían dependiendo de los antiguos centros misioneros.

Empero el mayor crecimiento tuvo lugar entre las nuevas iglesias pentecostales. Algunas de ellas, como las Asambleas de Dios y las varias ramas de la Iglesia de Dios, procedían de los Estados Unidos. Pero muchas otras surgieron en medio de las iglesias ya existentes en los diversos países —como en el caso del movimiento surgido de entre los metodistas de Chile. En África, tuvo lugar un crecimiento explosivo, al punto que denominaciones que en los Estados Unidos contaban con menos de cien mil miembros llegaron a tener millones en los países africanos. En América Latina, el crecimiento pentecostal fue tal que en varios países se volvió un reto a la antigua hegemonía católica.

De esas iglesias, así como de las minorías étnicas en los antiguos centros de la cristiandad, y de las mujeres en todo el mundo, surgieron nuevas expresiones teológicas comúnmente llamadas "teologías contextuales".

Se da el nombre genérico de "teologías contextuales" a una gran variedad de teologías que afirman el contexto en el cual se van forjando, y que ven en él un factor ineludible en la labor teológica. Todas ellas afirman que en realidad toda teología es contextual, y que la enorme diferencia está en que los sistemas teológicos más tradicionales no se percatan de su propia contextualidad.

Tales teologías contextuales surgen principalmente en tres contextos: los antiguos territorios misioneros y su trasfondo colonial, las minorías étnicas en países tradicionalmente cristianos, y las mujeres en diversas partes del mundo. Entre las primeras cabe mencionar las "teologías de la liberación" surgidas en América Latina, así como la teología minjung en Corea. Entre las segundas, las teologías negra y latina en los Estados Unidos. Y entre las terceras, además de las teologías feministas surgidas dentro de las culturas dominantes —como acontece tanto en los Estados Unidos como en Europa— las teologías feministas dentro de contextos de opresión y de exclusión racial y cultural, como la teología womanist entre las mujeres de raza negra en los Estados Unidos, o la mujerista entre Latinas en el mismo país.

Al tiempo que todas estas teologías difieren entre sí, todas concuerdan en la necesidad de que el evangelio sea un mensaje pertinente para las diversas situaciones humanas, y en ese sentido —aunque muchos las acusan de divisivas— representan una contribución importante para la vida de la iglesia.

Por todo ello, en el curso de este período el mapa del cristianismo cambió radicalmente. Al principio del período, el centro del cristianismo estaba indudablemente en Europa. Después estuvo en todo el Atlántico del Norte. Y por fin surgió una nueva situación en la que no había ya un centro, sino muchos, no sólo en territorios de la vieja cristiandad, sino también en el resto del mundo. Lo que es más, al tiempo que el cristianismo parecía perder fuerzas en lo que antes fue la cristiandad y el centro del movimiento misionero, gozaba de un ímpetu inusitado en el resto del mundo. Y es por esto que bien se puede decir que el producto final del período que va desde fines del siglo XVIII hasta principios del XX es un cristianismo sin cristiandad.

El fenómeno más notable durante este período es precisamente este cambio en el mapa del cristianismo. Los centros del cristianismo han ido cambiando a través de la historia. Primero el centro fue Jerusalén; luego Antioquía; después, la cuenca del Mediterráneo; durante la Edad Media, un eje que iba desde las Islas Británicas hasta Roma; en el siglo XVI, la Península Ibérica; en el XIX, Europa y los Estados Unidos. El cambio que ahora vemos es más radical, pues hoy no hay un centro, sino varios. La teología se produce tanto en América Latina como en las Filipinas y en Europa. Los recursos económicos están principalmente en los Estados Unidos y en Europa. Pero el crecimiento está principalmente en los territorios más al sur, de modo que hoy la mayoría de los cristianos no son ya europeos ni descendientes de europeos.

Todo esto le ha puesto fin a la cristiandad —es decir, a la existencia de territorios definitivamente cristianos y gobernados por cristianos, y claramente distinguibles del resto del mundo. Los países que al principio de este período constituían el centro mismo de la cristiandad hoy son territorio misionera, donde ese necesario anunciar una vez más el evangelio a personas cada vez más apartadas de él.

Pero el fin de la cristiandad no es señal del fin del cristianismo. Al contrario, hay hoy más cristianos que nunca antes, y la mayoría de sus iglesias dan señales de un crecimiento y de una vitalidad inusitados.

Todo ello quiere decir que nos adentramos en un período radicalmente nuevo en la historia del cristianismo. Ese período traerá retos inesperados. Pero enmedio de todo ello, de una cosa podemos estar seguros, y es de que el mismo Espíritu que se movió en los inicios de la iglesia, y que se ha movido a través de toda su historia, continuará moviéndose entre nosotros y nuestros descendientes, y que el mismo Señor que envió a sus primeros discípulos estará con nosotros "todos los días, hasta el fin del mundo".

Otras obras históricas por el mismo autor

(Disponibles en www.aeth.org o llamando al 720-235-5435)

Breve historia de las doctrinas cristianas. Nashville: Abingdon Press, 2007. Un libro algo más extenso que el presente, enfocado sobre la función y origen de las doctrinas, y su desarrollo a través de los siglos.

Historia del cristianismo. Miami: Unilit, 2009. Originalmente publicada en diez tomos, luego en dos, y actualmente en uno. Una historia más detallada de los acontecimientos, movimientos y vidas de personajes que se resumen en el presente libro.

Historia del cristianismo en América Latina. (En colaboración con Ondina E. González) En prensa. Buenos Aires: Kairós. Obra en la que se estudia el desarrollo del cristianismo en América latina desde su llegada hasta nuestros días. Se presta especial atención a las expresiones populares de la fe, así como a algunos documentos poco utilizados para narrar esta historia.

Historia del pensamiento cristiano. Barcelona: CLIE, 2011. Obra originalmente en tres tomos, y ahora en uno. Es un resumen detallado del desarrollo del pensamiento cristiano, con sus diversas corrientes, contextos, controversias, etc.

Historia general de las misiones. Barcelona: CLIE, 2008. (En colaboración con Carlos F. Cardoza-Orlandi). Cuenta la historia del movimiento misionero desde los orígenes hasta nuestros días.

La historia también tiene su historia. Buenos Aires: Kairós, 2001. Una breve "historia de la historia" en la que se examina cómo la narración histórica misma refleja el contexto en el que se produce y los intereses de ese contexto.

Retorno a la historia del cristianismo. Buenos Aires: Kairós, 2004. Una breve comparación de tres tipos de teología que surgieron en fecha temprana dentro del cristianismo, y cómo se manifiestan hasta nuestros días.

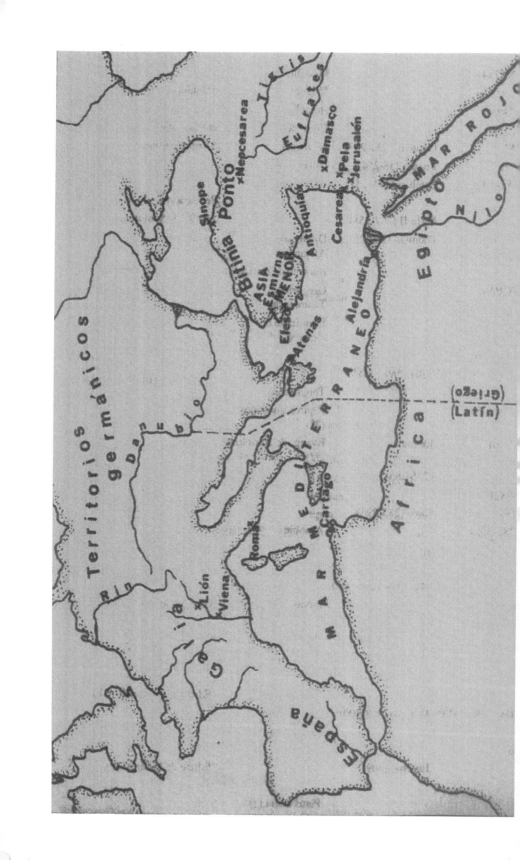

45123250R00131

Made in the USA
Middletown, DE
24 June 2017